华东宁波医药有限公司

WWW.HUADONGBIO.COM

为健康　更专业

华东宁波医药有限公司成立于1993年11月，以“成为大健康领域备受爱戴的国内知名企业”为愿景。经过多年努力，公司在建成覆盖浙江全省所有县级及以上医院网络的基础上，建立了遍布全国的分支营销机构，真正实现立足浙江，面向全国。

公司现辖医药、医美和健康美容三个事业部，专业引进和研发优秀产品，专注于创新和专业化推广。

医药事业部主营生物制品、化学药品、医疗器械等产品，拥有中国行业标杆型的药品冷链物流体系、链接全国信息化网络的实时追踪体系及严苛的质量管理体系，通过密集服务网络源源不断地传递质量上乘、有效安全的药品。

医美事业部，以用户为核心，引进全球知名医疗美容产品，为中国的爱美人士提供安全、优质的产品。

健康美容事业部，以科技成就美颜的理念，利用最新医学科技，为中国消费者引入、研发高科技属性、高性价比的健康、美容产品，并提供配套服务，让爱美的人更美。

公司秉承“诚信、责任、挑战、关怀、沟通”的核心价值，不断开发新的事业领域，希望在大健康领域，为您的健康美丽人生提供更安全、有效、专业的产品和服务。

华东宁波医药有限公司，为健康，更专业！

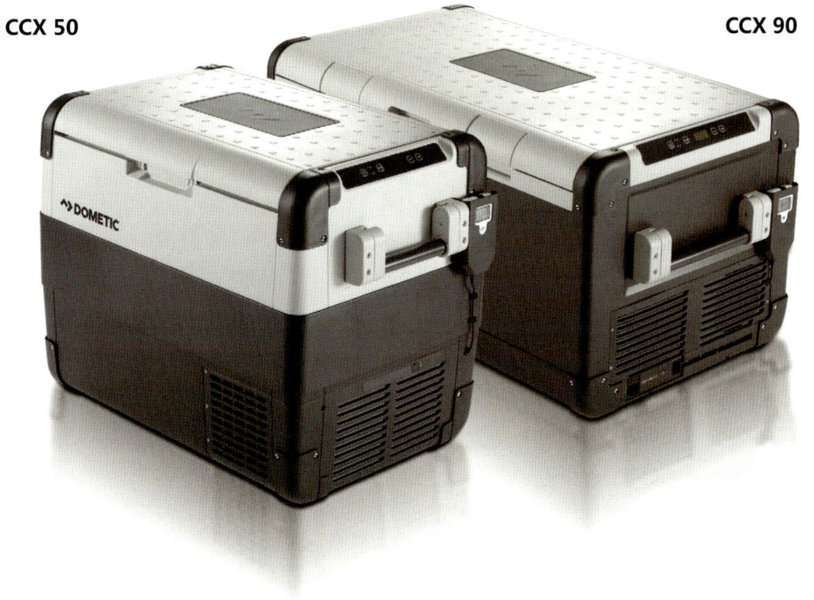

CCX 50

采用VMSO2压缩机，具备冷藏和深度冷冻功能

净容积/毛容积：	41L/49L
内部尺寸：	310mm×310mm×430mm（净尺寸）
外部尺寸：	725mm×455mm×561mm
电压：	12/24V 直流和110～240V 交流
USB 输出：	5V/500mA
温度范围：	－22℃～10℃
材料：	高强度PP外壳及外盖；高质量蒸发板 采用环保冷媒和不含氟利昂的PU保温层 避免对环境产生危害 所有螺栓和铰链均采用不锈钢材质 内部温度均衡系统 制冷剂：R134a
颜色：	机身：淡灰色/深灰色；盖：深灰色
重量：	专业版（23.3kg）；基础版（22.9kg）

CCX 90

采用VMSO2压缩机，具备冷藏和深度冷冻功能

净容积/毛容积：	79L/91L
内部尺寸：	大仓510mm×400mm×330mm 小仓230mm×400mm×120mm（净容积）
外部尺寸：	957mm×530mm×472mm
电压：	12/24V 直流和110～240V 交流
USB 输出：	5V/500mA
温度范围：	－22℃～10℃
材料：	高强度PP外壳及外盖；高质量蒸发板 采用环保冷媒和不含氟利昂的PU保温层 避免对环境产生危害 所有螺栓和铰链均采用不锈钢材质 内部温度均衡系统 制冷剂：R134a
颜色：	机身：淡灰色/深灰色；盖：深灰色
重量：	专业版（33.0kg）；基础版（32.6kg）

德国压缩机技术　智能温度监控器　冷能包裹技术　智能温控数显　折叠可拆卸手柄　12/24 VDC 110～240 VAC　强大的闭合功能　食品级原生材料

POWER SCM CLOUD　QUANTUMASIA 上海科箭软件科技有限公司

科箭TMS云——全程可视化配送云平台

科箭基于医药行业多年服务经验，为医药行业度身定制了运输管理解决方案，该方案支持医药行业常见的多组织架构、多业务模式，支持跨组织协同。

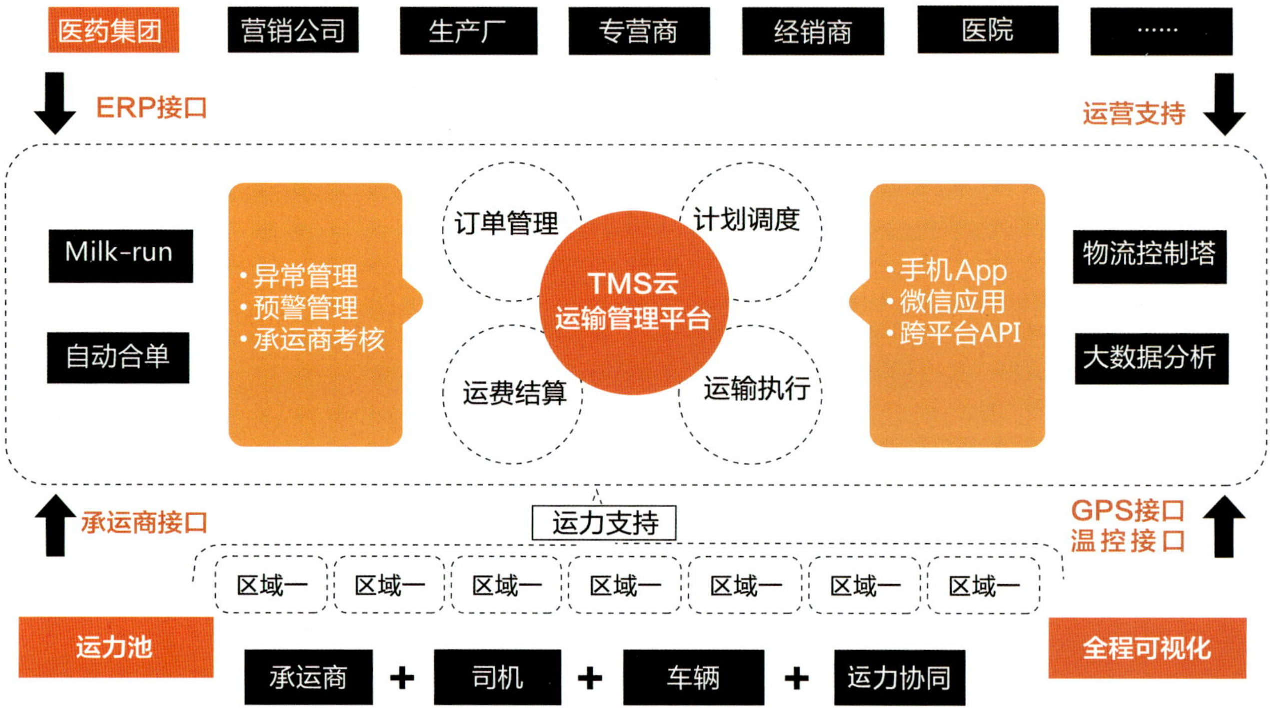

TMS云项目价值

- 集中管控
- 全程追溯
- 管理提高
- 成本优化

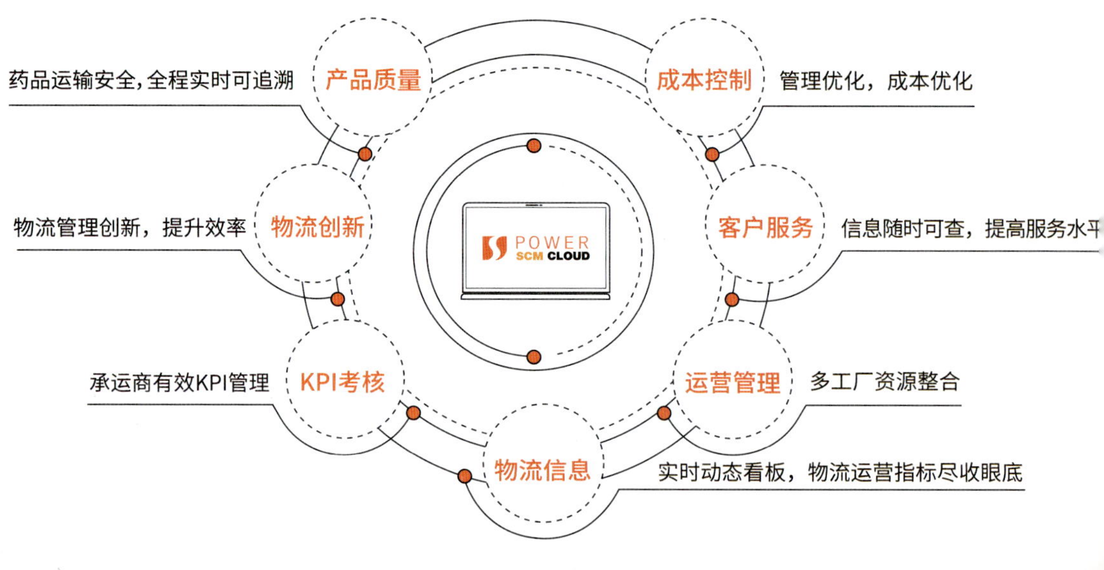

中国医药物流发展报告（2017）

China Pharmaceutical Logistics Development Report (2017)

中国物流与采购联合会医药物流分会
China Federation of Logistics & Purchasing Pharmaceutical Logistics Branch

中国财富出版社

图书在版编目（CIP）数据

中国医药物流发展报告. 2017 / 中国物流与采购联合会医药物流分会编. —北京：中国财富出版社，2018. 3（2018. 5 重印）

ISBN 978-7-5047-6627-4

Ⅰ. ①中… Ⅱ. ①中… Ⅲ. ①药品-物流-物资管理-研究报告-中国-2017 Ⅳ. ①F724. 73

中国版本图书馆 CIP 数据核字（2018）第 063137 号

策划编辑 惠 婳　　责任编辑 惠 婳
责任印制 石 雷 尚立业　　责任校对 孙丽丽　　责任发行 敬 东

出版发行 中国财富出版社
社 址 北京市丰台区南四环西路 188 号 5 区 20 楼　　邮政编码 100070
电 话 010-52227588 转 2048/2028（发行部）　　010-52227588 转 321（总编室）
010-68589540（读者服务部）　　010-52227588 转 305（质检部）
网 址 http://www.cfpress.com.cn
经 销 新华书店
印 刷 北京京都六环印刷厂
书 号 ISBN 978-7-5047-6627-4/F·2869
开 本 787mm×1092mm 1/16　　版 次 2018 年 4 月第 1 版
印 张 14 插 页 8　　印 次 2018 年 5 月第 2 次印刷
字 数 275 千字　　定 价 180.00 元

编 委 会

赵庆辉　陕西医药控股集团派昂医药有限责任公司　副总经理

胡学英　湖南瑞康医疗有限公司　总经理

恽　绵　天津德利得供应链管理股份有限公司　运营总监

姚创龙　创美药业股份有限公司　董事长

徐　伟　天士力控股集团有限公司　物流总监

徐可达　康德乐（中国）医药有限公司　首席运营官/副总裁

高春明　中外运空运发展股份有限公司　总经理助理

黄少杰　瑞康医药股份有限公司　物流总经理

景军刚　深圳迈瑞生物医疗电子股份有限公司　制造/供应链总经理

裴丛滨　哈药集团哈尔滨医药商业有限公司　总经理

魏　威　北京巴瑞医疗器械有限公司　总经理

编 辑 部

主　　编： 秦玉鸣

副 主 编： 郭　威　王新刚　邓　森

编辑人员： 王晓晓　肖银妮　田　芬　马　健　朱晓迪　霍凌云

联系方式： 中国物流与采购联合会医药物流分会

中国医药物流网：www. cpl. org. cn

电话：010 –59457964

传真：010 –68189989

邮箱：hly@ cpl. org. cn

地址：北京市海淀区阜成路58号新洲商务大厦205室

支持单位： 上药控股有限公司

开利运输冷冻（中国）

顺丰速运医药事业部

华东宁波医药有限公司

前　言

2017年是实施“十三五”规划的重要一年，是我国深化医改的关键之年。这一年出台的《关于在公立医疗机构药品采购中推行“两票制”的实施意见（试行）》《深化医药卫生体制改革2017年重点工作任务》《关于进一步改革完善药品生产流通使用政策的若干意见》等系列政策，给医药物流行业的发展提出了新的要求。“两票制”（指药品从药厂卖到一级经销商开一次发票，经销商卖到医院再开一次发票）的正式实施带来了医药流通模式的变化；GMP（药品生产质量管理规范）和GSP（药品经营质量管理规范）认证全面取消，预示着未来动态监管飞行检查将取代静态监管；互联网药品交易服务企业审批取消则意味着政府食品药品监管部门将加强事中、事后监管。

2017年，我国经济发展正从高速增长向高质量发展转型。我国医药制造业营业收入稳中向好，盈利能力继续提升，行业整体对经济拉动作用进一步加强。在商业和终端领域，医药流通模式趋向扁平化，医药物流在整个流通中的价值进一步凸显。

《中国医药物流发展报告（2017）》主要反映了2016—2017年中国医药物流行业各个领域的发展现状、问题和趋势，共分为六章。第一章是我国医药流通领域重要政策与标准化发展现状分析；第二章是我国医药产业发展情况，涉及医药制造业、商业及终端发展现状，医药流通变革与发展趋势；第三章是我国医药物流发展现状分析，从我国医药物流关键数据、医药物流发展特点及趋势、医药仓储情况、医药运输与配送、第三方医药物流五大方面展开阐述；第四章是我国医药细分领域发展现状分析，详细介绍了我国药品、医疗器械、疫苗以及中药材和中药饮片四个特殊品类物流发展情况；第五章是国际医药物流发展情况分析，包含国际医药物流行业政策对比、国际医药物流模式对比、国外药品监管现状分析、国际药品追溯体系基本情况介绍以及国际药品供应链基本情况介绍；第六章是我国医药物流领域实践优秀案例。

本报告将会伴随着医药物流行业的发展持续编写出版下去。本次编写过程中因经验和水平不足留下的诸多遗憾，将转为未来改善、提升的空间，在此真诚地希望各位读者对本报告提出宝贵的意见和建议。

中国物流与采购联合会副会长兼秘书长　崔忠付

2017 年 3 月 5 日

目　录

第一章　我国医药流通领域重要政策与标准化发展现状分析 …… 1
第一节　《深化医药卫生体制改革2017年重点工作任务》，医药流通、保证药品供应是重中之重 …… 2
第二节　《关于在公立医疗机构药品采购中推行“两票制”的实施意见》2017年重执行落实，2018年看落地效果 …… 8
第三节　分级诊疗，未来三年仍是医改主要方向之一 …… 22
第四节　《关于进一步改革完善药品生产流通使用政策的若干意见》 …… 26
第五节　取消GMP、GSP两大认证，监管更加严苛 …… 28
第六节　医药物流标准化程度进一步提升 …… 30

第二章　我国医药制造业、商业及终端发展现状分析 …… 33
第一节　我国医药制造业发展特点分析 …… 34
第二节　我国医药商业发展特点分析 …… 37
第三节　我国医药电商发展特点分析 …… 40
第四节　我国医疗终端发展特点分析 …… 45
第五节　我国医药流通行业发展趋势分析 …… 50

第三章　我国医药物流发展现状分析 …… 54
第一节　我国医药物流发展概况及趋势 …… 55
第二节　我国医药仓储发展现状分析 …… 61

第三节　我国医药配送发展现状分析 …… 69
第四节　我国第三方医药物流发展现状分析 …… 73
第五节　我国 SPD 发展现状分析 …… 76

第四章　我国医药细分领域发展现状分析 …… 79
第一节　我国药品发展现状分析 …… 79
第二节　我国医疗器械发展现状分析 …… 87
第三节　我国疫苗发展现状分析 …… 93
第四节　我国中药材和中药饮片发展现状分析 …… 97

第五章　国际医药流通发展情况分析 …… 103
第一节　美国、欧洲及日本的药品监管现状分析 …… 103
第二节　美国、欧洲、日本医药物流模式对比 …… 107
第三节　欧美药品追溯体系现状分析 …… 109
第四节　国际医药供应链的挑战与应对方式 …… 114

第六章　我国医药物流领域实践优秀案例 …… 116
第三方医药物流助力疫苗流通安全 …… 116
质量为本，服务市场 …… 120
冷链一体化服务助力医药行业发展 …… 125
医改背景下医院耗材管理 SPD 模式创新 …… 129
强强联手，开利助力顺丰为医药冷链物流保驾护航 …… 136
第三方检验兴起时 …… 140

附录一　我国医药流通领域主要政策汇总 …… 148
2016—2017 年分级诊疗相关政策汇总 …… 148
2017 年各省（市、区）分诊医疗建设目标 …… 149
近年来中国医疗器械政策汇总 …… 152
各省份医疗器械“两票制”进展（截至 2017 年 6 月底） …… 154

附录二　2016 年各省市医药销售总额及细分销售额情况 …………………………… 159

附录三　2014—2016 年医药批发、零售百强企业经营情况 ………………………… 161

2014—2016 年中国医药批发企业百强营业收入汇总 ……………………………… 161

2014—2016 年中国医药零售企业百强营业收入汇总 ……………………………… 165

附录四　《药品冷链物流运作规范》国家标准试点企业名单（截至第八批） …… 169

附录五　《药品冷链物流运作规范》国家标准达标企业名单（截至第五批） …… 180

附录六　国际医药物流资料汇编 ……………………………………………………… 184

美国州及地方政府在食品及药品法规方面扮演的角色 ……………………………… 184

DHL 生命科学物流总裁艾利森谈“智能医药物流” ………………………………… 188

葛兰素史克试水区块链技术，揭开药品追溯新篇章 ………………………………… 189

配药机器人现身迪拜智能药房，再也不怕吃错药 …………………………………… 191

做不到啊：医药公司呼吁巴基斯坦药物管理局修改条码监管期限 ………………… 192

英国脱欧，英国药品是否也要跟着栽沟 ……………………………………………… 194

全球生物制药收入 50 强情况 …………………………………………………………… 195

附录七　2017 年批准发布医药物流标准资料 ………………………………………… 198

医药产品冷链物流温控设施设备验证性能确认技术规范 …………………………… 198

药品阴凉箱的技术要求和试验方法 …………………………………………………… 208

第一章　我国医药流通领域重要政策与标准化发展现状分析

我国医药物流、供应链受政策影响非常之大，本章通过对医改重点任务、“两票制”、分级诊疗、药品流通等领域的政策要点的分析，梳理了主要政策对于医药物流以及供应链的影响。

与2016年相比，2017年的医改重点任务更加具体细化，特别是开篇就制定了14个政策的完成时间和牵头部门。

“两票制”方面，截至目前，全国31省（市、区），均公开发布“两票制”落地方案，明确“两票制”落地时间。“两票制”政策的实施，彻底改变了药品流通领域的物流模式。

2009年，确定分级诊疗的医改方向，2015年国家提出分级诊疗的考核评价标准，2017年大部分省份都已经出台了本省份的考核评价标准，明确分级诊疗各方面的数据指标。

药品流通政策部分，通过对2017年出台的《关于进一步改革完善药品生产流通使用政策的若干意见》进行分析，预测未来发展趋势。

2017年取消GMP、GSP认证制度，预示着未来将通过更为严格、多样的检查方式，更高的检查频次来进行监管。

第一节 《深化医药卫生体制改革2017年重点工作任务》，医药流通、保证药品供应是重中之重

一、政策要点

2017年4月，国务院办公厅印发《深化医药卫生体制改革2017年重点工作任务》（以下简称《工作任务》），不同于往年指导层面，2017年卫生体制改革主要以“专项任务”为重点推进，同时坚持医疗、医保、医药三医联动改革，重点建立以分级诊疗、现代医院管理、全民医保、药品供应保障、综合监管为主要内容的新框架。值得关注的是，2017年重点任务单独制定了14条政策文件并标明具体负责部门和落实时间，这表明政府正在有意识地通过政策完善去加强监管，体现了将医改上升为制度建设的发展趋势。

对比2017年和2016年卫生体制的重点项目，具有以下特点。

特点一：分级诊疗持续扩大，试点和家庭医生签约服务扩大到85%以上的地市。

我国医疗资源总量不足、结构不合理、分布不均衡的现象长期存在，为更好地利用资源配置，分级诊疗是优化就医秩序的关键一环。根据重点工作任务，2017年分级诊疗试点扩大到85%以上的地市。

截至2017年6月底，已有321个地级以上城市开展医联体建设试点，占全国地级以上城市总数的94.7%（国家目标：2017年年底达到85%），医联体建设已经较大程度完成了国家预期目标。但在真正实施的过程也存在不足，真正做到医疗资源共享，打通成员单位之间关系的医联体数量并不可观。

截至2017年11月底，全国家庭医生签约服务覆盖5亿人，全人群签约率达到35%，较国家目前的30%，完成了预期目标。

特点二：从2016年的“完善公立医院管理体制”到2017年的“推进现代医院管理制度建设指导意见出台”。

2017年6月，国务院颁布《关于建立现代医院管理制度的指导意见》，明确指出到2020年，基本形成维护公益性、调动积极性、保障可持续的公立医院运行新机制和决策、执行、监督相互协调、相互制衡、相互促进的治理机制，促进社会办医健康发展，

推动各级各类医院管理规范化、精细化、科学化，基本建立权责清晰、管理科学、治理完善、运行高效、监督有力的现代医院管理制度。

同时提出，建立现代医院管理制度要坚持政事分开、管办分开的基本原则。医院在权力范围内开展活动，提供医疗服务，最大限度地释放医院的活力，提高医院运行效率。就经验来看，提升医院运行效率最佳路径是分工专业化，达到行业资源合理配置。比如，在院内物流方面，引入商业公司，改善药品、耗材的供应链管理模式，提高物流运作效率。

特点三：控费，公立医院医疗费用平均增幅控制在10%以下。

《工作任务》明确提出，2017年9月底前全面推开公立医院综合改革，所有公立医院全部取消药品加成（中药饮片除外）。《工作任务》明确允许医疗卫生机构突破现行事业单位工资调控水平，对医疗卫生机构单独制定绩效工资总量核定办法，逐步提高诊疗费、护理费、手术费等医疗服务收入在医院总收入中的比例。

由于医疗保障覆盖面和支付金额的提高，2018年医疗支出持续上涨，并有加速的趋势。未来，随着城乡一体化，医保一体化，农村卫生医疗需求将会释放，不断推高医疗费用支持。数据显示，2016年中国卫生总费用46344.9亿元，占GDP（国内生产总值）6.3%，同比增长13%，预计在政策强压下，2017年中国卫生总费用同比增加10%～11%（实际数据将在2018年9月公布）。如表1－1所示。

表1－1　　2010—2018年中国医疗卫生费用及增长情况

年份	2011	2012	2013	2014	2015	2016	2017E	2018E
卫生总费用（亿元）	24346	28119	31669	35312	40975	46345	50979	55568
同比增长（%）	22	15	13	12	16	13	10	9

注：2017年和2018年数据为预测数据。

资料来源：国家统计局。

特点四：2017年综合医改试点省份和200个公立医院推行“两票制”。

《工作任务》按照《国务院办公厅关于进一步改革完善药品生产流通使用政策的若干意见》有关要求，在药品改革领域“全链条、全流程”发力，改革完善流通体制。2017年综合医改试点省份和前四批200个公立医院综合改革试点城市所有公立医疗机构全面推行“两票制”。

药品“两票制”符合国家规范流通市场的大方向，多层医药分销系统去中介化，大龙头兼并收购中小流通企业及代理公司。截至目前，我国31省（市、区）都已经开始执行“两票制”，部分地区鼓励“一票制”。

特点五：在药品供应保障领域，上下游同时治理。

第一，在药品生产环节，重点是解决仿制药质量和疗效的一致性评价，以此整顿和提升药品生产质量，促进良性竞争，同时实行药品上市许可持有人制度试点，鼓励创新投入和研发。进一步扩大短缺药品定点生产范围，建设小品种药品集中生产基地，以此弥补市场失灵对于短缺药品带来的影响。

第二，在药品流通领域，综合医改试点省份和前四批200个公立医院综合改革试点城市所有公立医疗机构全面推行“两票制”，鼓励其他地区实行“两票制”，由此，将有力推动流通领域兼并重组和产业升级。

第三，开展国家药品价格谈判，增加谈判药品数量，加强与医保等政策衔接，使价格谈判成为专利药、独家药品价格形成的重要形式。

二、2016—2017年医药卫生改革重点任务对比（如表1－2所示）

表1－2　2016—2017年医药卫生改革重点任务对比

	2016年	2017年
一、全面深化公立医院改革	（一）巩固完善县级公立医院综合改革 （二）扩大城市公立医院综合改革试点 （三）落实政府责任 （四）健全科学补偿机制 （五）完善公立医院管理体制 （六）深化编制人事制度改革 （七）加快建立符合医疗卫生行业特点的薪酬制度 （八）严格控制医疗费用不合理增长 （九）同步推进公立中医医院综合改革 （十）大力改善医疗服务 （十一）为符合条件的公立医院医务人员就近提供公租房保障，具体条件和办法由县级以上人民政府制定	（一）2017年9月底前全面推开公立医院综合改革，所有公立医院全部取消药品加成（中药饮片除外） （二）扩大县级公立医院综合改革示范范围，每个省份至少有1个国家级示范县 （三）督促省、市、县分别完善并落实医疗卫生服务体系规划 （四）落实医疗服务价格改革政策 （五）推进现代医院管理制度建设 （六）开展公立医院薪酬制度改革试点工作 （七）2017年，全国公立医院医疗费用平均增长幅度控制在10%以下 （八）明确国家卫生计生委和国家中医药局属（管）医院参加属地公立医院综合改革的政策措施，并开展综合绩效考核工作 （九）落实政府对符合区域卫生规划的公立医院的投入政策 （十）落实处方点评等制度

续　表

	2016 年	2017 年
二、加快推进分级诊疗制度建设	（一）加快开展分级诊疗试点 （二）扩大家庭医生签约服务 （三）提升基层服务能力 （四）完善配套政策	（一）分级诊疗试点和家庭医生签约服务扩大到85%以上地市 （二）落实《关于推进家庭医生签约服务的指导意见》，2017 年，重点人群签约服务覆盖率达到60%以上 （三）加强县级公立医院综合能力建设和学科建设 （四）全面启动多种形式的医疗联合体建设试点 （五）2017 年年底前所有城市实行按病种收费的病种不少于 100 个 （六）制订200 个左右临床路径，总数达 1200 个左右，制订 100 个左右中医临床路径 （七）以国家临床医学研究中心为依托，提升基层医疗机构的诊疗技术水平和服务能力
三、巩固完善全民医保体系	（一）推进建立稳定可持续的筹资和保障水平调整机制 （二）推进整合城乡居民基本医疗保险制度 （三）巩固完善城乡居民大病保险和医疗救助制度 （四）进一步深化医保支付方式改革 （五）推进发展商业健康保险	（一）城乡居民医保财政补助由每人每年 420 元提高到450 元 （二）完成城乡居民基本医保制度整合，实行覆盖范围、筹资政策、保障待遇、医保目录、定点管理、基金管理“六统一”政策 （三）全面推进建立以按病种付费为主的多元复合型医保支付方式 （四）将商业健康保险个人所得税试点政策推广至全国实施 （五）支持商业保险机构等社会力量参与医保经办 （六）开展医保药品支付标准试点 （七）推动落实民政部等部门《关于进一步加强医疗救助与城乡居民大病保险有效衔接的通知》 （八）深入实施健康扶贫工程 （九）推动开展长期护理保险试点 （十）推进医保智能监控系统应用
四、健全药品供应保障机制	（一）巩固完善基本药物制度 （二）全面推进公立医院药品集中采购 （三）健全药品价格形成机制 （四）构建药品生产流通新秩序 （五）提高药品供应保障能力	（一）开展基本药物目录评估 （二）坚持集中带量采购原则，推进实施公立医院药品分类采购 （三）推动建立药品出厂价格信息可追溯机制 （四）加快推进仿制药质量和疗效一致性评价 （五）进一步扩大短缺药品定点生产范围，支持建设小品种药品集中生产基地。建立健全短缺药品监测预警和分级应对体系

续 表

	2016 年	2017 年
四、健全药品供应保障机制	（六）成立专题工作组，研究制订以深化药品审评审批制度改革为重点，完善药品生产、流通、使用政策文件，着力解决药品规范生产和流通秩序问题 （七）制订深化药品流通领域改革的意见（卫生计生委、商务部、食品药品监管总局负责）	（六）落实《关于在公立医疗机构药品采购中推行“两票制”的实施意见（试行）》 （七）增加国家药品价格谈判品种的数量 （八）试行零售药店分类分级管理，鼓励连锁药店发展 （九）贯彻落实《国务院办公厅关于进一步改革完善药品生产流通使用政策的若干意见》
五、建立健全综合监管体系	（一）健全医药卫生监管法律体系 （二）建立医疗卫生机构医疗费用等信息公开机制 （三）加大医疗卫生行业监督执法力度	（一）加强对非营利性社会办医疗机构产权归属、财务运营、资金结余使用等方面的监督管理 （二）加强医改督查评估 （三）建立将医改纳入对地方政府的考核要求等约束机制 （四）逐步提高诊疗费、护理费、手术费等医疗服务收入在医院总收入中的比例
六、加强卫生人才队伍建设	（一）继续加强以全科医生为重点的基层卫生人才培养 （二）全面组织实施住院医师规范化培训 （三）支持有条件的医学院校加强儿科、精神医学、助产等紧缺专业人才培养 （四）各省（区、市）要制订完善基层卫生专业技术人员职称评审的实施细则 （五）继续开展全科医生特设岗位试点	（一）选择部分地区开展建立医院总药师制度试点 （二）培养全科医生 2.5 万名以上 （三）优化基层医疗卫生机构中高级岗位比例 （四）指导京津冀地区协同开展医疗机构、医师和护士电子证照试点工作，2017 年在全国所有省份开展试点
七、稳固完善基本公共卫生服务均等化制度	（一）人均基本公共卫生服务经费财政补助标准提高到 45 元 （二）健全分工协作机制，落实专业公共卫生机构对基层医疗卫生机构实施基本公共卫生服务的业务管理与指导 （三）加强健康促进工作，制订加强健康促进与教育工作的指导性文件 （四）推进基层计生服务机构与妇幼机构整合	人均基本公共卫生服务经费财政补助标准提高到 50 元。加强疾病预防体系和慢性病防控体系建设。做好健康促进

续　表

	2016 年	2017 年
八、推进卫生信息化建设	（一）统筹推进国家、省、市、县级人口健康信息平台建设 （二）选择具备条件的地区和领域先行推进健康医疗大数据应用试点 （三）选择部分省（市）开展医疗机构、医师、护士电子证照试点工作	逐步完善省、市、县人口健康信息平台，2017 年实现国家和省级人口健康信息平台互联互通
九、加快发展健康服务业	（一）抓好社会办医政策落实，开展《国务院办公厅印发关于促进社会办医加快发展若干政策措施的通知》 （二）稳步推进和规范医师多点执业，加快转变政府职能，放宽条件、简化程序，优化医师多点执业政策环境，发挥“鲶鱼效应”，搞活用人机制 （三）贯彻落实《国务院关于印发中医药发展战略规划纲要（2016—2030 年）的通知》 （四）贯彻落实《国务院办公厅转发卫生计生委等部门关于推进医疗卫生与养老服务相结合指导意见的通知》 （五）完善政策措施，积极推进发展医疗旅游	继续推动国家级医养结合试点工作，推进社区居家层面医养结合。启动中医药健康养老工作。推动健康和相关行业融合发展，推进健康医疗旅游示范基地建设
十、加强组织实施	（一）建立健全医改组织领导体制和工作推进机制 （二）总结推广综合医改试点省份的经验做法 （三）加强医改宣传等工作	（一）积极总结推广各地医改成功经验 （二）加强医改宣传引导 （三）继续开展改善医疗服务行动计划

资料来源：部委文件。

三、2018 年政府将会继续加大医改力度

（一）政府开始使用制度作为医改的指挥棒

2017 年工作任务一开始就提出政府各个部门需要制定出台的政策文件，其包含推进医疗联合体建设和发展、建立现代医院管理制度、加强医疗卫生行业综合监管等 14

个政策文件，并明确了牵头责任部门。同时，为保证工作进度，对每个政策文件的完成时限提出了具体要求。

政府将制定文件作为重头戏推出，这说明政府医改思路的转变，其希望通过政策导向，正确引导地方执行并有效持续执行。

（二）2017 年重在落地，预计 2018 年将延续加大执行力度

对比 2016 年和 2017 年的重点工作任务，不难发现，2016 年政策的重点在规划完善，为体制改革规划方向，而 2017 年是在 2016 年的基础上进行了细化，并制定了相应目标。比如，就深化公立医院改革，2016 年提出完善公立医院综合改革、扩大公立医院试点，但是在 2017 年明确提出 9 月底之前全面推开综合改革并取消药品加成，另外还进一步提到每个省份至少有一个国家示范县。2016 年提出严格控制医疗费用的不合理增长，2017 年直接要求公立医院医疗费用平均增幅控制在 10% 以下。

重点任务细化目标的提出，为医院综合改革工作指明了方向，也为改革的目标制订了量化指标，为下一步医疗改革奠定了基础。

（三）“腾笼换鸟”第一步对药品流通下手，压缩价格泡沫

医改“腾笼换鸟”，第一步是公立医院药品加成取消，调整医疗服务价格占比。其中对于流通领域主要是通过推行“两票制”、集中招标采购，以量换价，压缩药品及高耗材价格水分，以此避免药价、高值耗材虚高和不合理的行为。

在总收入框架不变或正常增长前提下，调整内部收入结构，使药品和耗材的总体收入占比下降到 50% 以下。比如，福建三明市的药占比已经在 30% 以下了，而反映劳务技术价格的收入比重由过去的 30% 左右现在提高到 50% 甚至 60%。

第二节 《关于在公立医疗机构药品采购中推行“两票制”的实施意见》2017 年重执行落实，2018 年看落地效果

一、政策要点

2017 年 1 月 11 日，国务院医改办等 8 部门联合发布《关于在公立医疗机构药品采

购中推行“两票制”的实施意见（试行）》，提出逐步推行“两票制”，争取到2018年在全国全面推开。

“两票制”的界定：“两票制”是指药品生产企业到流通企业开一次发票，流通企业到医疗机构开一次发票。药品生产企业或科工贸一体化的集团型企业设立的仅销售本企业（集团）药品的全资或控股商业公司（全国仅限1家商业公司）、境外药品国内总代理（全国仅限1家国内总代理）可视同生产企业。药品流通集团型企业内部向全资（控股）子公司或全资（控股）子公司之间调拨药品可不视为一票，但最多允许开一次发票。

药品生产、流通企业要按照公平、合法和诚实信用原则合理确定加价水平。

鼓励公立医疗机构与药品生产企业直接结算药品货款、药品生产企业与流通企业结算配送费用。

为应对自然灾害、重大疫情、重大突发事件和病人急（抢）救等特殊情况，紧急采购药品或国家医药储备药品，可特殊处理。

麻醉药品和第一类精神药品的流通经营仍按国家现行规定执行。

“两票制”实施范围：公立医疗机构药品采购中逐步推行“两票制”，鼓励其他医疗机构药品采购中推行“两票制”。综合医改试点省（市、区）和公立医院改革试点城市要率先推行“两票制”，鼓励其他地区执行“两票制”，争取到2018年在全国全面推开。

二、全国各地“两票制”推行情况汇总

截至2018年2月，全国31省（市、区），均公开发布“两票制”落地方案，明确“两票制”落地时间。

福建省是先驱试行者，2009年福建省卫生厅等八部门根据六部委政策文件，联合制定《关于进一步规范医疗机构药品集中采购工作的实施意见》（闽政办〔2009〕140号），要求“减少流通环节，实行统一配送”，同时福建省作为中国第一个省份于2010年正式推行“两票制”。

截至目前，全国31省（市、区）都已经出台药品“两票制”文件（部分地区出台药品及医疗器械“两票制”文件）。通过整理各省（市、区）“两票制”文件，各省（市、区）根据自身情况对“药品生产企业”的定义进行了微调。按照调整幅度，可

以分为以下几类。

第一类，和国家版一致，国家版要求药品生产企业或科工贸一体化的集团型企业设立的仅销售本企业（集团）药品的全资或控股商业公司（全国仅限1家商业公司）；境外药品国内总代理（全国仅限1家国内总代理）可视同生产企业。

第二类，在国家版的基础上，增加了药品上市许可持有人且不具备药品经营资质的情况。比如，广东省规定，药品上市许可持有人，如不具备药品经营资质，委托经食品药品监管部门批准生产其药品的生产企业代为销售药品；或仅委托药品生产企业生产药品，另委托1家药品流通企业代为销售药品，且委托生产企业与药品上市许可人及受委托药品流通企业之间没有发生购销行为的，此受委托的企业（全国仅限1家企业）视为药品生产企业。

第三类，在第二类的基础上，增加了境外药品生产商包含进口药品分包装企业。

第四类，在第三类的基础上，增加了全资或者控股公司的股权比例要求。以北京市为例，其对于药品生产企业定义为：

（1）药品生产企业或科工贸一体化的集团型企业设立的销售本企业（集团）药品的全资（或持股50%以上）商业公司（全国仅限1家商业公司），视为生产企业。

（2）境外药品国内总代理或进口药品国内分包装企业（全国仅限1家），视为生产企业。

（3）药品上市许可持有人委托代为销售药品的药品生产企业或经营企业（全国仅限1家），视为生产企业。

第五类，在第三类的基础上，增加生产企业之间产品经营权转让的受让方可视同生产企业。主要以浙江省为例，其对于药品生产企业定义为：

（1）药品生产企业或科工贸一体化的集团型企业设立的全资或控股商业公司（全国仅限1家商业公司）在销售本企业（集团）药品时可视为生产企业。

（2）流通集团型企业在销售全资（控股）的子公司生产的药品时可视为生产企业。

（3）是境外药品国内总代理（含国内分包装企业，全国仅限1家）可视为生产企业。

（4）是药品上市许可持有人委托代为销售药品的生产企业或流通企业（全国仅限1家）可视为生产企业。

（5）生产企业之间产品经营权转让的受让方可视同生产企业。

将境内外药品的国内总代理视为生产企业，在重庆、云南和广西也实施过，但是云南在2017年8月公布“境内药品国内总代理可视同生产企业”暂停执行。重庆也在2017年10月发布《关于调整重庆市公立医疗机构药品采购两票制实施方案（试行）有关条款的通知》将“境内外”调整为“境外”。2018年1月，广西将“境内外药品的国内总代理……可视同为生产企业”，改为“境外药品的国内总代理……可视同为生产企业”。

在分类解读的基础上，我们整理了各省（市、区）出台的“两票制”政策的界定要求，从而更好地区别不同省（市、区）对药品生产企业以及“两票制”的规定。如表1－3所示。

表1－3　各省（市、区）出台的“两票制”政策界定要求

区域	全面执行	名称	“两票制”的界定
国家	2018年1月	《关于在公立医疗机构药品采购中推行“两票制”的实施意见（试行）》	（一）“两票制”是指药品生产企业到流通企业开一次发票，流通企业到医疗机构开一次发票 （二）药品生产企业或科工贸一体化的集团型企业设立的仅销售本企业（集团）药品的全资或控股商业公司（全国仅限1家商业公司）、境外药品国内总代理（全国仅限1家国内总代理）可视同生产企业 （三）药品流通集团型企业内部向全资（控股）子公司或全资（控股）子公司之间调拨药品可不视为一票，但最多允许开一次发票。药品生产、流通企业要按照公平、合法和诚实信用原则合理确定加价水平 （四）鼓励公立医疗机构与药品生产企业直接结算药品货款、药品生产企业与流通企业结算配送费用 （五）为应对自然灾害、重大疫情、重大突发事件和病人急（抢）救等特殊情况，紧急采购药品或国家医药储备药品，可特殊处理 （六）麻醉药品和第一类精神药品的流通经营仍按国家现行规定执行
安徽省	2016年11月1日	《安徽省公立医疗机构药品采购推行“两票制”实施意见》	（一）药品生产企业设立的仅销售本公司（集团）药品的经营企业可视同生产企业 （二）进口药品国内总代理可视同生产企业（仅限一家国内总代理） （三）药品上市许可持有人委托药品生产企业或经营企业代为销售药品，可视同生产企业

续 表

区域	全面执行	名称	“两票制”的界定
青海省	2016年12月15日	《关于青海省公立医疗机构药品采购实行“两票制”的实施意见（试行）》	（一）药品生产企业设立的仅销售本公司（集团）药品的经营企业（同一法人）可视同生产企业。药品流通企业下设非法人分支机构配送企业，视为内部调拨，属于流通一次发票 （二）进口药品国内总代理可视同生产企业 （三）鼓励医院与药品生产企业直接结算药品货款、药品生产企业与流通企业结算配送费用
陕西省	2017年1月1日	《关于在全省公立医院医疗机构实行药品和医用耗材“两票制”的通知》	（一）药品生产企业或科工贸一体化的集团型企业设立的仅销售本企业（集团）药品的全资或控股商业公司（全国仅限1家商业公司）、境外药品国内总代理（全国仅限1家国内总代理）可视同生产企业 （二）药品流通集团型企业内部向全资（控股）子公司或全资（控股）子公司之间调拨药品可不视为一票，但最多允许开一次发票。境内医用耗材生产企业或科工贸一体化的集团型企业设立的仅销售本企业（集团）医用耗材的全资或控股商业公司（全国仅限1家商业公司）可视同生产企业。境外医用耗材国内总代理或物流平台（每一大类仅限1家）可视同生产企业。流通集团型企业内部向全资（控股）子公司或全资（控股）子公司之间调拨医用耗材可不视为一票，但最多允许开一次发票 （三）药品和医药耗材生产、流通企业要按照公平、合法和诚实信用原则合理确定加价水平 （四）鼓励生产企业直接为公立医疗机构配送药品和医用耗材，公立医疗机构与药品、医用耗材生产企业直接结算货款，药品、医用耗材生产企业与流通企业结算配送费用
重庆市	2017年6月1日	《重庆市公立医疗机构药品采购“两票制”实施方案（试行）》	（一）药品生产企业或科工贸一体化的集团型企业设立的仅销售本企业（集团）药品的全资或控股经营企业，可视同生产企业 （二）境外药品的国内总代理（由境内外修改为境外）或直接从境外生产企业进口药品的代理商，可视同生产企业 （三）药品上市许可持有人合规委托负责药品销售的生产企业或经营企业，可视同生产企业。以上情形在全国范围内仅限一家经营企业或总代理 （四）药品流通集团型企业内部总公司、分公司、全资或控股子公司之间调拨药品可不视为一票，但最多允许调拨一次 （五）鼓励公立医疗机构与药品生产企业通过重庆药交所结算平台直接结算货款，药品生产企业与流通企业结算配送费用
山西省	2017年8月1日	《山西省推行公立医疗机构药品采购“两票制”实施方案（试行）》	（一）药品生产企业或科工贸一体化的集团型企业设立的仅销售本企业（集团）药品的全资或控股经营公司，可视同生产企业。 （二）境外药品的国内总代理，可视同生产企业 （三）药品上市许可持有人合规委托负责药品销售的生产企业或经营企业，可视同生产企业。以上情形在全国范围内仅限一家经营企业或总代理 （四）药品流通集团型企业内部总公司、分公司、全资或控股子公司之间调拨药品可不视为一票，但最多只允许开一次发票

续　表

区域	全面执行	名称	“两票制”的界定
天津市	2017年9月1日	《天津市公立医疗机构药品采购推行“两票制”实施方案（试行）》	（一）药品生产企业或科工贸一体化的集团型企业设立的销售本企业（集团）药品的全资或控股商业公司（全国仅限1家商业公司） （二）境外药品国内总代理（本事仅限1家国内总代理） （三）受药品上市许可持有人委托代为销售药品的药品生产企业或经营企业 （四）药品流通集团型企业内部与全资（控股）子公司或全资（控股）子公司之间调拨药品可不视为一票，但最多允许开一次发票 （五）对因市场战略合作发生产权转移的产品，在产品相关证照审批期间允许增加一票，期限为企业提出申请后不超过1年，但应提供相关证明材料
辽宁省	2017年9月1日	《辽宁省公立医疗机构药品采购“两票制”实施细则（试行）》	（一）药品生产企业或科工贸一体化的集团型企业设立的仅销售本企业（集团）药品的全资或控股商业公司（全国仅限1家商业公司）、境外药品国内总代理（全国仅限1家国内总代理）可视同生产企业 （二）药品流通集团型企业内部向全资（控股）子公司或全资（控股）子公司之间调拨药品可不视为一票，但最多允许开一次发票 （三）药品生产、流通企业要按照公平、合法和诚实信用原则合理确定加价水平。鼓励公立医疗机构与药品生产企业直接结算药品货款、药品生产企业与流通企业结算配送费用 （四）为应对自然灾害、重大疫情、重大突发事件和病人急（抢）救等特殊情况，紧急采购药品或国家医药储备药品，可特殊处理 （五）麻醉药品和第一类精神药品的流通经营仍按国家现行规定执行
黑龙江省	2017年9月1日	《黑龙江省公立医疗机构药品采购“两票制”实施方案（试行）》	（一）药品生产企业或科工贸一体化的集团型企业设立的仅销售本企业（集团）药品的全资或控股商业公司（全国仅限1家商业公司）可视同生产企业 （二）境外药品国内总代理（全国仅限1家国内总代理）可视同生产企业 （三）药品流通集团型企业内部向全资（控股）子公司或全资（控股）子公司之间调拨药品可不视为一票，但最多允许开一次发票
四川省	2017年9月6日	《关于在四川省公立医疗机构药品采购中推行“两票制”的实施方案（试行）》	（一）药品生产企业或科工贸一体化的集团型企业设立的仅销售本企业（集团）药品的全资或控股商业公司（全国仅限1家商业公司）、境外药品国内总代理（全国仅限1家国内总代理）可视同生产企业 （二）药品流通集团型企业内部向全资（控股）子公司或全资（控股）子公司之间调拨药品可不视为一票，但最多允许开一次发票

续 表

区域	全面执行	名称	“两票制”的界定
四川省	2017年9月6日	《关于在四川省公立医疗机构药品采购中推行“两票制”的实施方案（试行）》	（三）药品生产、流通企业要按照公平、合法和诚实信用原则合理确定加价水平。为应对自然灾害、重大疫情、重大突发事件和病人急（抢）救等特殊情况，紧急采购药品或国家医药储备药品，可特殊处理 （四）麻醉药品和第一类精神药品的流通经营仍按国家现行规定执行
湖南省	2017年10月1日	《湖南省公立医疗机构药品采购“两票制”实施方案（试行）》	（一）药品生产企业或科工贸一体化的集团型企业设立的仅销售本企业（集团）药品的全资或控股商业公司（全国仅限1家商业公司）、境外药品国内总代理（全国仅限1家国内总代理）可视同生产企业 （二）委托药品生产企业或流通企业代为销售药品的药品上市许可持有者视同为生产企业 （三）药品流通集团型企业内部向全资（控股）子公司或全资（控股）子公司之间调拨药品可不视为一票，但最多允许开一次发票 （四）鼓励公立医疗机构与药品生产企业直接结算药品货款、药品生产企业与流通企业结算配送费用 （五）在发生自然灾害、重大疫情、重大突发事件和病人急（抢）救等特殊情况所实施的药品紧急调拨、采购国家或本省省级医药储备药品，可特殊处理。国家实行特殊管理的麻醉药品、精神药品、医疗用毒性药品和放射性药品，仍按国家现行规定采购
吉林省	2017年10月1日	《吉林省公立医疗机构药品采购“两票制”实施方案》	（一）药品生产企业或科工贸一体化的集团型企业设立的仅销售本企业（集团）药品的全资或控股经营企业，可视同生产企业；境外药品的国内总代理可视同生产企业 （二）药品上市许可持有人合规委托负责药品销售的生产企业或经营企业，可视同生产企业。以上情形在全国范围内仅限一家经营企业或总代理 （三）药品流通集团型企业内部总公司、分公司、全资或控股子公司之间调拨药品可不视为一票，但最多允许开一次发票
浙江省	2017年11月1日	《关于在全省公立医疗机构药品采购中推行“两票制”的实施意见》	（一）药品生产企业或科工贸一体化的集团型企业设立的全资或控股商业公司（全国仅限1家商业公司）在销售本企业（集团）药品时、流通集团型企业在销售全资（控股）子公司生产的药品时 （二）境外药品国内总代理（含国内分包装企业，全国仅限1家） （三）药品上市许可持有人委托代为销售药品的生产企业或流通企业（全国仅限1家）、生产企业之间产品经营权转让的受让方可视同生产企业 （四）药品流通集团型企业内部向全资（控股）子公司调拨药品，或ERP系统与省药械采购平台对接的全资（控股）子公司之间调拨药品，可不视为一票，但最多允许开一次发票

续　表

区域	全面执行	名称	“两票制”的界定
浙江省	2017年11月1日	《关于在全省公立医疗机构药品采购中推行“两票制”的实施意见》	（五）为应对自然灾害、重大疫情、重大突发事件和病人急（抢）救等特殊情况，紧急采购药品或医药储备药品的，可特殊处理，相关医疗机构须及时将采购信息报同级卫生计生行政部门备案，同时上传省药械采购平台 （六）麻醉药品和精神药品、医疗用毒性药品、放射性药品、防治传染病和寄生虫病的免费用药、国家免疫规划疫苗、计划生育药品及中药饮片等特殊药品的流通经营仍按国家现行规定执行
河北省	2017年11月1日	《河北省公立医疗机构药品采购推行“两票制”实施方案（试行）》	（一）药品生产企业或科工贸一体化的集团型企业设立的仅销售本企业（集团）药品的全资或控股商业公司（全国仅限1家商业公司）、境外药品国内总代理（全国仅限1家国内总代理）可视同生产企业 （二）药品流通集团型企业内部向全资（控股）子公司或全资（控股）子公司之间调拨药品可不视为一票，但最多允许开一次发票 （三）药品生产、流通企业要按照公平、合法和诚实信用原则合理确定加价水平 （四）鼓励公立医疗机构与药品生产企业直接结算药品货款、药品生产企业与流通企业结算配送费用
海南省	2017年11月1日	《海南省公立医疗机构药品采购“两票制”实施细则（试行）》	（一）全省所有公立医疗机构药品采购全部实行“两票制”，即由药品生产企业到药品流通企业开一次购销发票，药品流通企业到公立医疗机构开一次购销发票。特别偏远的乡镇卫生院由市县卫生计生委（卫生局）报省卫生计生委备案，另行规定 （二）药品生产企业或科工贸一体化的集团型企业设立的仅销售本企业（集团）药品的全资或控股商业公司（每个药品，全国仅限1家商业公司，生物制品除外）视同生产企业 （三）境外药品国内总代理（全国仅限1家国内总代理）视同生产企业 （四）药品流通集团型企业内部向全资（控股）子公司或全资（控股）子公司之间调拨药品不视为一票，但最多允许开一次发票
内蒙古自治区	2017年11月1日	《内蒙古自治区公立医疗机构药品采购“两票制”实施方案（试行）》	（一）药品生产企业或科工贸一体化的集团型企业设立的仅销售本企业（集团）药品的全资或控股商业公司（全国仅限1家商业公司）、境外药品国内总代理（全国仅限1家国内总代理）可视同生产企业 （二）药品流通集团型企业内部向全资（控股）子公司或全资（控股）子公司之间调拨药品可不视为一票，但最多允许开一次发票

续 表

区域	全面执行	名称	“两票制”的界定
内蒙古自治区	2017年11月1日	《内蒙古自治区公立医疗机构药品采购“两票制”实施方案（试行）》	（三）药品上市许可持有人，如不具备药品经营资质的，应当委托经食品药品监管部门批准生产其药品的生产企业代为销售药品；或仅委托药品生产企业生产药品，另委托一家药品经营企业代为销售药品，且受委托生产企业与药品上市许可持有人及受委托经营企业之间均没有发生购销行为的，此受托药品经营企业可视为药品生产企业（全国仅限1家企业） （四）对因市场战略合作发生产权转移的产品，在产品相关证照审批未完成前允许过渡期增加一票，但应提供相关证明材料 （五）药品生产、流通企业要按照公平、合法和诚实信用原则合理确定加价水平。鼓励公立医疗机构与药品生产企业直接结算药品货款、药品生产企业与流通企业结算配送费用，严格按合同约定回款 （六）为应对自然灾害、重大疫情、重大突发事件和病人急（抢）救等特殊情况，紧急采购药品或国家医药储备药品，可特殊处理 （七）麻醉药品、精神药品、防治传染病和寄生虫病的免费用药、国家免疫规划疫苗、二类疫苗、计划生育药品、蒙药、中药饮片等仍按照国家和自治区现行规定执行
山东省	2017年12月31日	《山东省公立医疗机构药品采购推行“两票制”实施方案（试行）》	（一）药品生产企业或科工贸一体化的集团型企业设立的仅销售本企业（集团）药品的商业公司（在山东省销售的药品，每种仅限1家公司视为生产企业） （二）境外药品国内总代理或国内分包装企业（全国仅限1家国内总代理或分包装企业） （三）受药品上市许可持有人委托代为销售药品的药品生产企业或经营企业（全国仅限1家生产或经营企业） （四）药品流通集团型企业内部向全资（控股）子公司或全资（控股）子公司之间调拨药品可不视为一票，但最多允许开一次发票 （五）应对自然灾害、重大疫情、重大突发事件和病人急（抢）救等特殊情况，紧急采购药品或国家和省医药储备药品，以及国家公布的短缺药品清单内的药品，可特殊处理 （六）国家实行特殊管理的麻醉药品、精神药品、医疗用毒性药品和放射性药品、中药饮片、疫苗等特殊药品的流通经营，仍按国家现行规定执行
北京市	2018年1月	《北京市公立医疗机构药品采购推行“两票制”实施方案（试行）》	（一）药品生产企业或科工贸一体化的集团型企业设立的销售本企业（集团）药品的全资（或持股50%以上）商业公司（全国仅限1家商业公司） （二）境外药品国内总代理或进口药品国内分包装企业（全国仅限1家）

续　表

区域	全面执行	名称	“两票制”的界定
北京市	2018年1月	《北京市公立医疗机构药品采购推行“两票制”实施方案（试行）》	（三）药品上市许可持有人委托代为销售药品的药品生产企业或经营企业（全国仅限1家） （四）药品流通集团型企业内部与全资（或持股50%以上）子公司以及全资（或持股50%以上）子公司之间调拨药品可不视为一票，但最多允许开一次发票 （五）麻醉、精神、防治传染病和寄生虫病的免费用药、国家免疫规划疫苗、计划生育药品、中药饮片、体外诊断试剂、医疗用毒性药品、放射性药品的流通经营按国家现行规定执行 （六）为应对自然灾害、重大疫情、重大突发事件和病人急（抢）救等特殊情况，紧急采购药品或国家医药储备药品，可特殊处理。为保障临床急需短缺药品的及时供给，短缺药品可特殊处理 （七）为保障基层药品的有效供应，配送到特别偏远、交通不便的乡（镇）、村医疗卫生机构的药品，允许药品流通企业在“两票制”基础上再开一次药品购销发票。确需增加一票的，由市食品药品监管部门商市卫生计生部门确定后，在市药品阳光采购平台公示 （八）相关材料的审核公示等工作由市医药集中采购服务中心统一组织实施，相关职能部门积极配合 （九）进一步规范、理顺药品采购配送管理流程，探索通过第三方支付平台，公立医疗机构与药品生产企业直接结算药品货款、药品生产企业与流通企业结算配送费用。药品生产、流通企业要按照公平合法、诚实守信原则合理确定加价水平
湖北省	2018年1月1日	《全省公立医院医疗机构药品采购“两票制”实施方案（试行）》	（一）药品生产企业或科工贸一体化的集团型企业设立的仅销售本企业（集团）药品的全资或控股经营公司，可视同生产企业 （二）境外药品的国内总代理，可视同生产企业 （三）药品上市许可持有人合规委托负责药品销售的生产企业或经营企业，可视同生产企业。以上情形在全国范围内仅限一家经营企业或总代理 （四）药品流通集团型企业内部向全资（控股）子公司或全资（控股）子公司之间、子公司与母公司之间调拨药品可不视为一票，但最多允许一次
贵州省	2018年1月1日	《关于转发国务院医改办等八部委〈印发关于在公立医疗机构药品采购中推行“两票制”的实施意见（试行）的通知〉的通知》	（一）药品生产企业或科工贸一体化的集团型企业设立的仅销售本企业（集团）药品的全资或控股商业公司（全国仅限1家商业公司）、境外药品国内总代理（全国仅限1家国内总代理）可视同生产企业 （二）药品流通集团型企业内部向全资（控股）子公司或全资（控股）子公司之间调拨药品可不视为一票，但最多允许开一次发票

续 表

区域	全面执行	名称	“两票制”的界定
贵州省	2018年1月1日	《关于转发国务院医改办等八部委〈印发关于在公立医疗机构药品采购中推行“两票制”的实施意见（试行）的通知〉的通知》	（三）药品生产、流通企业要按照公平、合法和诚实信用原则合理确定加价水平 （四）鼓励公立医疗机构与药品生产企业直接结算药品货款、药品生产企业与流通企业结算配送费用 （五）为应对自然灾害、重大疫情、重大突发事件和病人急（抢）救等特殊情况，紧急采购药品或国家医药储备药品，可特殊处理 （六）麻醉药品和第一类精神药品的流通经营仍按国家现行规定执行 （七）对特别偏远、交通不便的乡（镇）、村医疗卫生机构配送药品，允许药品流通企业在“两票制”基础上再开一次药品购销发票，以保障基层药品的稳定供应
宁夏回族自治区	2018年1月1日	《宁夏回族自治区公立医疗机构药品采购推行“两票制”的实施意见（试行）》	（一）药品生产（集团）企业设立仅销售本企业药品的全资或控股经营企业和进口药品国内总代理企业（同通用名、同剂型、同规格药品仅限一家国内总代理企业）可视同为生产企业。在“两票制”的探索改革阶段，药品生产企业授权的全国总代理企业、覆盖宁夏区域总代理企业和宁夏总代理企业（同通用名、同剂型、同规格药品仅限一家全国总代理企业、覆盖宁夏区域总代理企业或宁夏总代理企业）可暂视同为药品生产企业 （二）公立医疗机构用量较少的药品、急抢救药品、儿科药品和短缺药品等确实难以实行“两票制”管理的药品，经药品生产企业申报，自治区药招办组织审核同意后，可不实行“两票制” （三）发生自然灾害、疫情、突发事件和急抢救病人时，公立医疗机构需应急采购和调拨的药品，可不受药品供应“两票制”限制 （四）未纳入宁夏公立医疗机构药品集中采购目录的药品暂不实行“两票制”
西藏自治区	2018年1月1日	《西藏自治区药品集中采购“两票制”实施办法》	（一）药品生产企业或科工贸一体化的集团型企业设立的仅销售本企业（集团）药品的全资或控股经营企业，可视同生产企业 （二）境外药品的国内总代理可视同生产企业。受药品上市许可持有人委托代为销售药品的药品生产企业或经营企业，可视同生产企业 （三）药品流通集团型企业内部总公司、分公司、全资或控股子公司之间调拨药品可不视为一票，但最多允许开一次发票
云南省	2018年10月1日	《云南省公立医疗机构药品采购“两票制”实施方案（试行）》	（一）药品生产企业或科工贸一体化的集团型企业设立的销售本企业（集团）药品的全资或控股商业公司（全国仅限1家商业公司）在销售本企业药品时可视同生产企业 （二）境外药品国内总代理（由境内外修改为境外）或直接从境外生产企业进口药品的代理商（全国仅限1家国内总代理）可视同生产企业 （三）药品上市许可持有人合规委托负责药品销售的生产企业或流通企业可视同生产企业

续　表

区域	全面执行	名称	“两票制”的界定
云南省	2018年10月1日	《云南省公立医疗机构药品采购“两票制”实施方案（试行）》	（四）药品流通集团型企业内部全资（控股）公司之间调拨药品可不视为一票，但最多允许开一次发票 （五）为应对自然灾害、重大疫情、重大突发事件和病人急（抢）救等特殊情况，以及列入短缺药品清单的药品和国家及省级医药储备药品，可特殊处理 （六）麻醉药品、精神药品等特殊药品及中药饮片、计划生育药品（具）的流通经营仍按国家现行规定执行
上海市	2017年年底	《上海市公立医疗机构药品采购“两票制”实施方案（试行）》	（一）药品生产企业或科工贸一体化的集团型企业设立的仅销售本企业（集团）药品的全资或控股商业公司（全国仅限1家商业公司）、境外药品国内总代理（全国仅限1家国内总代理）可视同生产企业 （二）药品流通集团型企业内部向全资（控股）子公司或全资（控股）子公司之间，以及其全资（控股）子公司向设在本市的总公司（总部）调拨药品可不视为一票，但最多允许开一次发票 （三）鼓励公立医疗机构与药品生产企业直接结算货款，药品生产企业与流通企业结算配送费用 （四）为应对自然灾害、重大疫情、重大突发事件和病人急（抢）救等特殊情况，紧急采购药品或国家医药储备药品，可特殊处理 （五）疫苗、麻醉药品和第一类精神药品的流通经营仍按国家现行规定执行
江苏省	2017年年底	《江苏省公立医疗机构药品采购推行“两票制”实施方案（试行）》	（一）药品生产企业或科工贸一体化的集团型企业设立的全资或控股（超过50%，下同）商业公司（全国仅限1家）销售本企业（集团）药品时视同生产企业，销售非本企业（集团）药品时视同流通企业 （二）境外药品国内总代理（含国内分包装企业） （三）不具备药品经营资质的药品上市许可持有人委托生产并代为销售的药品生产企业或委托代为销售的药品流通企业可视同生产企业，以上两种情形均全国仅限1家 （四）药品流通集团型企业内部向全资（控股）子公司或全资（控股）子公司之间调拨药品可不视为一票，但最多允许开一次发票 （五）为偏远的乡（镇）、村医疗卫生机构配送药品，允许药品流通企业在“两票制”基础上再开一次发票。纳入我省短缺药品定点储备的药品，其相应的省级承储企业在我省某地区没有建立配送关系、但该药品确需配送的，可增开一次发票 （六）麻醉药品、精神药品、医疗用毒性药品、放射性药品、防治传染病和寄生虫病的免费用药品、疫苗、计划生育药品以及中药饮片的流通经营按国家现行规定执行。为应对自然灾害、重大疫情、重大突发事件和病人急（抢）救等特殊情况，紧急采购药品或国家医药储备药品，可特殊处理 （七）鼓励公立医疗机构与药品生产企业直接结算药品货款、药品生产企业与流通企业结算配送费用

续 表

区域	全面执行	名称	“两票制”的界定
广西壮族自治区	2018年1月1日	《广西壮族自治区公立医疗机构药品集中采购“两票制”实施方案（试行）》	（一）药品生产企业或科工贸一体化的集团型企业设立的仅销售本企业（集团）药品的全资或控股商业公司（全国仅限1家商业公司）、境外（由境内外修改为境外）药品的国内总代理或直接从境外生产企业进口药品的代理商（在全国范围内仅限1家总代理），可视同生产企业 （二）药品上市许可持有人合规委托负责药品销售的生产企业或经营企业（在全国范围内仅限1家企业），可视同生产企业 （三）药品流通集团型企业内部向全资（控股）子公司或全资（控股）子公司之间调拨药品可不视为一票，但最多允许开一次发票 （四）药品生产、流通企业要按照公平、合法和诚实信用原则合理确定加价水平。鼓励公立医疗机构与药品生产企业直接结算药品货款、药品生产企业与流通企业结算配送费用
江西省	2018年1月1日	《江西省公立医疗机构药品采购“两票制”实施方案（试行）》	（一）药品生产企业或科工贸一体化的集团型企业设立的仅销售本企业（集团）药品的全资或控股商业公司（全国仅限1家商业公司）、境外药品国内总代理（全国仅限1家国内总代理）可视同生产企业 （二）药品流通集团型企业内部向全资（控股）子公司或全资（控股）子公司之间调拨药品可不视为一票，但最多允许开一次发票 （三）鼓励公立医疗机构与药品生产企业直接结算药品货款、药品生产企业与流通企业结算配送费用 及时总结试点经验，根据有关新规定，适时完善“两票制”界定和推行政策措施
河南省	2018年6月底前	《河南省公立医疗机构药品采购推行“两票制”实施意见（试行）》	（一）药品生产企业或科工贸一体化的集团企业设立的仅销售本企业（集团）药品的全资或控股商业公司、境外药品国内总代理、药品生产企业之间产品经销权转让的受让方、药品上市许可持有人合规委托负责销售药品的药品生产企业或流通企业，可视同生产企业（以上4种情形均全国仅限一家） （二）药品流通集团型企业内部向全资（控股）子公司（分公司）或全资（控股）子公司（分公司）之间调拨药品可不视为一票，但最多允许开一次发票 （三）鼓励药品生产企业与医疗机构之间直接结算药品货款，药品生产企业与药品流通企业结算配送费用 （四）麻醉药品、精神药品、医疗用毒性药品、放射性药品，以及防治传染病和寄生虫病的免费用药、国家免疫规划疫苗、计划生育药品、中药饮片的流通经营仍按国家现行规定执行。为保障临床供应，短缺药品、临床必需但使用量较小的药品，可暂不实行“两票制”，具体品种由各医疗机构自行确定并进行网上公示

续 表

区域	全面执行	名称	“两票制”的界定
河南省	2018 年 6 月底前	《河南省公立医疗机构药品采购推行“两票制”实施意见（试行）》	（五）为应对自然灾害、重大疫情、重大突发事件和病人急（抢）救等特殊情况，紧急采购药品或国家医药储备药品，可特殊处理 （六）为保障基层药品的有效供应，为特别偏远、交通不便的乡镇、村医疗卫生机构配送药品，允许在“两票制”基础上再开一次药品购销发票，具体由各省辖市、直管县（市）确定
广东省	2018 年年中	《关于医疗机构药品交易“两票制”的实施方案（试行）》	（一）药品生产企业或科工贸一体化的集团型企业设立的仅销售本企业（本集团）药品的全资或控股商业公司（全国仅限 1 家商业公司），视同药品生产企业 （二）药品上市许可持有人，如不具备药品经营资质，委托经食品药品监管部门批准生产其药品的生产企业代为销售药品；或仅委托药品生产企业生产药品，另委托 1 家药品流通企业代为销售药品，且委托生产企业与药品上市许可人及受委托药品流通企业之间没有发生购销行为的，此受委托的企业（全国仅限 1 家企业）视为药品生产企业 （三）境外药品的国内总代理，视同药品生产企业（全国仅限 1 家国内总代理） （四）药品流通集团型企业内部与全资（控股）子公司之间调拨药品可不视为一票，但最多允许开一次发票 （五）综合近三年药品配送情况，对同时符合特别偏远、交通不便等条件的基层医疗卫生机构（不含城区卫生服务中心，下同）配送药品，允许药品流通企业在“两票制”基础上再开一次药品购销发票。符合条件的基层医疗卫生机构名单由药品交易机构向社会公开，接受社会监督
甘肃省	争取到 2018 年在全省全面推开	《甘肃省公立医疗机构药品采购“两票制”实施方案（试行）》	（一）药品生产企业或科工贸一体化的集团型企业设立的仅销售本企业（集团）药品的全资或控股商业公司（全国仅限 1 家商业公司）、境外药品国内总代理（全国仅限 1 家国内总代理）可视同生产企业 （二）对因市场战略合作发生产权转移的产品，在产品相关证照审批未完成前允许过渡期增加一票，但应提供相关证明材料 （三）药品流通集团型企业内部向全资（控股）子公司或全资（控股）子公司之间、子公司与母公司之间调拨药品可不视为一票，但最多允许开一次发票 （四）委托药品生产企业或流通企业代为销售药品的上市许可持有者可视同生产企业

续 表

区域	全面执行	名称	"两票制"的界定
新疆维吾尔自治区		《关于加强自治区公立医院药品集中采购工作的实施意见》	（一）采购方为全区县及县级以上人民政府、国有企业（含国有控股企业）等所属的非营利性医疗卫生机构、医保定点医疗机构和基层医疗卫生机构必须参加全区统一的网上药品集中采购 （二）鼓励其他医疗卫生机构参加自治区药品集中采购 （三）投标方为国内注册的药品生产企业、获得国外或港澳台地区药品生产企业授权的全国一级代理企业

注：公立医疗机构包含医院、社区卫生服务中心（站）、街道卫生院、乡镇卫生院、村卫生室、门诊部、诊所（医务室）等。福建省作为综合医改的试点省份，是全面首个推行"两票制"的省份，不纳入本次统计范围。

资料来源：各省政策文件。

第三节　分级诊疗，未来三年仍是医改主要方向之一

一、政策要点

为解决目前我国优质医疗资源过度集中、以药养医积重难返等种种痛点，中共中央和国务院从2009年就开始实施医改，颁布《中共中央国务院关于深化医药卫生体制改革的意见》，明确要求"逐步实现社区首诊、分级医疗和双向转诊"。2015年9月，国务院办公厅印发了《关于推进分级诊疗制度建设的指导意见》，提出了2017年分级诊疗政策体系逐步完善，医疗卫生机构分工协作机制基本形成，2020年分级诊疗模式逐步形成，基本建立符合国情的分级诊疗制度。2016—2017年分级诊疗相关政策汇总如表1－4所示。

表1－4　2016—2017年分级诊疗相关政策汇总

时间	制定部门	政策名称	政策要点
2009年3月	中共中央、国务院	《关于深化医药卫生体制改革的意见》	第一次提出"分级诊疗"，逐步建立完善制度
2011年7月	国务院	《国务院关于建立全科医生制度的指导意见》	全科医生的培养制度、激励机制等

续　表

时间	制定部门	政策名称	政策要点
2015 年 5 月	国务院办公厅	《关于城市公立医院综合改革试点的指导意见》	2015 年进一步扩大城市公立医院综合改革试点。到 2017 年，城市公立医院综合改革试点全面推开
2015 年 9 月	国务院办公厅	《关于推进分级诊疗制度建设的指导意见》	到 2017 年，分级诊疗政策体系逐步完善，医疗卫生机构分工协作机制基本形成。到 2020 年，分级诊疗服务能力全面提升
2016 年 4 月	国家卫生和计划生育委员会、财政部	《关于做好 2016 年新型农村合作医疗工作的通知》	支持参合（保）居民与基层医疗机构家庭医生团队开展签约服务，推进分级诊疗制度建设
2016 年 5 月	国务院深化医药卫生体制改革领导小组办公室等	《关于印发推进家庭医生签约服务指导意见的通知》	2016 年，在 200 个公立医院综合改革试点城市开展家庭医生签约服务。到 2017 年，家庭医生签约服务覆盖率达到 30% 以上，重点人群签约服务覆盖率达到 60% 以上。到 2020 年，力争将签约服务扩大到全人群
2016 年 6 月	国务院办公厅	《关于促进和规范医疗健康大数据应用发展的指导意见》	推进大医院与基层医疗卫生机构、全科医生与专科医生的数据资源共享和业务协同，健全基于互联网、大数据技术的分级诊疗信息系统，延伸放大医疗卫生机构服务能力，有针对性地促进“重心下移、资源下沉”
2016 年 11 月	国务院深化医药卫生体制改革领导小组办公室	《关于进一步推广深化医药卫生体制改革经验的若干意见》	推进家庭医生签约服务
2016 年 12 月	国务院	《国务院关于印发“十三五”深化医药卫生体制改革规划的通知》	推进分级诊疗、现代医院管理、全民医保、药品供应保障、综合监管 5 项制度建设
2017 年 4 月	国务院办公厅	《关于做好 2017 年新型农村合作医疗工作的通知》	助力分级诊疗制度建设，将符合规定的家庭医生签约服务费纳入医保支付范围
2017 年 4 月	国务院办公厅	《关于推进医疗联合体建设和发展的指导意见》	各地根据分级诊疗制度建设实际情况，组建多种形式的医联体，推动优质医疗资源向基层和边远贫困地区流动

续 表

时间	制定部门	政策名称	政策要点
2017 年 4 月	国务院办公厅	《深化医药卫生体制改革 2017 年重点工作任务》	重点建立以分级诊疗、现代医院管理、全民医保、药品供应保障、综合监管五项基本医疗卫生制度为主要内容的新框架
2017 年 5 月	国家卫生和计划生育委员会	《关于做实做好 2017 年家庭医生签约服务工作的通知》	2017 年，以省（市、区）为单位要在 85% 以上的地市开展家庭医生签约服务工作，签约服务人群覆盖率达到 30% 以上，老年人、孕产妇、儿童、残疾人以及高血压、糖尿病、结核病等慢性疾病和严重精神障碍患者等重点人群签约服务覆盖率达到 60% 以上
2018 年 1 月		《中华人民共和国基本医疗卫生与健康促进法（草案）》	第 50 条拟明确提出国家对基本医疗服务实行分级诊疗制度

资料来源：国家各部委文件。

从政策推出的节奏和力度来看，2018—2020 年内分级诊疗政策细化或者试点经验学习将会大幅推进，而由此带来的医疗资源下沉已经是一个不可逆趋势。从 2017 年各级政府的举措来看，分级诊疗的各项效果和成绩已经开始显现。

转诊量。部分实施“两票制”地区分流效果已经开始显现。截至 2018 年 1 月，北京二、三级医院诊疗量降低，三级医疗机构整体工作量基本下降 11.6%，一级医疗机构诊疗量同比上升 15.3%。

医联体。截至 2017 年 6 月底，全国已有 1764 家三级医院牵头组建了多种形式的医联体，占全国三级医院总数的八成。已有 321 个地级以上城市开展医联体建设试点，占全国地级以上城市总数的 94.7%（国家目标到 2017 年年底是 85%）。这说明就数量上看医联体建设已经大大完成国家预期目标。

家庭医生。截至 2017 年 11 月底，全国家庭医生签约服务覆盖 5 亿人，全人群签约率达 35%，较国家目前的 30%，完成了预期目标。

虽然效果初现，但是分级诊疗在实施的过程中也有很多难点和痛点，比如，基层服务能力偏弱、上下级医疗机构缺乏沟通协作、缺乏统一的转诊标准和监督机制、医保杠杆作用不明显等。

截至目前，还有部分地区未完成分级诊疗工作考核评价标准。但就区域设定目标来看，大部分地区是原版根据国家政策执行，也有少部分对执行标准进行了微调，例如贵州省，其设定到2017年基层医疗卫生机构建设全部达标，远程医疗平台软件开发、硬件采购、系统部署工作，覆盖省、市、县、乡级医疗卫生机构。不难看出，贵州省希望通过远程平台这种方式来快速改善本身的医疗境况，期望通过远程卫生平台来改善自身医疗水平的省份还有海南和四川。

二、分级诊疗、慢性病服务加速药品流通渠道下沉

分级诊疗是指按照疾病的轻重缓急以及治疗的难易程度，有不同级别和服务能力的医疗机构承担不同疾病的治疗，并按照病情变化进行及时便携的双向转诊。其“十六字方针”是“基层首诊、双向转诊、急慢分治、上下联动”。分级诊疗示意如下图所示。

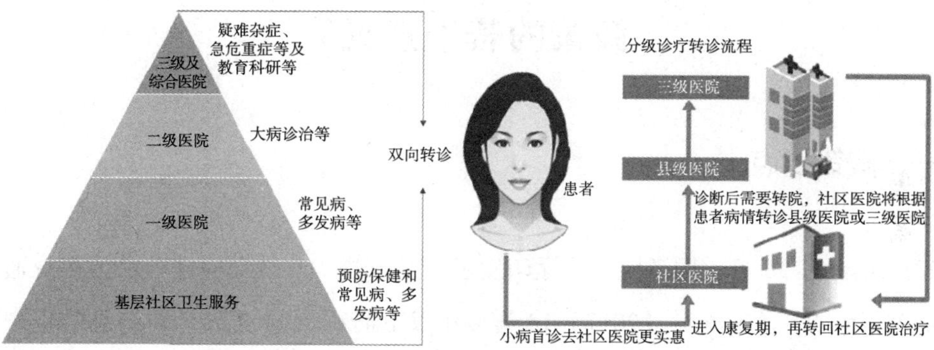

分级诊疗示意

分级诊疗为中国医改方向之一是毋庸置疑的。2017年国家的分级诊疗举措多多，通过医联体、家庭医生等形式促进医疗资源下沉。按照分级诊疗规程，患者首先在基层医疗机构就诊，然后向一级、二级或者更高级医院流动，并根据急慢分诊，慢性病患者转回基层医疗机构，在这个过程中，治疗方案伴随患者反向流入基层医疗机构。这一诊疗过程，必将加速药品流通渠道下沉，特别是慢性病用药，基层医疗机构的采购量会有所增加。

在分级诊疗的初期阶段，慢性病处方外流的突破口，将带动药品入户配送等新的医药物流模式。慢性病患者需要长期用药、定期体检的特点，患者中老年人居多。分

级诊疗以及医联体的推行，将逐步改变这一部分患者的就医途径。按照“首诊在社区、慢病在社区、康复回社区”的诊疗秩序，合理利用资源，为区域内居民，特别是慢性病患者提供便捷、连续、高水平的医疗健康服务。同时，充分发挥社区医疗服务中心的距离优势，增加药品上门配送、保险、家庭健康管理等延伸服务，提高与患者的黏性。

2018 年，预计国家还是继续出台各种政策，来积极推进分级诊疗的执行和落实。一方面，会加大投资力度，去完善基层医疗机构的硬件设施配备和医联体的实施；另一方面，会通过政策引导减少二甲、三甲医院的门诊数量，将更多的门诊下沉到一级或者基层医疗机构，而三级医疗机构将空出更多的精力去承担疑难病症的治疗和研究。

第四节　《关于进一步改革完善药品生产流通使用政策的若干意见》

一、政策要点

2017 年 1 月 26 日，国务院办公厅印发了《关于进一步改革完善药品生产流通使用政策的若干意见》（国办发〔2017〕13 号）（以下简称《意见》）。对药品的生产、流通、使用各环节提出了 17 条改革意见，通过全链条全流程的改革措施解决医药领域突出问题。

针对药品流通环节，《意见》明确提出：整顿药品流通秩序，推进药品流通体制改革。

具体内容如下（摘取药品流通相关内容）。

（1）推动药品流通企业转型升级。

①推动药品流通企业跨地区、跨所有制兼并重组，培育大型现代药品流通骨干企业。

②整合药品仓储和运输资源，实现多仓协同，支持药品流通企业跨区域配送，形成以大型骨干企业为主体、中小型企业为补充的城乡药品流通网络。

③鼓励中小型药品流通企业专业化经营，推动部分企业向分销配送模式转型。

④鼓励药品流通企业批发零售一体化经营。

⑤推进零售药店分级分类管理，提高零售连锁率。

（2）推行药品购销“两票制”。综合医改试点省（市、区）和公立医院改革试点城市要率先推行“两票制”，鼓励其他地区实行“两票制”，争取到2018年在全国推开。

（3）完善药品采购机制。落实药品分类采购政策，进一步提高医疗机构在药品集中采购中的参与度。鼓励跨区域和专科医院联合采购。在全面推行医保支付方式改革或已制定医保药品支付标准的地区，允许公立医院在省级药品集中采购平台（省级公共资源交易平台）上联合带量、带预算采购。

（4）加强药品购销合同管理。

（5）整治药品流通领域突出问题。对查实的违法违规行为，记入药品采购不良记录、企事业单位信用记录和个人信用记录并按规定公开，公立医院2年内不得购入相关企业药品。

（6）强化价格信息监测。健全药品价格监测体系，促进药品市场价格信息透明。

（7）推进“互联网+药品流通”。规范零售药店互联网零售服务，推广“网订店取”“网订店送”等新型配送方式。鼓励有条件的地区依托现有信息系统，开展药师网上处方审核、合理用药指导等药事服务。

国务院在政策解读时，也提到“十三五”时期，有关部门将认真贯彻落实《全国药品流通行业发展规划（2016—2020年）》，重点做好三方面工作。

一是在物流配送能力薄弱的地区，支持实力雄厚、管理规范、信誉度高的全国性和区域性药品流通骨干企业，整合、改造及新建具有一定辐射能力的药品物流配送中心。

二是鼓励大中型药品批发企业、零售连锁企业重点在城市便民商圈、新建社区、农村和边远地区延伸配送与服务网络，实现药品流通对基层的有效覆盖。

三是鼓励中小型药品流通企业向专业化、特色化发展，做精做专，满足多层次市场需求。

“十三五”期间，有关部门将积极推动药品流通企业（集团）加快全国网络布局步伐，整合仓储和运输资源，推动多仓协同，支持企业跨区域配送，实现就近收货，就近发货，多点储备，分级接力配送，提高药品供应的准确性、及时性、安全性；加快推动药品流通商业模式创新和流程再造，推动药品流通服务向县、乡（镇）一级下沉；增加基层药品配送网络密度；在药品流通资源集中度不高的地区，引导药品流通企业兼并重组，或建立企业运营联盟，实现资源共建共享，提升区域内整体配送服务能力；协调推动城乡一体化的药品流通信息平台建设，提升流通信息化水平和物流效率。

二、《意见》促进药品流通产业转型升级

改革完善药品生产流通使用政策，是深化医药卫生体制改革的重要内容，是医疗、医保、医药联动改革的重要一环，对于提高我国药品研发创新能力、提高药品质量疗效、规范药品生产流通秩序、净化流通环境、规范用药行为、保障药品生产供应等都具有重要意义。

对于流通环节，《意见》的实施明确提出流通环节整体集中度需要提高，实现行业净化，大企业形成规模效应，小企业做补充性的专业化经营。

从市场份额角度看，2017 年上半年前 100 位药品批发企业占全国医药市场总规模的 70.1%，集中度增长同比上升 3.45 个百分点。预计 2018—2020 年，药品流通行业整体市场集中度将会快速提高，2020 年百强集中度将会提高至 90% 以上。

从区域渗透和协作模式来看，《意见》鼓励跨区域兼并重组，形成大型骨干企业。而大型骨干企业利用自身的资金和运作优势，整合各地的仓储和运输资源，提高信息化水平，实现多仓协同，提高药品物流效率。而对于小型药品物流企业来说，其主要是大型骨干物流企业的有效补充，其利用自身小而快的运作优势，可以快速深入终端配送。由此，中国药品流通将会形成大型骨干企业为主体、中小型企业为补充的城乡药品流通网络。

第五节　取消 GMP、GSP 两大认证，监管更加严苛

2017 年 10 月 23 日，CFDA（国家食品药品监督管理总局）发布《〈中华人民共和国药品管理法〉修正案（草案征求意见稿）》，向社会公开征求意见。为落实“放管

服”要求，更好地适应医药行业发展变化，修正案提出将取消药品生产质量管理规范（GMP）、药品经营质量管理规范（GSP）两大认证，同时实行药品上市许可持有人管理，未来政府部分将会加大动态监管飞行检查取代静态监管。2018 年 1 月 5 日，食品药品监管总局于 2018 年 5 日发布《药品检查办法》征求意见稿，面向社会公开征求意见。征求意见时间截至 2018 年 1 月 29 日。2016—2017 年国家关于 GMP、GSP 相关政策如表 1 - 5 所示。

表 1 - 5　　2016—2017 年国家关于 GMP、GSP 相关政策

时间	部门	政策	要点
2016 年 7 月	CFDA	《关于修改〈药品经营质量管理规范〉的决定》	按照国务院办公厅“两证合一”的要求，将药品生产行政许可与药品生产质量管理规范（GMP）认证整合为一项行政许可，将药品经营行政许可与药品经营质量管理规范（GSP）认证整合为一项行政许可
2017 年 6 月	CFDA	《关于开展城乡接合部和农村地区药店诊所药品质量安全集中整治的通知》	对城乡接合部和农村地区药店、诊所开展集中整治，着力规范零售药店和诊所药品购进渠道、储存条件及药学服务，查处药品销售使用环节违法违规行为
2017 年 9 月	国务院	《关于取消一批行政许可事项的决定》	注册（新药用辅料和进口药用辅料注册）审批、互联网药品交易服务企业（第三方）审批、医疗器械临床试验机构资格认定等
2017 年 10 月	CFDA	《〈中华人民共和国药品管理法〉修正案（草案征求意见稿）》	修正案提出将取消药品生产质量管理规范（GMP）、药品经营质量管理规范（GSP）两大认证，同时实行药品上市许可持有人管理
2018 年 1 月	国家食品药品监督管理总局	《总局办公厅公开征求〈药品检查办法（征求意见稿）〉意见》	规范药品检查行为，保证检查质量

资料来源：国家各部委。

取消 GMP、GSP 在早前就有迹可循，但取消的同时，食品药品监管总局加大了飞行检查的频次和力度。根据数据，2017 年较 2016 年检查任务增加 387 次，同比增加

178%。其中药品 GMP 跟踪检查，2016 年 296 个组；2017 年 438 组，同比增长 167%，派出 1234 人。

2018 年，总局不仅会加大执行力度，同时也会加大飞检的广度和深度。在范围上，不仅生产企业、实体药店纳入范围，进口药品，进口医疗器械以及医药电商也纳入飞检范围。另外，在深度上也加大了执行力度，不仅包含 GSP 认证证书过期未重新申报等药店自身因素外，还监察未能开具药品销售凭证、近效期药品跟踪管理记录不全、未见职工内部培训档案、冷藏药品温度交接记录不全、未按规定分类摆放等问题。

严格的飞检制度，给药品生产和流通企业带来了更大的考验，但也“倒逼”药品生产、流通企业规范产品、提升质量，淘汰落后企业，促进行业整合升级，有利于行业长远健康发展。

第六节 医药物流标准化程度进一步提升

一、医药物流标准制定工作有序进行

近几年，国家政府及相关协会正在积极制定医药物流标准，以此规范物流行业健康发展。2015 年 3 月，国务院印发《深化标准化工作改革方案》标志着标准化改革工作全面开始，同年 10 月国家标准化管理委员会联合国家发展和改革委员会编制《物流标准化中长期发展规划 2015—2020 年》，明确了未来五年我国物流标准化工作的主要任务，为今后进一步下达物流标准年度计划、强化物流标准化管理工作等提供了依据。

我国标准体制由国家标准、行业标准、团体标准、地方标准、企业标准五级标准组成。截至 2017 年年底，医药物流标准相关标准（包含地方）共有 40 余项，其中国家行业标准及地方标准各 20 余项。其中国家标准有 2012 年发布的《药品冷链物流运作规范》、2014 年发布的《药品物流服务规范》、2007 年发布的《血液冷藏箱》以及 2017 年发布的《医药产品冷链物流温控设施设备验证 性能确认技术规范》等。而地方标准有 2006 年年底浙江省的《新办药品批发企业现代物流系统基本标准》、2010 年湖南省制定发布《湖南省药品批发企业现代物流系统设置标准（暂行）》等。

需要重点指出的是，我国不仅在积极完善国家标准、行业标准、地方标准，还将

积极培育发展团体标准列为标准化改革的六项措施之一。

国务院在《深化标准化工作改革方案》，明确提出培育发展团体标准是重要的改革措施，鼓励具备相应能力的学会、协会、商会、联合会等社会组织和产业技术联盟，协调相关市场主体共同制定满足市场和创新需要的标准，增加标准的有效供给。2015年6月，国家标准化管理委员会印发《国家标准委办公室关于下达团体标准试点工作任务的通知》，中国物流与采购联合会成为开展团体标准的首批试点单位。2015—2017年，中国物流与采购联合会医药物流分会通过建立完整的团体标准全流程管理制度，开展重点团体标准的培训、实施推广，为中国药品物流标准化的推广工作做出了卓越的贡献。

二、协会助推医药物流标准化跳跃发展

2017年，由中物联医药物流分会牵头制定的《医药产品冷链物流温控设施设备验证　性能确认技术规范》（2018年5月1日开始实施）国家标准和《药品阴凉箱的技术要求和试验方法》发布实施。《医药物流　承运企业质量管理审计规范》《医药冷藏车温控验证　性能确认技术规范》两项团体标准已完成制定工作，等待报批。

《医药产品冷链物流温控设施设备验证　性能确认技术规范》规定了医药产品冷链物流涉及的温控仓库、温控车辆、冷藏箱、保温箱及温度监测系统验证性能确认的内容、要求和操作要点；适用于医药产品储存运输过程中涉及的温控仓库、温控车辆、冷藏箱、保温箱及温度监测系统的性能确认等活动。《药品阴凉箱的技术要求和试验方法》规定了药品阴凉箱（以下简称阴凉箱）的术语和定义、技术要求和试验方法；适用于箱内温度范围为8℃～20℃、相对湿度范围为35%～75%的电机驱动压缩式全封闭型制冷系统的立式药品阴凉箱。《医药物流　承运企业质量管理审计规范》规定了审计准备、审计程序、审计内容、审计结果判定等内容。《医药冷藏车温控验证　性能确认技术规范》规定了医药冷藏车温控性能确认标准、确认工具、车辆要求、确认和判定程序等。

2018年，医药物流分会将会继续致力于推动医药物流行业朝着标准化、规范化方向发展，目前，协会正在进行《道路运输　医药冷藏车功能选用技术规范》（行业标准）、《体外诊断试剂温控物流运作规范》（行业标准）、《医院院内物流一体化服务规

范》（团体标准）、《医药物流从业人员能力要求》（团体标准）的制定。

为了促进国家标准更好地实施、强化标准规范引导作用，提高我国药品冷链产业标准化水平，促进我国药品冷链产业健康发展，中物联医药物流分会在2014—2017年开展了国标试点—达标—示范企业工作。申报企业类型为医药生产企业、流通企业、医药第三方物流企业，主要从经营状况、设施设备、人员素质、客户服务、信息系统等多个方面提出了重要的技术指标要求。截至目前，《药品冷链物流运作规范》国家标准试点企业数量已经达到309家，其中82家已经完成达标。

国标试点—达标—示范企业工作，一是旨在推广国家标准的实施应用，进一步了解标准的科学性和适用性；二是充分发挥标准的引导作用，带动企业自觉使用标准，企业间相互对标，提升企业服务质量，促进医药物流行业健康发展。

第二章　我国医药制造业、商业及终端发展现状分析

本章主要介绍了医药制造业、医药商业、医药电商以及医疗终端等的发展情况。

医药制造业是国民经济重要行业之一。近年来，由于城乡居民生活水平不断提高，医疗卫生需求不断增长，医药制造业各项经济指标持续向好。2017 年 1—11 月，医药制造业增加值继续保持快速增长势头，同比增长 12.3%，高出同期工业增加值增速 5.7 个百分点。受医改影响，2017 年我国医药制造业营业收入增速有所加快，盈利能力继续提升。2017 年 1—11 月医药制造业主营业务收入达到 25947 亿元，同比增长 12.3%，增速较 2016 年提高 2.6 个百分点；实现利润总额 2998 亿元，同比增长 18.4%，增速较 2016 年提高 4.5 个百分点。在主营业务收入增速加快的同时，受“两票制”改革影响，2017 年医药制造业销售费用显著加快，1—11 月全行业销售费用同比增长 22.2%，较 2016 年提高 9.9 个百分点。

2017 年是“十三五”全国医药流通行业发展规划落实之年，“两票制”、分级诊疗等政策对医药流通市场格局产生了深远的影响，医药流通行业销售额增速明显放缓。2017 年上半年，商务部药品流通统计系统监测的西药类、中成药类、中药材类、医疗器材类、化学试剂类、玻璃仪器类以及其他类七大类医药商品销售总额为 9894 亿元（含税），同比增长 8.1%，增速较 2016 年同期回落 3.9 个百分点。

医药电商是未来的发展方向之一，近年来，随着互联网尤其是移动互联网的快速发展，医药电子商务呈现爆发式增长，医药企业开始大规模进军电子商务领域，网上药店、第三方医药电子商务平台数量持续快速增长。医药电商模式包括 B2B（企业对

企业）模式、B2C（企业对消费者）模式以及O2O（线上线下）模式。目前，B2C模式的医药电商企业数量最多。随着2017年和2018年医药零售政策的推出以及新零售商业模式被行业的逐步认可，未来单纯的B2C模式从市场层面、政策层面已经很难有存在的空间，与线下连锁药店深度融合，重新规划发展O2O业务是未来大势所趋。

第一节　我国医药制造业[①]发展特点分析

一、医药制造业对经济拉动进一步增强

2017年1—11月，我国医药制造业工业增加值同比增长12.3%，较2016年全年提高1.5个百分点。同期，我国规模以上工业增加值同比增长6.6%，医药制造业工业增加值增速较全国工业增加值增速高出5.7个百分点，这一数值创下2012年以来新高，医药制造业对整个经济发展的拉动作用在进一步增强。2012—2017年医药制造业工业增加值增速变化情况如图2-1所示。

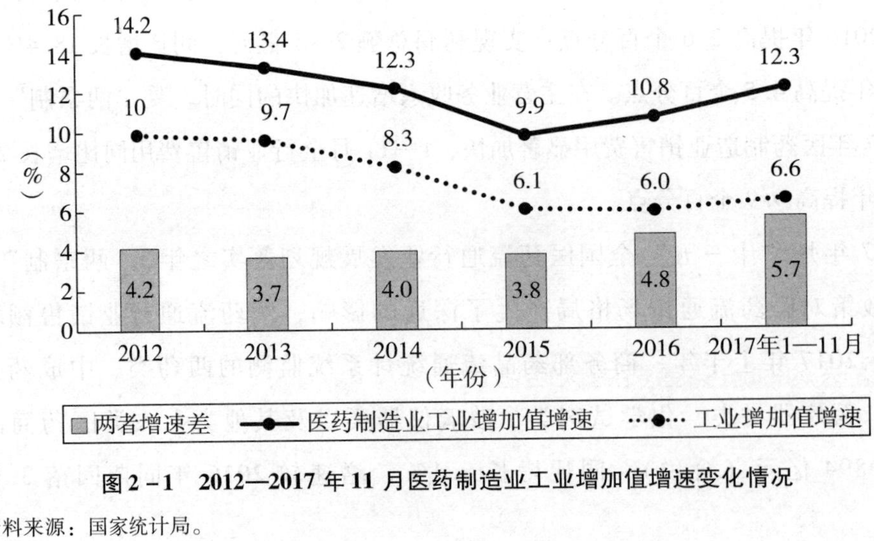

图2-1　2012—2017年11月医药制造业工业增加值增速变化情况

资料来源：国家统计局。

① 医药制造业，包含化学药品原料药制造、化学药品制剂制造、中药饮片加工、中成药制造、生物药品制造、兽用药品制造、卫生材料及医药用品制造7个子行业。

二、医药制造业营收稳中向好

2017 年，我国医药制造行业营业收入稳中向好，盈利能力继续提升。医药制造业处于综合医改的大背景之下，其主要受宏观经济、营改增、“两票制”、医保改革等政策面影响加大，2018 年是中国医改政策的落实之年，相关机构预计会出台更多的细则去规范医改方向和执行，未来中国医药制造行业发展趋势有待观察。

就营业收入来看，2017 年 1—11 月，医药制造业实现主营业务收入 25947 亿元，同比增长 12.3%，增速较 2016 年全年提高 2.6 个百分点。就利润总额来看，2017 年 1—11 月，医药制造业累计实现利润总额 2998 亿元，同比增长 18.4%，较 2016 年全年提升 4.5 个百分点。就毛利率看，2017 年 1—11 月，医药制造业毛利率为 31.5%，较 2016 年提升 2.1 个百分点。如图 2－2 和图 2－3 所示。

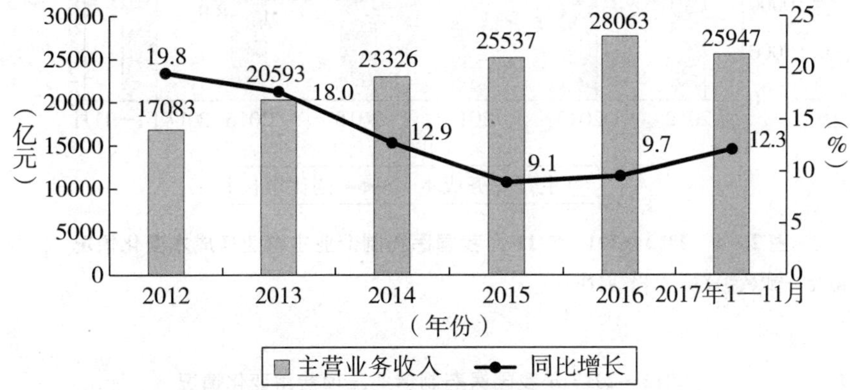

图 2－2　2012—2017 年 11 月我国医药制造业主营业务收入变化情况

资料来源：国家统计局，计算时四舍五入。

三、医药制造销售费用快速增长

受“两票制”改革影响，2017 年 1—11 月医药制造业主营业务成本增速也有所提高，但仍低于收入增速 2.4 个百分点，增长 9.9%（如图 2－4 所示）。其中，2017 年 1—11 月，医药制造业销售费用同比大幅增长 22.2%，较 2016 年进一步上升 9.9 个百分点；财务费用同比增长 13.8%，超过主营业务收入增速 1.5 个百分点；管理费用增速得到了一定控制，同比增长 10.6%，低于主营业务收入增速 1.7 个百分点（如表 2－1 所示）。

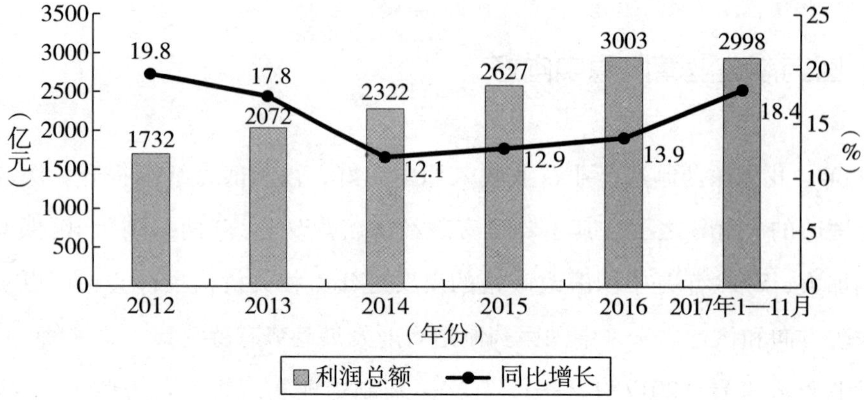

图 2－3　2012—2017 年 11 月我国医药制造业利润总额变化情况

资料来源：国家统计局。

图 2－4　2012—2017 年 11 月我国医药制造业主营业务成本变化情况

资料来源：国家统计局，计算时四舍五入。

表 2－1　　　2012—2017 年我国医药制造业三项费用变化情况

时间	销售费用（亿元）	同比增长（%）	财务费用（亿元）	同比增长（%）	管理费用（亿元）	同比增长（%）	三项费用合计（亿元）	同比增长（%）
2011 年	1549	19.6	135	24.5	870	21.0	2554	—
2012 年	1959	26.0	162	21.9	1054	18.2	3175	24.3
2013 年	2343	19.0	195	16.1	1256	17.8	3794	19.5
2014 年	2691	14.5	224	14.5	1400	10.7	4315	13.7
2015 年	2919	8.2	240	5.5	1575	11.9	4734	9.7
2016 年	3281	12.3	236	－2.5	1769	11.7	5286	11.6
2017 年 1—11 月	3419	22.2	238	13.8	1634	10.6	5291	12.6

注：三项费用是指销售费用、财务费用和管理费用。

资料来源：国家统计局，计算时四舍五入。

第二节 我国医药商业[①]发展特点分析

一、医药商业销售总额增速趋缓

2016 年是“十三五”全国药品流通行业发展规划的开局之年，2017 年是“十三五”全国药品流通行业发展规划落实之年。这一年，国家相关部门制定了一系列的政策文件，比如“两票制”、分级诊疗、一致性评价、医保支付方式、医院控费等，其中“两票制”、分级诊疗对药品流通市场格局产生了深远的影响。

2017 年上半年，根据商务部统计数据七大类医药商品销售总额为 9894 亿元（含税），较 2016 年同期增长 8.1%，增幅回落 3.9 个百分点。2017 年全年七大类医药商品销售总额估算约为 19771.4 亿元（含税），较去年同比增长 7.5%。如图 2－5 所示。

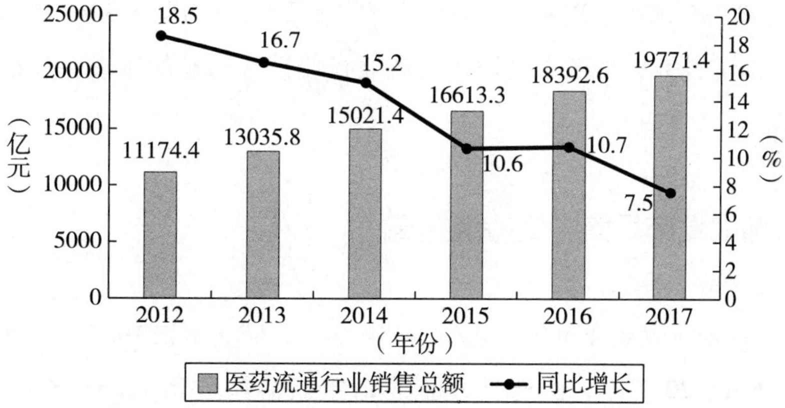

图 2－5 2012—2017 年我国医药流通行业销售总额变化情况

资料来源：商务部药品流通统计系统。

二、西南区域发展潜力巨大

2016 年华东、华北和西南三区域销售收入占比达到 66.6%，对比 2015 年，其中华

① 商务部药品流通统计系统监测的“药品”包含西药类、中成药类、中药材类、医疗器材类、化学试剂类、玻璃仪器类以及其他类七大类。

东区域占比下降0.5个百分点，华北区域下降0.2个百分点，西南区域上升0.3个百分点。如表2－2所示。

表2－2　　2015—2016年我国药品流通行业分区域销售额变化情况

区域	2015年占比（%）	2016年占比（%）	增减（%）
华东	37.9	37.4	-0.5
华北	16.4	16.2	-0.2
西南	12.7	13.0	0.3
华中	12.3	12.4	0.1
华南	10.7	11.3	0.6
东北	5.4	5.1	-0.3
西北	4.6	4.6	0

资料来源：商务部药品流通统计系统。

2016年，排名前三的仍旧是广东省、北京市和上海市，与2015年相比，广东省由第二名跃居为第一名，北京市由第一名降至第二名，上海市保持是第三名。2016年，前三名销售总额占全国医药流通行业销售总额的比重合计达到25.3%，较2015年提高1个百分点。前十名销售总额占全国医药流通行业销售总额的比重合计达到64.2%，较2015年提高0.4个百分点。

三、医药批发市场集中度持续提高

2016年，医药批发企业销售额达到14714亿元，同比增长10.7%，增速较上年回升0.1个百分点。2017年，医药批发企业销售额估算达到15832亿元，同比增长7.6%，增速较2016年下降3.1个百分点（如图2－6所示）。从2012—2017年，我国医药批发企业销售额稳步上升，行业运行良好。随着新医改政策的推行和产业升级，医药流通行业面临新模式、新业态考验，行业及企业都将面临新的挑战和机遇。

2016年，随着各项医改政策的逐步落实，药品批发行业整合进一步加快，批发企业数量较上年明显减少。国家食品药品监督管理总局数据显示，截至2016年年底，全国共有药品批发企业12975家，同比减少533家。2017年，在“两票制”的政策影响下，前100名企业销售额占比由2015年的74%上升到78%，预计2020年将会上升到90%以上。如图2－7所示。

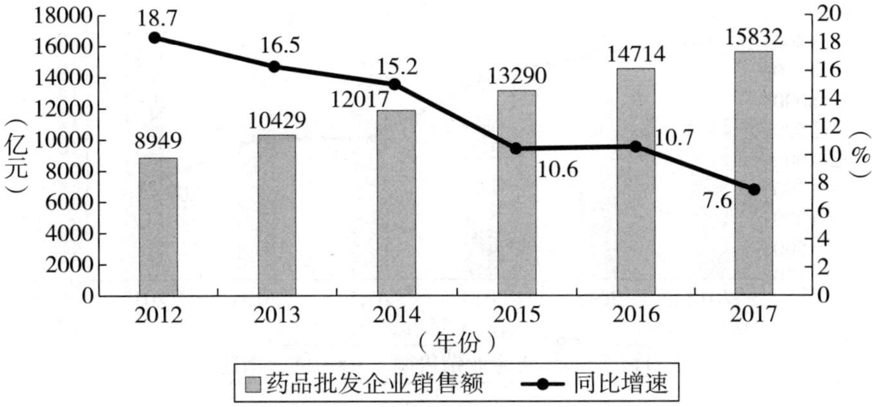

图 2－6　2012—2017 年我国药品流通行业批发企业销售额变化情况

资料来源：商务部药品流通统计系统。

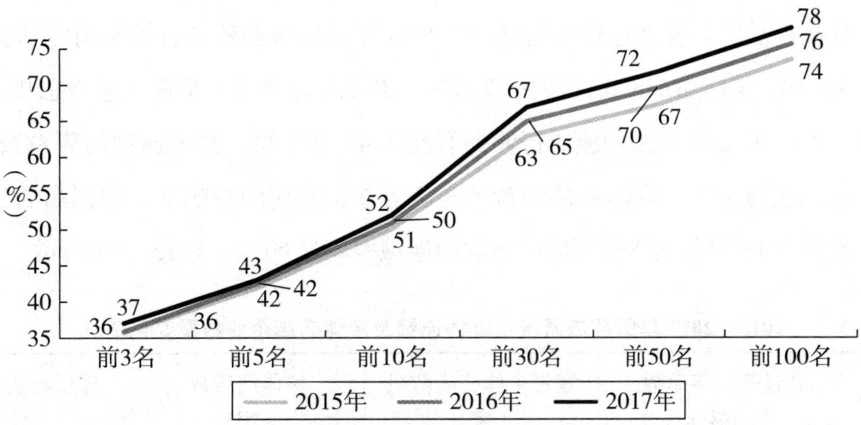

图 2－7　2015—2017 年我国药品流通行业批发企业集中度变化情况

资料来源：商务部药品流通统计系统。

四、零售药店连锁率提升迅速

中国药店零售市场规模整体呈缓慢增长态势，由于国家宏观经济增长放缓、医院药房零加成的逐步推广削弱药店价格优势、药品价格持续下降、医药电商快速增长挤压市场空间等原因，使得医药零售市场增长空间收窄，零售药店市场规模增长持续放缓。2016 年，我国医药零售企业销售额达到 3679 亿元，同比增加 356 亿元，增长 10.7%，增速较 2015 年回升 0.1 个百分点。这也是医药零售企业销售额增速自 2012 年开始回落以来首次回升。2017 年，我国医药零售企业销售额为 3939 亿元，同比上升 7.07%，较 2016 年下降 3.63 个百分点。如图 2－8 所示。

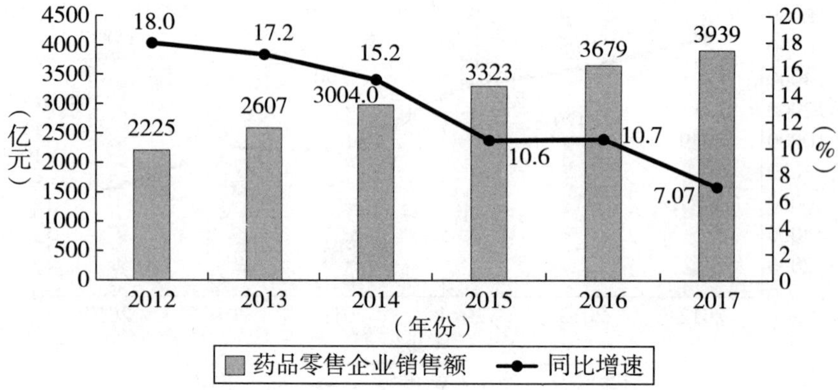

图 2－8　2012—2017 年医药流通行业零售企业销售额变化情况

资料来源：商务部药品流通统计系统。

国家食品药品监督管理总局数据显示，2016 年我国医药流通行业拥有零售连锁企业 5609 家，较 2015 年增加 628 家，增长 12.6%，2012 年以来几乎呈逐年递增态势，累计增长 80.5%。2017 年，我国医药流通行业拥有药店 47 万余家，其中连锁门店总数为 26 万余家，连锁率达到 55%。在国家鼓励新开药店为连锁药店的影响下，中国药店连锁率迅速提升，预计 2018 年我国连锁药店门店数的连锁率超过 60%。如表 2－3 所示。

表 2－3　2015—2017 年医药流通行业零售连锁及单体药店企业数量变化情况

	连锁门店总数（家）	零售单体药店数量（家）	整体门店数（家）	连锁药店连锁率（%）
2015 年	173567	243162	416729	42
2016 年	221086	225948	447034	49
2017 年	262834	215046	477880	55

资料来源：国家食品药品监督管理总局。

第三节　我国医药电商发展特点分析

一、医药电商整体态度“宽进严管”

随着新医改政策的不断推出，医药正在逐渐分离，这为医药电商市场带来了机遇。2000 年国家禁止网售处方药和非处方药，2005 年只允许非处方药的网上交易，2015 年和2016年国务院发文进一步推动医药电子商务发展，2017年年初，国务院宣布取消互联网药品交易资格B证、C证的审批。2017年9月，国务院又宣布取消互联网药品交易服务企业（第三方）（简称A证）审批。2017年年底，CFDA发布了《医疗器械网络销售监督管理办法》，并将在2018年3月1日起实施。2018年2月，国务院法制办公室公布《药品网络销售监督管理办法（征求意见稿）》，明确表示：只有符合GSP认证的药品零售连锁企业才可对个人消费者销售药品，单体药店和其他医药企业均不可对个人消费者销售药品，同时不得通过网络对个人消费者销售处方药，也不可通过网络对个人消费者发布处方药信息。

特别是《药品网络销售监督管理办法（征求意见稿）》的发布，说明国家正在有的放矢地监管医药电商，使医药电商向“规范化、一体化（线上线下）”方向发展。2000—2018年中国医药电商政策如表2-4所示。

表2-4　　2000—2018年中国医药电商政策汇总

时间	政策名称	政策要点
2000年	《处方药与非处方药流通管理暂行规定》	禁止网上销售处方药和非处方药
2005年	《互联网药品交易服务审批暂行规定》	一方面，只允许非处方药进行网上交易；另一方面，只能是连锁药店企业、药品生产厂家、药品流通企业才具备开设网上药店的资格。同时提到，从事互联网药品交易服务的企业要申请国家食品药品监督管理局颁发的互联网药品交易服务资格证书
2014年	《互联网食品药品经营监督管理办法（征求意见稿）》	允许取得相应资格证书的互联网平台网售处方药，可以由第三方物流配送平台进行药品或医疗器械的配送
2015年	《国务院关于大力发展电子商务加快培育经济新动力的意见》	制定完善互联网食品药品经营监督管理办法，规范食品、保健食品、药品、化妆品、医疗器械网络经营行为，加强互联网食品药品市场监测监管体系建设，推动医药电子商务发展
2016年	《互联网第三方平台药品网上零售试点工作结束》	分别通知河北省、上海市、广东省食品药品监管局，要求结束互联网第三方平台药品网上零售试点工作
2016年	《全国药品流通行业发展规划（2016—2020年）》	推动移动互联网、物联网等信息技术在药品流通领域广泛应用，鼓励企业开展基于互联网的服务创新等
2017年	《国务院关于第三批取消中央指定地方实施行政许可事项的决定》	取消医药电商BC证审核，保留A证审核

续 表

时间	政策名称	政策要点
2017 年	《医疗器械网络销售监督管理办法》	
2018 年 2 月	《药品网络销售监督管理办法（征求意见稿）》	网售处方药全面遭禁已成定局。药品网络销售者为药品零售连锁企业的，不得通过网络销售处方药和国家有专门管理要求的药品
2018 年 2 月	网络药品信息和交易监测系统建设项目	希望通过系统的建设，利用信息化技术和手段完成对涉嫌违法违规的药品信息和交易网站的全网搜索，进一步加强网络药品信息发布和售药行为的监管。先将 PC 端网站纳入监测范围，随后逐步将微博、微信等移动社交媒体及 App 工具纳入监测范围

资料来源：国家各部委文件。

二、医药电商数量稳步上升

近年来，伴随着互联网尤其是移动互联网的快速发展，医药电子商务呈现爆发式增长，医药企业开始大规模进军电子商务领域，网上药店、第三方医药电子商务平台数量持续快速增长。

医药电商模式中 B2C 模式应用最多。截至 2017 年 9 月 18 日，全国累计有 974 家企业拥有“互联网药品交易服务资格证书”共有 974 张，与上年相比，增加 61 家。从业务形式来看，全国累计有 52 家平台具有第三方交易服务平台交易证照（国 A 证），较上年增加 12 家；240 家企业拥有批发交易类 B2B 证书（B 证），较上年增加 16 家；682 家企业拥有网上零售类 B2C 证书（C 证），较上年增加 33 家。如图 2 -9所示。

B2C 模式主要分为两种，一种是以第三方电子商务平台为平台的售药模式，即卖方需要依托天猫、京东等平台进行销售活动；另一种是自建自采平台模式，如健客网、康爱多、好药师等，销售额基本上依赖于平台流量的大小。

O2O（Online To Offline）模式，将线下商务的机会与互联网结合在一起，让互联网成为线下交易的前台。目前，比较常见的医药 O2O 模式是“送药上门”服务。除了 O2O 平台外，传统药店、药企、医药物流都纷纷进入送药“战场”，其中连锁药店是送药 O2O 企业最大的竞争对手。

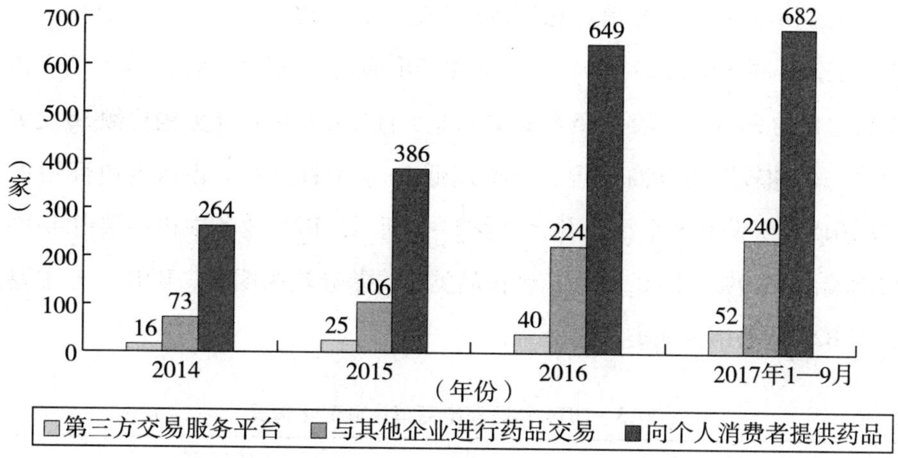

图 2－9　2014—2017 年 9 月医药电商企业数量变化情况

资料来源：国家食品药品监督管理总局。

随着 2017 年和 2018 年医药零售政策的推出和新零售商业模式的认可，未来单纯的 B2C 模式从市场面、政策面已经很难有存在的空间。与线下连锁药店深度融合，重新规划发展 O2O 业务是未来大势所趋。

三、B2C 消费习惯正在培养中

随着互联网的快速发展和医药电商企业数量的快速增加，医药电商销售额也出现了快速增长，但目前增长主要还是集中在 B2B 领域，B2C 医药电商销售增长相对较慢。

据商务部药品流通统计系统数据显示，2016 年，药品电商订单总数 4305 万，同比增长约 7.6%（如表 2－5 所示）。其中，B2B 订单数 1632 万，占比约 37.9%，订单转化率 96.7%；B2C 订单数 2673 万，占比约为 62.1%，订单转化率 86.3%。B2B 网站活跃用户量 27 万，平均客单价 3652 元，平均客品数 791 个；B2C 网站活跃用户量 11162 万，平均客单价 148 元，平均客品数 11 个。

表 2－5　　2015—2016 年医药电商订单量变化情况

	2015 年	2016 年	同比增长
订单总数（万）	>4000	4305	7.6%
订单转化率（%）	81	90.2	9.2 个百分点

资料来源：商务部药品流通统计系统。

2016 年医药电商直报企业销售总额达 612 亿元，同比增长 28.8%。其中，B2B 业务销售额 576 亿元，同比增长 29.7%，增速较医药电商销售总额增速高 1.1 个百分点，占医药电商销售总额的 94.1%，较 2015 年提高 0.8 个百分点；B2C 业务销售额 36 亿元，同比增长 12.5%，增速较医药电商销售总额增速低 16.1 个百分点，占医药电商销售总额的 5.9%，较 2015 年下降 0.8 个百分点。如表 2－6 所示。B2B 业务中移动端占 4.3%，B2C 业务中移动端占 46.0%。B2B 与 B2C 销售品类结构差异较为明显，B2B 业务主要集中在西药类，而 B2C 业务中其他类占比最高。

表 2－6　　2015—2016 年医药电商销售额变化情况

类别	2015 年		2016 年		
	销售额（亿元）	占比（%）	销售额（亿元）	同比增长（%）	占比（%）
B2B	444	93.3	576	29.7	94.1
B2C	32	6.7	36	12.5	5.9
合计	476	100.0	612	28.6	100.0

资料来源：商务部药品流通统计系统。

四、O2O 模式获资本青睐

政策是推动医药电商发展的重要推手之一。2015 年国务院印发的《关于积极推进“互联网＋”行动的指导意见》和 2016 年《人力资源社会保障部关于印发“互联网＋人社”2020 行动计划的通知》等文件明确提出，鼓励“网订店取”“网订店送”模式，促进医药电商 O2O 送药到家业态的发展。2017 年年初，国务院办公厅发布《关于进一步改革完善药品生产流通使用政策的若干意见》，要求引导“互联网＋药品流通”规范发展，支持药品流通企业与互联网企业加强合作，推进线上线下融合发展，培育新兴业态。

2015 年 2 月，仁和药业推出的医药 O2O 平台“叮当快药”正式上线。上线以来，“叮当快药”不断通过移动互联网变革传统的药品零售模式，实现线上线下一体化运营，目前“叮当快药”已在北京、上海、广州、深圳、成都 5 大城市实现线上 24 小时专业药师免费指导，线下 28 分钟服务到家。2018 年 1 月，“叮当快药”获得软银中国资本 3 亿元融资。

而“快方送药”在全国累计收购数十家药店，通过互联网化改造药店，探索出“自营药店为主、药店互联网化、仓配一体化”的互联网药店成熟业务模式。2017 年 4 月 18 日，步长制药发布对外投资公告，以 6000 万元投资医药 O2O 电商“快方送药”。

按计划，2017—2019年快方送药将深耕北上广深等一线城市，到2020年之后逐步扩展到经济发达的二三线城市，总药店家数将突破300家。

随着移动互联网的不断普及壮大，随着快方送药、叮当快药等医药O2O商业模式的不断清晰，在政策支持下，未来医药电商O2O的发展或将迎来新一轮热潮。

第四节 我国医疗终端发展特点分析

一、医疗卫生机构数量缓慢增长

随着经济持续较快发展和居民生活水平不断提高，居民对健康的重视程度越来越高，我国医疗卫生机构总量总体上呈增长态势。截至2017年10月底，我国各类医疗卫生机构总数989331个，较2016年年底增加5937个。

其中，医院数量逐年增加，占医疗卫生机构总量比重逐年提高。截至2017年10月底，我国医院总数为29971个，较2016年年底增加831个，占各类医疗卫生机构总数的比重上升至3.03%，较2016年年底提高0.07个百分点。与医院数量的变化趋势一样，基层医疗卫生机构数量也是逐年增加。截至2017年10月底，我国基层医疗卫生机构数量为933796个，较2016年年底增加7278个。

与医疗和基层医疗卫生机构数量变化趋势不同，2014年以来，我国专业公共卫生机构数量逐年减少。2017年10月底，我国专业公共卫生机构总量为22730个，较2016年年底减少2136个。2014年以来，专业公共卫生机构数量已经累计减少了12299个。

其他机构数量在2015年达到高点之后，最近两年也出现了回落态势。截至2017年10月底，其他机构数量2834个，同比减少36个。如表2-7所示。

表2-7　2013—2017年10月各类医疗卫生机构数量及占比

指标	2013年	2014年	2015年	2016年	2017年1—10月
医疗卫生机构总数（个）	974398	981432	983528	983394	989331
其中：医院总数（个）	24709	25860	27587	29140	29971
占医疗卫生机构总数比例（%）	2.54	2.63	2.80	2.96	3.03

续 表

指标	2013 年	2014 年	2015 年	2016 年	2017 年 1—10 月
基层医疗卫生机构数（个）	915368	917335	920770	926518	933796
占医疗卫生机构总数比例（%）	93.94	93.47	93.62	94.22	94.39
专业公共卫生机构数（个）	31155	35029	31927	24866	22730
占医疗卫生机构总数比例（%）	3.20	3.57	3.25	2.53	2.30
其他机构数（个）	3166	3208	3244	2870	2834
占医疗卫生机构总数比例（%）	0.32	0.33	0.33	0.29	0.28

资料来源：国家卫生和计划生育委员会（简称国家卫生计生委）。

二、医疗卫生机构诊疗人数增长3.0%

2017 年 1—10 月，我国医疗卫生机构合计诊疗 66.1 亿人次，同比增长 3.0%。其中，各级医院诊疗 27.74 亿人次，同比增长 5.6%，占全部医疗卫生机构诊疗人次数的比重较 2016 年提高 0.73 个百分点，达到 41.97%；基层医疗卫生机构诊疗 35.89 亿次，同比增长 0.9%，占全部医疗卫生机构诊疗人次数的比重较 2016 年下降 0.81 个百分点至 54.3%；其他机构诊疗 2.47 亿人次，同比增长 6.2%，占全部医疗卫生机构诊疗人次数的比重较 2016 年提高 0.08 个百分点至 3.73%。如表 2－8 所示。

表 2－8　　2013—2017 年 10 月卫生机构诊疗人次数变化情况

	2013 年	2014 年	2015 年	2016 年	2017 年 1—10 月	同比增长（%）
医疗卫生机构合计（亿人次）	73.1	76	76.9	79.3	66.1	3.0
其中：医院（亿人次）	27.4	29.7	30.8	32.7	27.74	5.6
占比（%）	37.48	39.08	40.05	41.24	41.97	
三级医院（亿人次）	12.4	14	15	16.3	13.78	7.1
占比（%）	16.96	18.42	19.51	20.55	20.85	
二级医院（亿人次）	10.9	11.5	11.7	12.2	10.43	4.1
占比（%）	14.91	15.13	15.21	15.38	15.78	

续　表

	2013 年	2014 年	2015 年	2016 年	2017 年 1—10 月	同比增长（%）
一级医院（亿人次）	1.8	1.9	2.1	2.2	1.77	5.8
占比（%）	2.46	2.50	2.73	2.77	2.68	
基层医疗卫生机构（亿人次）	43.2	43.6	43.4	43.7	35.89	0.9
占比（%）	59.10	57.37	56.44	55.11	54.30	
其他机构（亿人次）	2.5	2.7	2.7	2.9	2.47	6.2
占比（%）	3.42	3.55	3.51	3.65	3.73	

注：2017 年 1—10 月的同比根据 2016 年 1—10 月的数据计算得到。

资料来源：国家卫生计生委。

三、诊疗人数决定药品流向，未来西南是增长点

2016 年，我国医疗卫生机构诊疗人数主要集中在华东、华中和华南，其中华东占比 33.83%，华南占比 14.06%，华中占比 15.09%，三区域合计占比约 63%。如表 2－9 所示。

表 2－9　　2016 年分区域医疗卫生诊疗占比及人均诊疗次数

区域	2016 年医疗卫生机构诊疗占比（%）	2016 年年末人口数占比（%）	2016 年人均诊疗次数（次）
东北	5.30	7.91	3.83
华北	12.85	12.62	6.35
华东	33.83	29.44	6.90
华南	14.06	12.14	5.99
华中	15.09	16.12	5.32
西北	6.13	7.31	4.81
西南	12.74	14.46	4.75

资料来源：国家卫生计生委。

医疗卫生机构诊疗人数的多少与当地经济发展、人口基数息息相关。2016 年，全国医疗机构人均诊疗次数为 5.59 次，其中北京、天津、江苏、山东、上海、浙江、广东、河南和湖北人均诊疗次数分别为 10.68 次、7.68 次、6.90 次、6.25 次、10.70 次、

9.93 次、7.38 次、6.06 次、6.03 次，导致这种局面的原因大致有两点：一是这些地区经济普遍较为发达，流动务工人员较多；二是这些地区集中了大量优质医疗资源，外来就医人数较多。

而西南区域人均诊疗次数为 4.75 次，较平均的 5.59 相差有一定距离，预计未来西南是新的增长点主要原因有两方面：其一，西南地区特别是四川重庆人口基数庞大，2016 年四川和重庆人口基础为 1.13 亿人；其二，其经济发展潜力巨大，2017 年四川实现地区生产总值 36980.2 亿元，按可比价格计算，比上年增长 8.1%，增速比全国平均水平高 1.2 个百分点。随着经济的发展，居民对于身体健康意识的提高，诊疗次数必然增加，随之带来的就是药品流通量的增加。

四、医疗卫生门诊费用增长趋缓

2016 年，我国医院次均门诊费用 245.5 元，按当年价格计算，同比上涨 5%，增速较上年回落 1.3 个百分点，按可比价格计算，同比上涨 2.9%，增速较上年下降 2 个百分点；2016 年，我国医院人均住院费用 8604.7 元，按当年价格计算，同比上涨 4.1%，增速较上年回落 1.5 个百分点，按可比价格计算，同比上涨 2%，增速较上年下降 2.1 个百分点；2016 年，我国医院日均住院费用 914.8 元，按当年价格计算，同比上涨 6.1%，增速较上年持平，按可比价格计算，同比上涨 4.1%，增速较上年下降 0.6 个百分点。如表 2－10 所示。

表 2－10　　2013—2016 年医院平均门诊费用和住院费用变化情况

时间	2013 年	2014 年	2015 年	2016 年
次均门诊费用（元）	206.4	220	233.9	245.5
上涨（%）当年价格	7.2	6.6	6.3	5
上涨（%）可比价格	4.5	4.5	4.9	2.9
人均住院费用（元）	7442.3	7832.3	8268.1	8604.7
上涨（%）当年价格	6.6	5.2	5.6	4.1
上涨（%）可比价格	3.9	3.2	4.1	2
日均住院费用（元）	756.2	811.9	861.8	914.8
上涨（%）当年价格	8.4	7.4	6.1	6.1
上涨（%）可比价格	5.6	5.3	4.7	4.1

资料来源：国家卫生计生委。

我国公立三级医院次均门诊费用和人均住院费用增长速度均低于全国二级医院平均水平。

2017 年 1—10 月，公立三级医院次均门诊费用 303 元，按当年价格计算，同比上涨 4%，增速较 2016 年上升 0.1 个百分点，按可比价格计算，同比上涨 2.5%，增速较 2016 年上升 0.6 个百分点。2017 年 1—10 月，公立三级医院人均住院费用 13106.3 元，按当年价格计算，同比上涨 1.8%，增速较 2016 年下降 0.2 个百分点，按可比价格计算，同比上涨 0.3%，增速较 2016 年上升 0.3 个百分点。如表 2 - 11 所示。

表 2 - 11　2013—2017 年 10 月公立三级医院平均门诊费用和住院费用变化情况

时间	2013 年	2014 年	2015 年	2016 年	2017 年 1—10 月
次均门诊费用（元）	256.7	269.8	283.7	294.9	303
上涨（%）当年价格	6	5.1	5.2	3.9	4
上涨（%）可比价格	3.3	3	3.7	1.9	2.5
人均住院费用（元）	11722.4	12100.2	12599.3	12847.8	13106.3
上涨（%）当年价格	4.8	3.2	4.1	2	1.8
上涨（%）可比价格	2.1	1.2	2.7	0	0.3
日均住院费用（元）	1061.1	1132.4	1204.6	1272.9	
上涨（%）当年价格	8.4	6.7	6.4	5.7	
上涨（%）可比价格	5.6	4.6	4.9	3.6	

资料来源：国家卫生计生委。

2017 年 1—10 月，公立二级医院人均住院费用 5848.3 元，按当年价格计算，同比上涨 5%，增速较 2016 年上升 1 个百分点，按可比价格计算，同比上涨 3.5%，增速较 2016 年上升 1.6 个百分点。如表 2 - 12 所示。

表 2 - 12　2013—2017 年 10 月公立二级医院平均门诊费用和住院费用变化情况

	2013 年	2014 年	2015 年	2016 年	2017 年 1—10 月
次均门诊费用（元）	166.2	176	184.1	190.6	197.3
上涨（%）当年价格	5.6	5.9	4.6	3.5	4.1
上涨（%）可比价格	2.9	3.8	3.2	1.5	2.6

续 表

	2013 年	2014 年	2015 年	2016 年	2017 年 1—10 月
人均住院费用（元）	4968.3	5114.6	5358.2	5569.9	5848.3
上涨（%）当年价格	5.1	2.9	4.8	4	5
上涨（%）可比价格	2.4	0.9	3.3	1.9	3.5
日均住院费用（元）	552.7	581.5	605.4	636.4	
上涨（%）当年价格	6.4	5.2	4.1	5.1	
上涨（%）可比价格	3.7	3.2	2.7	3.1	

资料来源：国家卫生计生委。

第五节　我国医药流通行业发展趋势分析

一、政府监管日益严格，医药流通环境将呈现秩序化、规范化

2017 年是新医改实施的关键之年，国家相关部门先后发布《“十三五”深化医药卫生体制改革规划》《关于在公立医疗机构药品采购中推行“两票制”的实施意见（试行）》《国务院办公厅关于进一步改革完善药品生产流通使用政策的若干意见》等一系列政策。“两票制”的实施和 CFDA 更高频次的检查，使得我国医药流通监管力度达到了空前高度。

二、行业集中度持续提高，集约化趋势进一步凸显

2017 年，在政策的鼓励和市场推动下，行业整合继续进行。华润医药（汕头）与汉威华西、汉威华德、华润三九和华润双鹤等企业，共同出资 25 亿元成立基金，该基金计划用于未来的渠道投资，重点扩张药品流通领域业务；上海医药以约为 5.57 亿美元成功收购康德乐。不难看出，医药流通企业在通过并购，达到优势互补、资源共享，并且进一步巩固其在药品流通领域的地位，继续扩大医药版图。随着行业企业的并购整合，中国药品流通市场将形成并维持 4 + X 的竞争格局，即中国医药集团、华润医药商业集团、上海医药集团、九州通医药集团 4 家全国商业公司和以南京医药、华东医

药等为代表的区域龙头共存的竞争格局，行业集中度将进一步提升。

三、流通企业转型专业服务商，构建高效供应链体系

医药流通企业转型可以分两个层面，其一是中小医药流通企业转型分销配商，其二是大型医药流通企业转型综合性医药物流服务供应商。一方面，国家政策鼓励中小型企业向分销配送型模式转型，满足乡村药品配送“最后一公里”的需求，以保障基层药品的有效供应。另一方面，大型医药流通企业纷纷延伸医院供应链服务，由传统的药械配送商转型综合性医药物流服务供应商，在取得医疗机构配送权的同时，还积极与医疗结构开展供应链管理、院内物流管理、药房自动化管理等服务。

四、零售端服务模式创新，开启多元化竞争模式

在政策的引导下，零售药店行业的集中度、连锁率提升是大势所趋，实力雄厚的大型连锁药店企业凭借资金优势将加速整合小型单体药店。但随着医改的持续深入，药品利润空间受到压缩，各药店走上探索新业态的道路，中医馆、网络医院、网上药店等新型终端不断扩张。除此以外，还出现了很多以消费者体验为中心的健康咨询、用药指导、数据检测、辅助诊断等专业药事服务。随着零售模式的多元化发展，消费者可以选择的服务也呈现多样性，连锁药店的竞争也更加激烈化。

五、电商宽进严管，政策仍是其最大不确定因素

2017 年医药电商迎来了多次政策的变化。年初取消医药电商 B 证、C 证，大幅降低了实体零售药店进入电商领域的门槛；之后，国务院 13 号文发布，支持“互联网 + 药品流通”“网订店送、网订店取”等创新模式；9 月底，国务院公布新一批取消行政许可的事项，备受关注的互联网药品交易服务企业（第三方）的审批（医药电商 A 证审批）也涵盖在内，被业内视为医药电商的“全面解禁”。在国务院取消审批的文件中，也同步强调取消审批后，食药监管部门会对互联网药品交易服务企业严格把关，加强事中事后监管。

不难预见，未来医药电商行业“宽进严管”是常态，医药电商企业面临的不再是拿证时的一次性考察，而是事中、事后的监管措施，真正的全程管理。

六、O2O 模式仍在探索，新零售开启市场大门

我国医药电商发展模式层出不穷，但由于其本身的特殊性质，在整体的传统零售端比重相对较少。从 B2B、B2C 到 O2O，由于物流成本高、客户需求相对频次较低、盈利模式不明朗等因素，业内人士对未来几年医药 O2O 发展前景依然看低。

在新零售概念提出后，包括药品零售在内的零售行业不断尝试线上线下融合的发展模式。新零售概念与国家在 2017 年年初发文支持的药品流通企业与互联网企业加强合作，推进线上线下融合发展，培育新兴业态，推广“网订店取”“网订店送”等新型配送方式异曲同工。

在讲究“融合”的行业大势中，单纯的医药 B2C、O2O 正成为医药电商的过去式，新零售将成为未来发展方向之一。

七、信息技术助力智慧物流

管理与物流体系的扁平化离不开物流体系和智慧信息技术的支持。以“两票制”为代表的政策导向有助于推动大型药品物流服务平台的成长，更大储存能力、更大拆零处理能力、更高效与快捷的配送要求、更远范围的异地仓库的协同管理、车辆的同温异地调配，无一不要求现代药品物流体系必须具备大数据的处理与分析、管理能力。在销售终端，无论是医院用药的快捷配送还是药店终端的会员健康服务管理，都需要智慧信息技术的商业化运用更加贴近民生，才能有效整合新药研发生产、流通使用、疾病谱变化及患者健康需求、消费习惯等数据信息的商业使用。

可以预见，智慧信息技术在中国医药大健康领域将更加贴近老百姓，更加人性化，有望成为支持企业管理的基础技术，也将围绕“人”的健康需求继续长足发展。

八、流通模式改变，供应链金融市场进入放量阶段

在传统医院流通模式中，受到医院回款时间较长的影响，资金的垫付是由各级代

理商来承担的。“两票制”实施后，各级代理商退出，医药配送商将承担起为医药生产企业垫资的职能，在此影响下，医药配送商对于银行的融资需求有较大增长。

目前，布局医药供应链金融的主体有医院、商业公司还有互联网金融公司。例如，青岛大学附属医院和中信银行合作，通过互联网平台，把医院、供应商和银行连接在一起，保证基本医疗产品的及时交付；河南华润医药通过与中信银行、华润银行、招商银行合作，开展了自办自贴和电子商业承兑汇票模式；用友供应链金融针对医疗卫生行业代理商发布了融资产品“医采 e 融”。

未来，随着“一票制”的逐步开展，资金垫付的压力就会转移到医药生产企业。所以可以看出，医药扁平化趋势将会凸显供应链金融的“托盘”效应，市场增长也将进入放量阶段。

第三章　我国医药物流发展现状分析

本章主要介绍了我国医药物流、医药仓储、医药配送、第三方物流以及 SPD（医院药品物流管理系统）的发展情况。

医药物流顺畅运行是保障医药正常供给的必要条件。2017 年中国医药物流总额为 30160. 92 亿元，同比增长 11. 3%。未来，在政策监管和市场自身驱动作用下，中国医药物流整体向渠道扁平化、信息平台化、仓储智能化、配送终端化方向发展。

医药仓储是医药物流过程中储运、中转的一个重要节点。据不完全统计，中国医药物流仓库总仓储面积 1480 万平方米，较 2016 年增长 21%。主要是因为全国龙头和区域企业为了尽快完善自身网络布局，扩大有效配送范围，纷纷投资进行物流中心的建设。同时，国家为了进一步提高医药物流效率，也积极鼓励企业异地建仓，多仓联动，这从政策面给予了医药仓储增长的信心。

医药配送是医药物流中心为了满足客户药品订购需要而展开的干线、支线、送货与货款回收等服务，其是现代医药物流企业管理的重点，其服务质量和成本直接关系医药企业的经营利益。目前，我国医药配送主要的运营模式是自营、外包和混合模式，其中混合模式很长时间内都将是主流模式。

未来，第三方物流是我国医药物流的重要发展方向之一。随着政策进一步开放，三方市场的竞争会越加激烈，随之而来的是市场的充分竞争、技术水平的上升以及专业化程度的提高。

第一节　我国医药物流发展概况及趋势

一、我国医药物流发展概况

（一）医药物流总额[①]持续上升

医药物流是指医药产品从供应地向接收地的实体流动过程，根据实际需要，将运输、存储、装卸搬运、包装、流通加工、配送、信息处理等功能有机结合，并保持药品始终处于维持其品质所必需的可控温度和安全环境下，从而满足用户要求的过程。根据统计，2017 年中国医药物流总额为 30160. 92 亿元，同比增长 11. 3%。主要是化学药品制剂制造、中药饮片加工以及医药进口增长加快，最终推动医药物流总额总体快速增长。如图 3 –1 所示。

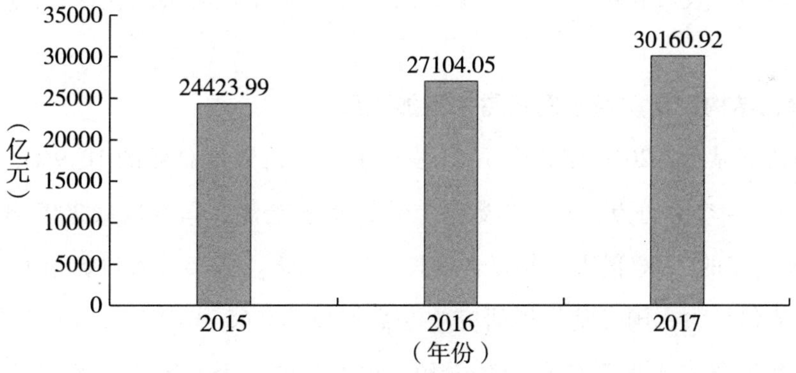

图 3 –1　2015—2017 年中国医药产业物流总额

资料来源：中国物流与采购联合会医药物流分会。

就细分类别来看，化学药品制造和中成药制造分别占 28% 和 24%；生物药品制造，占比 12%；医疗仪器设备及机械制造和医药进口分别占比 10%；卫生材料及医药用品制造和中药饮片加工各占比 8%。如图 3 –2 所示。

---

① 医药产业物流总额计算公式定义为化学药品制剂制造 + 中药饮片加工 + 中成药生产 + 生物药品制品制造 + 卫生材料以及医药用品制造 + 药用辅料及包装材料 + 医疗仪器设备及器械制造 + 医药进口额（包含中药提取物、中成药、中药材及饮片、西药和医疗器械等类别）。

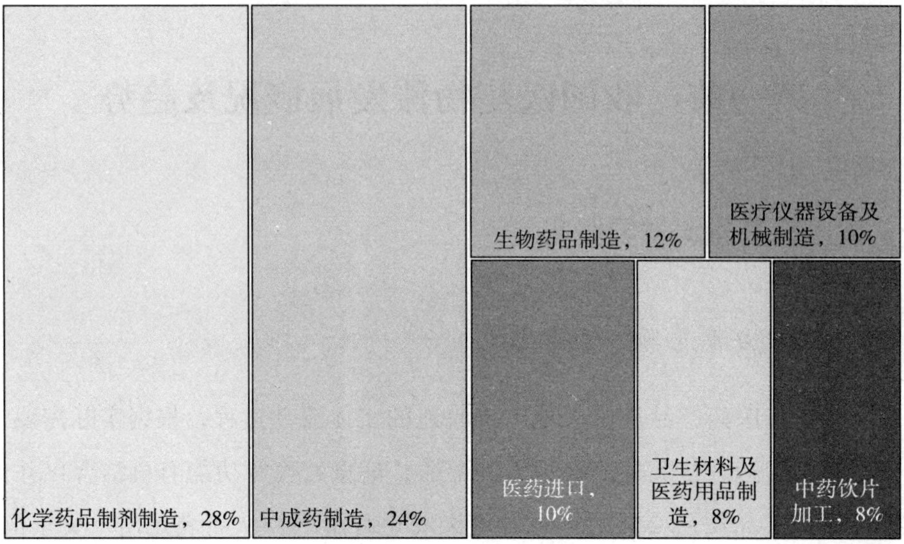

图 3－2　2017 年中国医药物流总额细分行业占比情况

资料来源：中国物流与采购联合会医药物流分会。

中国医药物流总额持续上升的主要驱动力是医疗服务需求的增长，而医疗服务增长的主要驱动力是人口老龄化加速、城镇化率持续提升以及居民生活方式、消费水平升级等。

1. 老龄化结构突出，对于医药需求更加强烈

统计局数据显示，2016 年，中国 65 岁以上人口占人口总数的 10.9%，较 2007 年的 8.5% 上升 2.4 个百分点；从人口数量上看，65 岁老年人口数量从 2007 年的 1.13 亿人上升到 2016 年的 1.50 亿人，年复合增长率为 3.2%。老年人人口数量的增加使得医药服务需求成倍扩大，国务院发展研究中心数据显示，65 岁以上人口养老服务的需求占据中国医疗服务支出近 23% 的市场份额，也就是说一个老年患者平均消耗的医疗资源是中青年的 2～3 倍。2007—2016 年中国老年抚养比如图 3－3 所示。

2. 城镇化趋势明显，生活方式改变加速医药需求上升

统计局数据显示，2016 年中国城镇化率是 57%，较 2015 年上升一个百分点。如图 3－4所示。但从近十年的变迁可以看出，城镇化率上升明显，从 2007 年的 46% 上升到 2016 年的 57%，上升 11 个百分点。城镇化的上升带来的是居民生活方式的改变，其中包含以肉食为主的饮食、更高的吸烟率和久坐办公室的常态。因此，不健康的生活方式导致慢性病的发病率正在迅速增加。

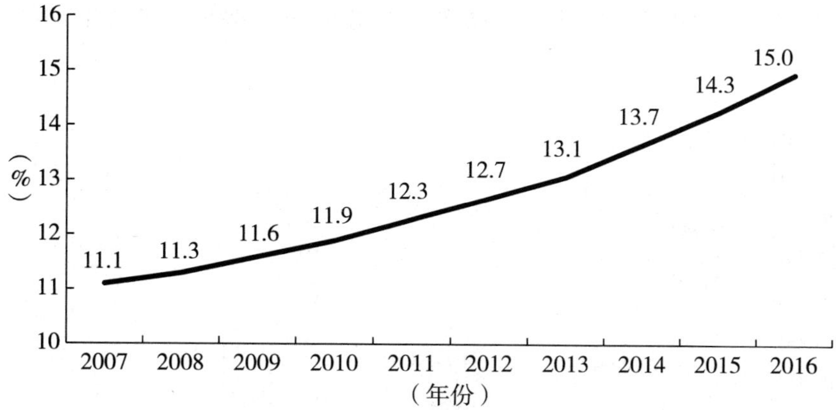

图 3－3　2007—2016 年中国老年抚养比①情况

资料来源：中国统计局，国务院发展研究中心。

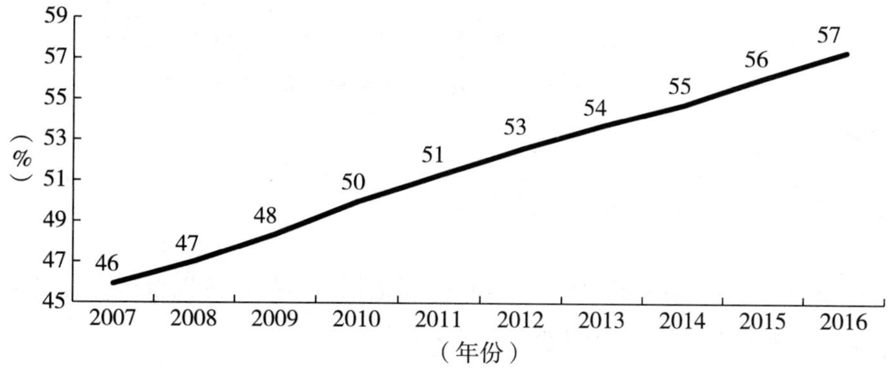

图 3－4　2007—2016 年中国城镇化率变化情况

资料来源：中国统计局。

3. 居民收入水平的提高、财富的积累以及健康观念的转变将推动中国医疗服务的增长

中国经济的崛起带来了中国居民收入的快速增加，2016 年中国居民人均可支配收入为 23820.98 元，同比增长 8.4%，较 2013 年的 18310.76 元增长 30.1%。2013—2016 年中国城镇及农村居民人均可支配收入如图 3－5 所示。

居民收入水平的提高、财富的积累以及健康观念的转变都将推动中国医疗服务的增长。例如，消费者对生活质量的重视和保健知识的增加促进了康复医疗发展；消费者从“有病才医”向注重保健观念的转变拉动了健康服务产业的多元化发展。

① 老年人口抚养比也称老年人口抚养系数，用以表明每 100 名劳动年龄人口要负担多少名老年人。老年人口抚养比是从经济角度反映人口老化社会后果的指标之一。

消费的升级，保健意识的提高都将带动医疗服务的快速增长，最终推动医药物流的迅速发展。

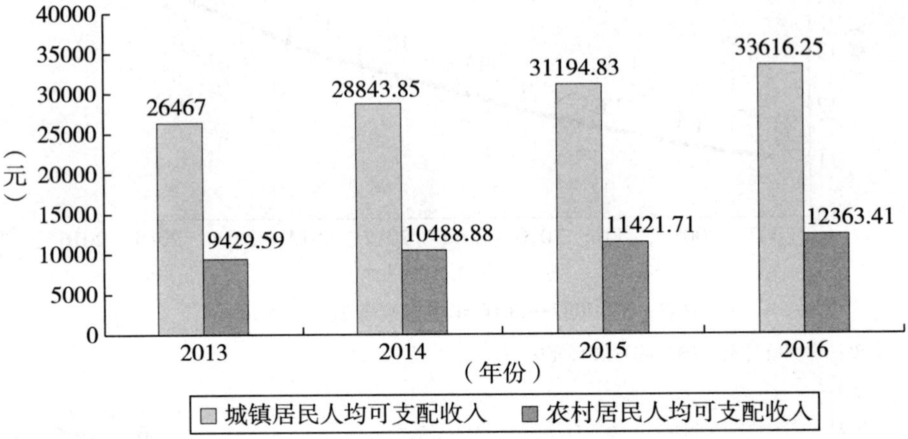

图 3－5　2013—2016 年中国城镇及农村居民人均可支配收入

资料来源：中国统计局。

（二）医药物流渠道向终端倾斜

通过比较 2017 年上半年和 2016 年全年分渠道销售数据，可以看出，批发企业的占比下滑明显，终端销售占比上升提速。

商务部数据显示，2017 年上半年，药品流通行业对批发企业销售额为 3730 亿元，占医药流通企业销售总额的比重为 37.7%，较 2016 年全年的 40.9% 下降 3.2 个百分点；对终端销售额为 6104 亿元，占医药流通企业销售总额的比重为 61.7%，较 2016 全年的 58.8% 上升 2.9 个百分点。如表 3－1 所示。

表 3－1　2015—2017 年上半年我国医药流通行业分渠道销售情况

销售渠道	2017 年上半年		2016 年		2015 年	
	销售额（亿元）	占比（%）	销售额（亿元）	占比（%）	销售额（亿元）	占比（%）
对生产企业	59	0.6	60	0.3	0	0.0
对批发企业	3730	37.7	7520	40.9	6936	41.8
对终端	6104	61.7	10813	58.8	9677	58.2
其中：对医疗机构	4529	74.2	7673	71.0	6907	71.4
对零售及居民	2743	25.8	3141	29.0	2770	28.6

资料来源：商务部药品流通统计系统。

二、我国医药物流发展趋势

（一）受老龄化和消费升级等因素影响，我国医药物流总额持续拉升

近年来，我国居民收入水平的提高、人口老龄化引发的慢性病需求提升、城镇化和生活方式的改变引发了居民对健康的愈加关注，这些直接促进了中国医药需求的快速增长。

2017 年全国居民人均可支配收入为 25974 元，实际增长 7.3%。2011—2017 年我国居民人均可支配收入实际增速分别为 10.3%、10.6%、8.1%、8.0%、7.4%、6.3%和 7.3%，七年累计实际增长 74.4%。据此测算，在未来三年内，全国居民人均可支配收入年均实际增速在 4.7%以上，即可实现到 2020 年居民人均可支配收入实际增长翻番目标。随着收入和生活质量的提升，居民必将对健康的诉求也将不断升级，催动我国医药市场发展。

根据《"十三五"健康老龄化规划》数据，"十三五"期间，我国 60 岁及以上老年人口平均每年约增加 640 万人，到 2020 年将达到 2.55 亿人左右，占总人口的 17.8%左右。《2013 年中国老年消费者权益保护调查报告》指出，我国老年居民主要消费种类是食品、日用品和医药品，老龄人口基数的增长，将促进中国医药消费市场规模扩增。

在以上原因的驱动下，我国医药市场需求强劲，进而直接带动医药物流总额的快速增长。2017 年我国医药物流总额为 3 万亿元，按照每年 8%的速度增长，2020 年中国医药物流总额预计将达到 3.8 万亿元。

（二）市场竞争日益激烈，专业化服务将成为企业核心竞争力

我国医药物流企业已经逐步进入专业化运营时代。这主要体现在两方面，其一是邮政、UPS、顺丰以及京东等社会物流企业纷纷进入医药物流市场；其二是众多医药商业企业陆续独立物流体系，成立专业化的医药物流三方服务企业。

社会化物流企业的进入不仅加快了医药物流公司运营的专业化，也将促进医药物流企业服务专业化的提升。在市场竞争激烈的今天，医药物流企业想要实现更好的发展，必须认清市场定位，更加注重客户需求，为客户提供专业化、个性化的物流解决

方案。

（三）提高配送效率，物流网络一体化将成为重要推手

提高医药物流的配送效率，平台一体化建设和配送网络的合理布局非常重要。首先平台的一体化建设是以大数据为基础的，物流企业可以整合各分公司的数据，通过对数据进行整理和分析，清楚的获知不同区域、不同人群的交易特点。然后医药企业以大数据为参考，根据区域差异和人群差异进行仓储布局的合理分配，并将商品布局在距离潜在用户最近仓储之内，缩短产品流通的距离，进而提高整个配送效率。

目前，我国部分医药物流企业在一定区域范围内已经可以实现网络一体化运作。比如，英特物流已经在浙江区域形成以“多库联动”为基础的配送网络，通过统一信息、物流、库存和采购等信息，实现医药物流一体化运作体系。

（四）信息化技术应用水平进一步提升，助力中国医药物流（仓储）智能化发展

在政策促使和技术水平升级的推动下，医药物流企业信息技术应用水平大幅提升。根据商务部显示，医药批发企业已经广泛使用了仓储管理系统、仓库控制系统、无线射频系统、运输管理系统等现代化管理软件，其中使用仓储管理系统的占64.4%、使用射频识别技术的占63.3%。国药控股、九州通、华润医药等大行公司已经采用先进物流技术装备，实现仓储、配送的部分智能化。

通过信息化技术提升医药物流的智能化水平，政府不仅出台相关政策鼓励，还进行了“国家智能化仓储物流示范基地”评选，其中九州通武汉东西湖现代医药物流中心入选名单。这意味着中国政府已经将医药物流智能化建设落实到基础层面，医药物流智能化水平有望快速提升。

（五）市场日益放开，第三方医药物流发展将进入快车道

我国是全球第二大医药市场，持续稳定的经济发展和人们对医药消费要求的提高，让整个医药市场的规模逐步扩大。市场对药品的需求，特别是对需要低温储藏的医药冷藏品的需求也在逐年上升。但是，受限于我们医药物流配送的传统模式，“最后一公里”配送问题一直是解决的难点和痛点。而该难点确是社会物流企业的强项，社会物

流拥有广阔的物流网络，快速的市场响应能力，为重点消费者提供“最后一公里”配送，成为医药商业公司的有效补充。

凭借广阔的物流网络和快速的市场响应，社会化物流企业的低成本高效率优势将会更加凸显。随着医改的推进和市场逐步开放，未来更多社会物流企业会以多种方式进入医药物流市场，第三方医药物流发展将进入快速发展期。

（六）医药物流标准化程度将逐年提升，未来助推医药物流走向规范化

为了快速完善我国医药物流的标准化建设，2017 年中物联医药物流分会组织行业企业开展了两项行业标准制定，2018 年，分会将继续《药品冷链保温箱通用规范》《道路运输　医药冷藏车功能选用技术规范》（行业标准），以及《医药冷藏车温控验证　性能确认技术规范》《医药物流承运企业质量管理审计规划》（团体标准）四项标准的制定。

完善的医药物流行业标准，是促进医药物流发展的重要保障。提升医药物流标准化与提升物流服务质量、运营效率、降低物流成本息息相关，未来我国政府将继续推进物流标准化工作，引导医药物流逐步走向标准化、规范化和现代化。

第二节　我国医药仓储发展现状分析

一、我国医药（健康）产业园发展概况

（一）医药（健康）产业园现状分析

医药（健康）产业园一般是集医药大健康、产品研发、产品贸易、仓储物流、医药会展等功能于一体园区综合体。

在产业发展驱动和政策扶持下，我国医药健康类产业园的建设明显加快，地方政府、物流企业、医药企业、地产开发商纷纷试水医药健康产业园的开发和建设。我国医药健康产业园主要分为两种类型，第一种是在现有国家高新技术开发区或经济技术开发区内设立的生物医药园区；第二种是单独建设的生物医药园区。截至 2017 年年底，国家级高新区共 156 家，国家级经开区共 219 家，其中大多数涉及生物技术产业。

据不完全统计，截至2017年年底，全国已经投入运营的各种类型的医药健康产业园已经超过400家。其中，江苏、山东、四川数量分别位居全国前三位，占全国医药健康产业园区数量的比重分别为11.4%、10.6%和8.8%，与这些地区医药行业发展水平和产业布局基本一致。如表3－2所示。

表3－2　　截至2017年部分地区医药产业园区数量占比

地区	医药产业园占比（%）	地区	医药产业园占比（%）	地区	医药产业园占比（%）	地区	医药产业园占比（%）	地区	医药产业园占比（%）
江苏	11.4	广东	4.5	河北	2.5	湖南	1.8	吉林	1.2
山东	10.6	浙江	4.3	江西	2.5	黑龙江	1.8	海南	1.2
四川	8.8	辽宁	3.2	天津	2.5	贵州	1.3	内蒙古	1.2
湖北	8.8	河南	3.2	上海	2.4	甘肃	1.2	宁夏	1.2
云南	5.6	重庆	3.1	陕西	2.2	广西	1.2	新疆	1.2
安徽	4.6	北京	3.1	山西	2.2	福建	1.2		

从区域分布来看，中国生物医药产业集群化分布进一步显现。目前，已初步形成以长三角、环渤海为核心，珠三角、东北、中东部地区快速发展的空间格局。但区域不平衡发展也进一步凸显，东部沿海地区与中西部差距持续拉大。研发要素有进一步向上海、北京集聚，制造环节则加速向江苏、山东集聚的趋势。如图3－6所示。

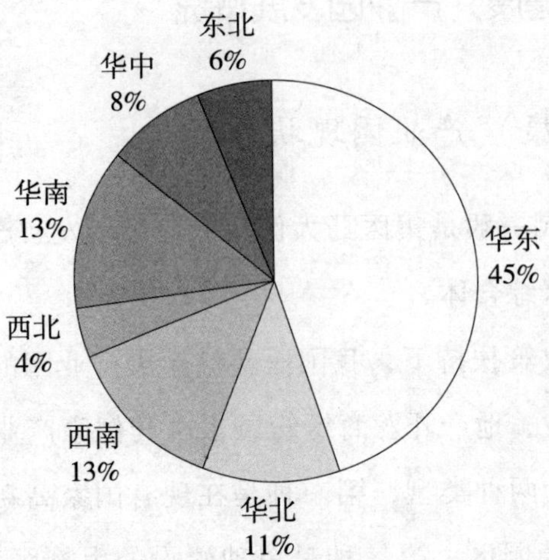

图3－6　截至2017年年底各区域医药产业园区数量占比

从类型来看，以化学药品和生物医药为主的医药产业园占比最高，2017 年年底达到 44. 2%，其次是占比达到 24. 6% 的中药材及中药产业园，排名第三的是以物流为主的医药产业园，2017 年年底占比为 18. 8%；民族医药、医药器械和健康养生等其他医药产业园占比分别为 5. 4%、3. 2% 和 3. 8%。如图 3 – 7 所示。

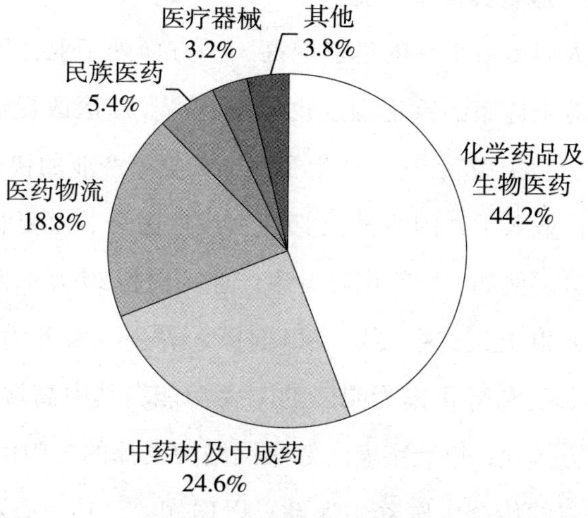

图 3 – 7　截至 2017 年年底全国分类型医药健康产业园占比

（二）医药健康产业园发展趋势

1. 完善基础设施，突出载体作用

各地在发展医药健康产业方面，均越来越重视空间布局，发展理念多是以园区为载体、重点企业为依托。基础设施是园区的硬件和核心竞争力的重要组成部分，为此，医药健康产业园在开发、建设时要特别重视选址和内部规划，完善综合配套服务，努力发挥各种物流方式和物流形态的作用，可以快捷方便地协调处理生产、加工、包装、装卸、物流配送等各个环节。例如，中关村生命科学园园区，其园区实验楼全部满足美国 FDA 认证 GLP/cGMP 规范标准，在实验室工艺设计上满足药物从计划、实验、监督、记录到实验报告的全过程，园区实验楼的工艺标准将确保在 7 ~ 8 年的产业周期内处于国际领先地位，为园区内的生产企业研发产品提供了很好的基础设施。

2. 发挥地域优势，建设特色园区

任何事物的发展，都必须要借势，而地域优势则是一种非常重要的势。医药产业园开发建设也是如此，对于绝大多数的医药产业园来说，都需要充分发挥地域优势，

打造具有地方特色的医药产业园。例如，山西依托运城、长治、临汾等地的中药材和中成药企业资源和广誉远、中远威、华卫、德元堂等骨干企业，打造以中药材和中成药为主的榆次医药园、太谷医药园。依托晋北原料药基地和国药威奇达、普德、同药、仟源等骨干企业，打造了以化学制药为主的大同医药园等。

3. 打造综合功能，服务大健康产业

随着经济发展和人们生活水平的迅速提高，一方面处于亚健康状态的人群也越来越多，另一方面人们对于健康的重视程度也越来越高。新医改提倡预防为主，国家中医药管理局明确提出“治未病”，这都促生了我国大健康产业的快速发展。所以，部分医药产业园从大健康产业入手，围绕健康管理、医疗医药、康复智能、养老养生等服务，打造综合功能园区。例如，南京国际健康产业园面积20万平方米，建筑面积30万平方米，总投资5亿元以上，其主要定位以健康、养生、服务为主题，以商务办公、高端医疗保健、产品研发和孵化作为园区的主要功能。其中高端医疗保健主要包括：服务高端人群的第三方体检；以数字家庭健康网络为支撑的老中医专家门诊；以药膳、针灸、推拿、刮痧为主的传统中医养生保健；以瑜伽、气功、心理疾病治疗服务为主的现代心理卫生保健以及中医保健培训等。

二、我国医药物流仓储发展概况

（一）医药物流仓储同比增长21%

医药产品是特殊产品，其仓储最大特点是对于温度的要求。储存药品的仓库有着不同温度的种类：冷库（2℃～10℃）、阴凉库（10℃～20℃）和常温库（10℃～30℃），存储时按照剂型及自然属性，将药品存放于不同温度条件的仓库。冷库一般存放血液制品、生化制品等；阴凉库存放含醇、糖制品、易挥发、软膏、栓剂等药品；常温库存放一般药品。

据调研和不完全统计，截至2017年年底，中国医药物流在用仓储面积1480万平方米，较2016年增长21%，其中冷库面积74万平方米，阴凉库747万平方米。如表3－3所示。医药仓储面积增长较快，主要是因为医药流通模式变革，全国龙头以及各区域企业纷纷加强物流中心建设和投入，特别是加大冷库、冷藏车等冷链基础设施的升级和投入，积极完善自身网络布局。

表 3 - 3　　2015—2017 年中国医药物流在用仓储面积

年份	2015	2016	2017
在用仓储面积（万平方米）	1026. 1	1223. 0	1480. 0
同比增长（%）	—	19. 2	21. 0

就区域看，我国医药在用仓储面积占比最大的是华北（32%），其次是华东（26%），第三是华南（17%）。医药在用仓储面积的大小与当地医药制造业、经济发展水平、人口密度以及医疗资源的集中度息息相关。以华北和华东为例，其占据较大市场份额主要是因为北京和上海经济发展水平高、医疗资源相对集中导致。如图 3 - 8 所示。

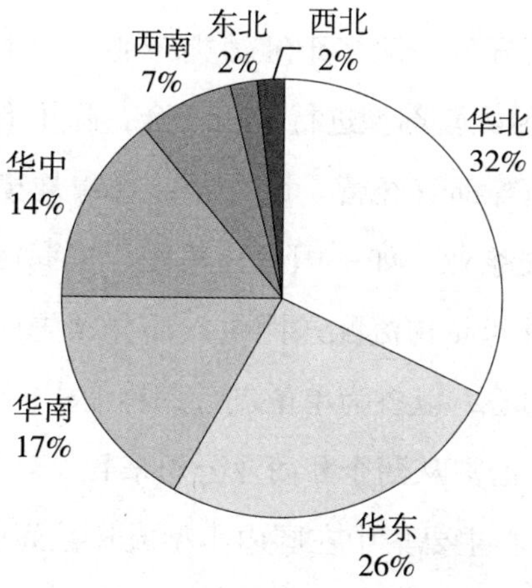

图 3 - 8　2017 年中国医药物流在用仓储面积占比

（二）物流仓库分类

按照物流特点和企业规模，我国医药仓储在建设模式上主要分为工业型物流中心、医药纯销和分销调拨型物流中心、普药快批型物流中心三种。

（1）工业型物流中心。该物流中心特点是制造企业自建，存货形式以大批量的整托盘货物为主，普遍使用自动立体库或高位金属货架，物流进出以批量作业为主，发货量大。其中代表性企业有修正药业、扬子江药业、亚宝药业、神威药业为代表。

根据调研，我国一些药企在积极建设药品商业物流中心，试图完善自有全国的药品流通网络。例如，2017 年的康美药业动作频频，截至 11 月 21 日，就有 24 项资本动作，其中与医药流通相关的资本动作占极大比例。以此同时，康美药业不断加大拓展步伐，整合自身的地方政府资源，截至目前，康美药业陆续与重庆、甘肃省定西市、贵州、云南、广东怀集、深圳宝安等地方政府签约，以实现更多医疗资源的落地。

（2）医药纯销和分销调拨型物流中心。该物流中心主要是由商业批发企业前 50 名共同建造，主要以公立医院纯销和优势代理品种的分销调拨业务为主。

经过调研，以大医院纯销业务为主的企业多为国有企业，其库内作业的单件货物平均价值较高。该类库房的药品剂型相对齐全，包括毒麻精放类、中药材，蛋白同化制剂等。

以分销调拨业务为主的企业，主要是各地区域龙头企业，其物流作业特点是拆零比例相对较少，单品种货物量大，以整件为主，充分体现了物流作业批量货物快进快出的特点。此类企业经营品规数一般多于纯销类企业，少于快批类企业，库房药品总品规数极少超过 8000 个，但经营剂型进行比较齐全，除了有特殊资质要求的毒麻精放类外，一般的中药材冷藏品等都有经营。该类企业普遍规模较大，资金充裕，多于自建物流为主，部分行业领先企业，如中国医药集团、华润医药、上海医药、九州通等基本建立了覆盖全国的多级药品物流配送网络。部分领先区域药企如南京医药、科伦医贸等也在各地建设物流中心，以省为单位进行深耕细作。

（3）普药快批型物流中心。从药企和商业公司来看，众多的小型企业分摊了剩下的市场份额。普药快批物流中心主要集中在国内小型成长性商业公司手中，其年流通额多在 3 亿 ~5 亿元，其以 OTC（非处方药）代理、普药快批销售为主，主要的销售对象是药店、诊所、民营医院营销等，是中国药品零售终端物流配送的主要承担者。但是由于该类商业公司的自身资金和资源限制，未来 1 ~2 年是上游商业公司并购的对象。

三、我国医药物流仓储运营模式

现代医药物流中心资产性投入巨大是一个显著特征，尤其是库房的合理运营，更是关系医药企业的生存，调研分析，我国医药企业物流库房目前主要存在自营和委托两种模式，联盟模式尚在发展过程中，从方向上看，委托模式是中小企业从事现代医药物流建设以后必须拓展的业务领域。

（一）自营模式

自营模式主要适用于有一定实力的规模型医药企业，自建物流中心，构建企业自己的医药物流配送网络。自建物流中心，对企业自身来说，需要投入大量的财力、物力、人力，资金压力大，且投资回收期较长。自建物流中心区域限制性十分明显，除超大型医药企业外，多数医药企业无法大规模在全国范围内自建物流配送中心，而这恰恰符合了中国药品公司众多且区域性较强的特点。通过调研来看，自营模式是中国医药物流仓储运营的主流模式。

目前，国内绝大多数的医药企业或租或建库房，都选择以自营为主，医药流通百强榜中的绝大部分药企都选择了自营模式，也有部分企业将物流业务与采销业务剥离，自负盈亏，独立经营，实现了集团内部服务市场化。

（二）委托模式

委托模式是业主药企将仓储物流业务以合同约定的方式委托给专业的第三方医药物流商运营和管理。第三方医药物流服务商，负责委托方货品的入库、在库管理、发货与打包作业，极少数还负责货品的“门到门”配送服务，该模式的本质是一种物流外包服务，优势在于降低了药企资产性投入的同时，也降低了管理风险，可以将更多的精力投入货品的采购和销售的核心业务中。

根据国家政策，委托业务只能由获得了药品第三方物流资质的企业开展，该业务的专业性要求强、软硬件设施设备要求高、市场准入门槛较高。但该模式确实有利于整合社会资源，提高行业物流效率，降低物流成本，提高中小型药企的竞争力。

四、我国医药物流仓储发展趋势

（一）现代物流中心受宠，各地加快建设

现代医药物流中心作为医药物流运输配送、仓储管理、包装、流通加工、装卸搬运、网络设计和信息处理的集成，几乎涵盖了医药物流行业的所有功能和环节，其建设发展越来越受到政府和企业的重视。《物流业发展中长期规划（2014—2020 年）》中

提到在重要的物流节点城市加快整合与合理布局物流园区，发展农产品、农资、钢铁、煤炭、汽车、医药、出版物、冷链、危险货物运输、快递等专业类物流园区。从政策层面看，布局合理的物流园区，不仅可以降低物流成本还可以积极推进区域物流协调发展；从企业层面看，其积极布局物流节点和物流中心，是主要基于自身的配送网络规划，是其对药物配送权争夺的需要。

（二）多仓联网联动提高配送效率

多仓联网联动是指在一个医药集团下拥有多个独立的物流子公司，通过构建网络化的配送体系和标准化的统一管理，控制并整合各个区域仓库信息，对多个不同区域和仓库之间进行全方位的管理。其中包括订单处理分析、各物流中心库存状况分析、出入库数量检查、药品调拨与库存补充计划等，达到“一地委托、多地存储、就近配送”的目的。多仓联网联动通过整合信息，有效地解决物流体系与上、下游客户的物流协调问题。其信息化控制平台不仅能够提高配送效率、减少中间环节，更能降低物流成本。

目前，我国多仓联网联动只在国药控股集团开始试点，且没有完全放开实施，尚处于试水阶段。因此，除了准入门槛不明确之外，日常的监管行为和经验也还相对缺少。

但是，区域内的多仓联动已经被多家区域性商业企业所实践，相信随着试点运行的成熟，国家将会进一步出台相关法规，完善多仓联网联动机制。

（三）现代化技术辅助仓储更加智能化

物流中心功能规划更趋合理，物流设施设备的应用不断升级。语音拣选设备、电子小车拣选、快速滑升门、A 字形货架、高速分拣机等国际先进的高端设备都将出现中国医药物流的作业一线。根据调研发现，面积超过 5000 平方米的医药库房内，WMS（仓库管理系统）、电子标签拣选系统、RF（射频）手持终端等设备的使用已经普遍化，仓库管理呈现明显的无纸化、信息化趋势；在面积超过 20000 平方米的医药库房内，自动化立体库、穿梭车、高速分拣机、瀑布式分拣装置、AGV（自动导引车）等自动化物流设备也开始在医药库房内使用。预计我国医药物流中心管理与使用的现代化技术设备将重点表现在“多货主”WMS、语音与电子标签拣选系统、箱式自动化立体库、高速分拣机、AGV 以及货到人拣选技术。

第三节　我国医药配送发展现状分析

一、我国医药物流配送模式概况

（一）按照线路重要程度划分

医药配送管理是现代医药物流企业储运管理的重点，管理难度很大，其服务质量和物流成本的高低也直接关系医药企业的经营利益。

医药配送主要是医药物流中心为了满足客户药品订购需要而展开的干线、支线、送货与货款回收等服务。在本小节中，物流配送不包含仓储物流部分，仅仅是药品从出厂到出库、到零售的供应链过程。

按照我国药品供应链的特点，药品配送模式主要包含厂商发货的干线配送、医药商业物流之间的干线调拨配送、医药商业的区域配送以及从批发或者零售物流中心到医疗终端、药店的城市配送。

干线配送：主要包含制药企业发货的干线配送，医药商业物流之间的干线调拨配送。厂商干线指的是工业药企通过自身物流或者社会物流向下游商业公司进行发货送货的过程。这一过程主要以公路干线配送为主，火车航运配送为辅。目前，参与这一干线过程的主要是制药企业或者医药商业公司的自有物流和第三方物流。

区域配送：也叫区域干线，其主要目的是制药厂商或者医药商业公司以某一省会城市为主构建的区域二级转运网络，也是医药商业企业之间货物销售和调拨销售的中转站。例如，华北区域以北京为中心，其二级配送网络可以扩散至长春、沈阳、哈尔滨、石家庄等省会城市。

省内配送：又称为城市配送，是指制药企业省内公司或者医药商业公司省内的配送网络，服务对象主要是医院、药店、城乡诊所等零售终端，送货特征是多批次、小批量、单次送货客户多，以企业自有车辆为主。另外，随着医药电商的迅速发展，快递行业参与药品终端配送的比例不断提高。省内配送以商业企业自有车辆或者委托第三方物流企业配送为主。

（二）按照运营模式划分

医药物流配送运营模式可以分成：自营物流、外包物流以及外包和自营相结合的混合模式。

1. 自营物流

企业自备仓库、车队等物流设施，内部设立综合管理部门统一企业物流运作或者是各部门各司其职、自行安排物流活动。通过自营物流，企业可以对物流系统运作的全过程进行有效的控制。对于企业内部的采购、制造和销售活动的环节，原材料和产成品的性能、规格，供应商以及销售商的经营能力，企业自身掌握最详尽的资料。但鉴于市场供需存在着不可预期的波动性，则为企业经营带来一系列的风险。例如，处于销售淡季，企业的运力和仓储空间就会出现闲置，导致企业资金无法有效利用，在计算固定成本的情况下却没有收益。

2. 外包物流

外包物流是指将生产企业的物流业务交给专业的第三方物流企业操作，由于其从事多项物流项目的运作，可以整合各项物流资源，使得物流的运作成本相对较低，物流作业更加高效。外包物流优势主要体现物流外包可降低生产企业运作成本，可以使生产企业获得自己本身不能提供的物流服务。

但是由于第三方物流和生产企业是分割开的，所以在响应机制上会受到影响，比如，生产企业以合同方式将物流活动委托给第三方，第三方为能及时响应顾客要求，又以合同方式汇集了众多仓储、运输合作伙伴。交易和结算主体往往涉及多方面的物流参与者，其中任何一个物流提供者出现信用问题，都将会影响物流服务的效率。

3. 外包和自营相结合的混合模式

该种模式是目前医药物流比较常见的运营模式。推行自建和外包相结合的半外包模式自建物流体系有很多优势。在我国目前的这一发展阶段来看，并没有一个电子商务企业能够完全依靠自建物流体系来完成物流配送服务；半外包拥有相对经济而且相对可控的优点，具有很大的可行性。

二、我国医药配送车辆整体概况

据不完全统计，2017 年中国医药物流自有在用医药运输车辆 25028 辆，较

2016 年增长 17%，其中冷藏车 3890 辆，较 2016 年同比增长 25%。冷藏车发展较快的主要原因是生物制品的运输监管趋严，运输配送企业开始加大冷藏车投资。如表 3－4 所示。

表 3－4　2016—2017 年中国医药物流自有在用运输车辆情况

年份	2016	2017
自有在用医药运输车辆（辆）	21391	25028
其中：冷藏车（辆）	3112	3890

就区域来看，自有在用医药运输车辆主要集中在华南、华东和华北区域，其中华南区域占比 56%，华东区域占比 20%，华北区域占比 13%。如图 3－9 所示。未来，医药物流车辆增长较快区域为华中和西南。华中地区，特别是湖北省，政府将生物制药作为支柱产业，预计 2020 年全省医药产业主营业务收入将超过 2000 亿元，年均增速 12% 以上；四川省也提出到 2020 年，医药产业规模将突破 5000 亿元，主营业务收入年均增速高于 15%。

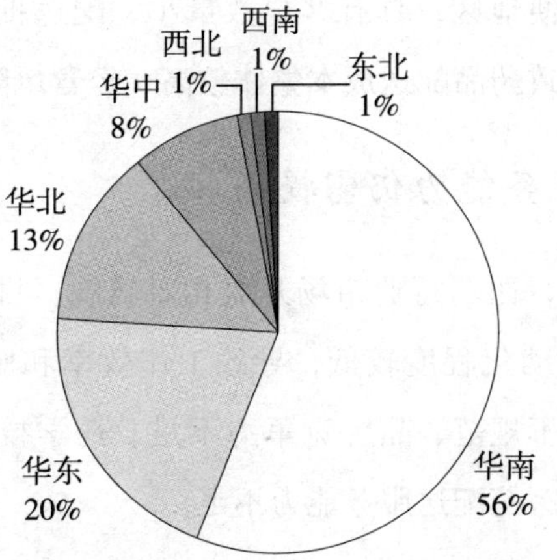

图 3－9　2017 年中国医药物流自有在用运输车辆区域占比

未来，随着中国居民消费水平和对医药产品安全的重视，中国医药物流运输监管将会更加严格，特别是冷链药品运输。在国家不断加强医药冷链物流监管的背景下，规范的医药冷链物流正呼之欲出，医药冷链物流在冷链物流行业中的地位也将越来越重要。

三、我国医药配送主要问题

（一）医药物流信息化程度较低

在互联网经济日益繁荣时期，无论是冷链物流的供应商企业或者是下游单位，都可以通过互联网来实现对货物的及时监控与跟踪。从整体来看，虽然我国医药物流企业在互联网、信息化建设方面做了很大努力，但由于资金、技术方面的不足，医药物流配送企业的信息化水平还是无法完全满足使用者的具体要求。特别是在一些落后的中小型城市，物流配送的体系还相对落后，内部的信息网络技术更是需要很长的一段路要走。

（二）偏远地区医药配送成本居高不下

医药配送的专业要求很高，需要投入大量的人力、物力和财力。配送区域有相当一部分位于农村和交通不便地区，具有客户数量小、配送批次多、配送里程远、单笔订货金额小等特点，这导致药品配送成本整体较高、经营风险也较高。

（三）医药配送服务能力仍需提高

与其他传统行业相比，医药行业市场开放相对较晚。目前，多数医药物流作业仍是以人为主，相关设施自动化程度较低，导致工作效率和服务能力也无法有效提升。另外，部分企业经营管理不规范、品牌竞争力不足、药学技术人才缺乏、专业服务能力较弱等，也进一步导致医药配送服务能力不足。

四、我国医药配送发展趋势

（一）物流企业积极完善配送网络

药品体积小、品种多、规格复杂、有效期较短，生产和使用相对分散，需求发生有时具有急迫性，这些特点决定了药品从生产、销售到终端使用，必须建立一个高效的药品物流服务网络。目前，各大医药物流企业已经在积极布局与完善配送网络，未来配送网络将更加完善。

（二）医药配送专业化能力逐步提升

药品不同于普通商品，其物流配送要求相对较为严苛、专业性相对较强、对硬件设施要求较高。目前，我国以自动立体库、高速分拣系统、电子标签拣选系统、WMS与TMS（运输管理系统）等为代表的现代化设施设备已经成为国内大多数省级药监部门核准医药商业企业开办的基础条件。随着医药物流配送企业现代基础设施的不断完备，医药配送的专业化能力也将不断提升。

（三）共同配送将成为医药配送发展方向之一

共同配送的核心在于组织主体对城市配送需求进行整合，通过统筹安排来提高配送效率。其作为一种先进的配送模式，在欧、美和日本等一些发达国家已经广泛运用。共同配送对我国解决城市物流配送问题，构建现代化城市配送体系将提供有益借鉴，或将成为我国医药配送的发展方向之一。

第四节　我国第三方医药物流发展现状分析

一、我国第三方医药物流发展概况

（一）第三方医药物流定义

国家标准（GB/T 18354—2001）物流术语给出的第三方物流的概念是："第三方物流是指由供方与需方以外的物流企业提供物流服务的业务模式。"第三方物流通常又称为契约物流或物流联盟，是指从生产到销售的整个流通过程中进行服务的第三方，它本身不拥有商品，而是通过签订合作协定或结成合作联盟，在特定的时间段内按照特定的价格向客户提供个性化的物流代理服务。

第三方医药物流（药品第三方物流、医疗器械第三方物流）的定义相对狭隘，特别是在国家取消第三方医药物流行政审批之前，其物流业务承载主体并非专业的物流服务企业，而是具备第三方物流资质的医药经营企业。目前，随着行政审批的取消，更多的专业化社会物流企业参与到医药物流市场中，形成广义的第三方医药物流。

（二）第三方医药物流企业分类

按照企业从事业务领域和企业基因的差异，可以用两种分类方法对第三方医药物流企业进行分类。

1. 根据企业基因分类

根据企业的原始基因进行分类，可将第三方医药物流企业分为四类。

第一类是早期取得了药监部门审批的具有药品第三方物流资质的企业，这些企业的母公司均为药品经营企业，部分企业并未单独成立第三方物流公司，而是以物流部门的形式存在。这类企业绝大部分具备药品仓储和配送资质，可为上下游客户开展物流业务。代表性企业有国药物流、九州通医药物流等。

第二类是具备传统基因的专业第三方物流企业，在后期拓展医药物流业务的过程中，通过收购等方式取得了药品经营许可证，这类企业也具备开展药品仓储、配送业务的资质，代表性企业有顺丰、中国邮政等。

截至取消行政审批之前，全国具有药品第三方物流资质的企业总计 123 家。

第三类是专业从事医药运输的第三方物流企业，这类企业并不具备药监部门认可的药品第三方物流资质，核心业务是药品、医疗器械的干线运输和配送服务。代表性企业有华人供应链、康展物流、城市映急等。

第四类企业是综合性第三方物流企业，这类企业业务板块丰富多样，医药物流仅作为其业务之一，主要承接药品、医疗器械的干线运输业务。代表性企业有荣庆物流、佳吉等。

2. 根据服务对象分类

目前，医药物流服务日趋细化，行业细分明显，根据服务对象的不同形成不同的业务定位。根据服务对象的不同，可将医药第三方物流企业大致分为三类，第一类为专业从事药品运输的物流企业，如华人供应链；第二类为专业从事 CRO（合同研究组织）物流业务的企业，如城市映急；第三类为专业从事医疗器械运输的企业，因为医疗器械分类较广，不同品类的物流模式差异较大，为此，行业内出现一批专门从事诊断试剂物流、大型医疗设备物流等品类的物流企业。

（三）第三方医药物流运作模式

根据不完全统计，国内有200家左右的企业取得了所在地区的药品三方物流试点资质，但是业务做起来的并不多。经过调研，大多数药品三方物流企业给客户提供的是代储、代运、代收货款等传统物流业务；少数企业进一步提供了“物流+B2C电商”模式下的园区金融授信服务。

一般而言，传统的运作模式是医药生产企业通过贸易手段将药品销售给经销商，再到下游客户（终端市场C或分销商B），第三方物流介入后，将传统医贸流通过程中的物流商流分离，物流成本独立核算。如图3-10所示。

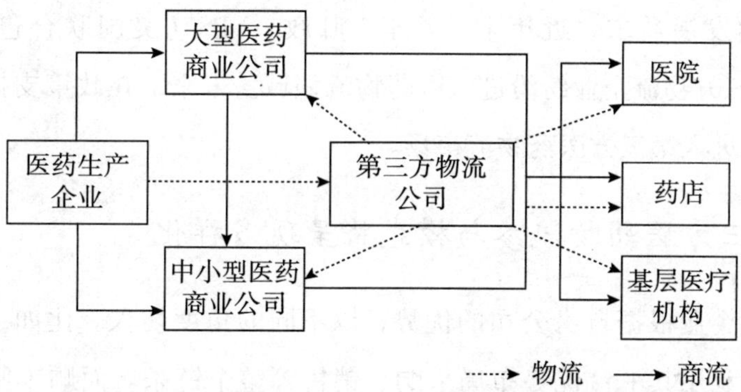

图3-10 第三方医药物流运作模式示意

通过第三方委托运作，实现异地仓库的安全库存。仓库达到安全库存临界点后，厂家触动自行补货，始终保持区域销售需求的提前量，且更好地为各类客户服务。结合目前情况来看，“两票制”改革，第三方医药物流是趋势是必然。

我国的第三方医药物流在国内有五六年的运营历史，但真正盈利的企业不多，“两票制”实行后，大量挂靠或实力不强的医药流通企业、自然人被淘汰，其资源也将慢慢聚集在优质的大型医药物流企业手中，实现盈利为时不远。

二、我国第三方医药物流发展趋势

（一）政策监管趋严，行业壁垒逐步提高

新版GSP对第三方物流的规定提高了医药物流专业化标准，引入供应链管理理念，

强调药品全过程的风险控制。规定药品生产企业销售药品、流通中其他涉及药品储存、运输的活动等，都要符合药品 GSP 的相关要求，对药品流通全方位、全过程实施监管；克服了以往仅监管药品流通环节的问题，扩展了对药品经营环节上、下游监管的范围。这样的要求也使得行业壁垒得到提高。

（二）更多社会物流企业进入第三方医药物流市场

与传统物流模式相比，第三方医药物流的配送更加专业和规范，可以提供更加便捷的医药物流服务。我国快速发展的医药卫生产业对物流配送要求不断提高，而第三方物流凭借完备的基础设施、较高的经营管理水平、较好的服务能力，可以很好迎合现代医药物流的发展需求。近年来，顺丰、邮政、UPS（美国联合包裹速递服务公司）、京东等第三方物流企业纷纷进入医药物流领域。未来，在政策支持下，将会有更多社会物流企业进入第三方医药物流市场。

（三）第三方医药物流参与模式将呈现多样化

第三方物流企业根据自身公司的优势，以不同的角度切入。比如，京东联合商业公司开展合作，利用其平台优势布局采购、销售等整个链条。而顺丰则是继续拓宽医药物流的业务范围，配置相应资源，为医药行业提供更好的物流解决方案。

第五节　我国 SPD 发展现状分析

一、SPD（医院药品物流管理系统）定义

SPD 是英文单词 Supply（供应）、Processing（处理）和 Distribution（分配）的缩写，它代表了一种面向医院内部物流的服务模式。SPD 的概念源于美国，在 20 世纪 70 年代传入日本，结合日本的现代管理模式逐渐日本化，并在全日本广泛推广。变成日本模式之后的 SPD 被赋予了新的含义，总体上日本 SPD 研究会将其归纳为：使用计算机系统对医院内使用、消耗的物品（以医疗材料为主，涵盖医药品、试剂、消毒杀菌循环使用品、手术器械、钢制小器械、机械工程机器、文具、日杂用品、印刷品等）

的一系列操作（选定物品、采购、采购方式的确定，从下达订单到库存、出库、使用、消费乃至补充等）相关的物品的流动（物流）、交易的流动（商流）、信息的流动（信息流）进行管理，在确保可追溯性等医疗安全相关必要功能的同时，能够降低经营成本、管理采购价格、改善医院经营、提高整体效率的“物品、物流管理系统”。图 3－11 为 SPD 概念图。

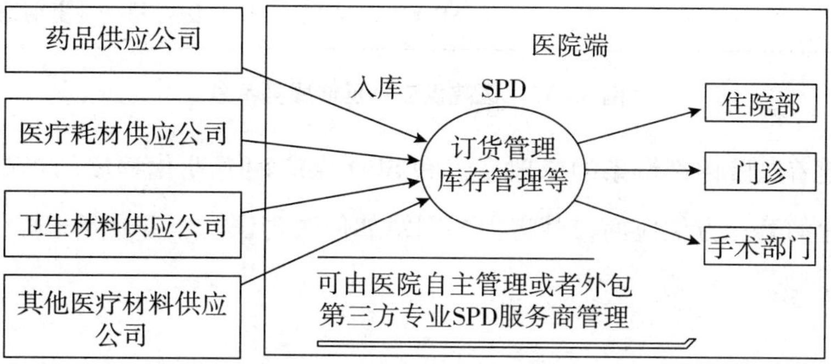

图 3－11　SPD 概念图

资料来源：《SPD 与院内物流——日本医院院内物流介绍》，北京飞龙日恒科技有限公司。

二、SPD 发展概况

在医药分开的医改背景下，政府鼓励医院建立自身的现代医药物流信息化系统、自动化技术和管理方法，提高医院药品流转效率和准确率。以此为基点，医药商业公司联合当地医院纷纷上马 SPD，为医院药库提供专业化、个性化的信息管理解决方案，开发符合 GSP 管理要求的 SPD，让商业公司的信息流与医院的信息流无缝对接，使医院药库实现药品出入库等各项操作流程化和信息化，实时监控药品物流状态，实现药品批号效期的全程监控，确保药品流转全程中的安全性与可靠性，并进一步降低综合成本。图 3－12 为医院供应链延伸服务示意。

国内院内物流水平处在发展的起步阶段，预计还需要至少十年时间才能到比较成熟的水平。国内企业做 SPD 主要是为了占据医院端市场份额，将其作为自身的一种竞争手段。目前，国内 SPD 领域还存在很多发展瓶颈，比如，医院内部费用界定不够清晰、医院没有独立核算、企业提供 SPD 服务专业性不足、服务质量达不到医院预期要求等。

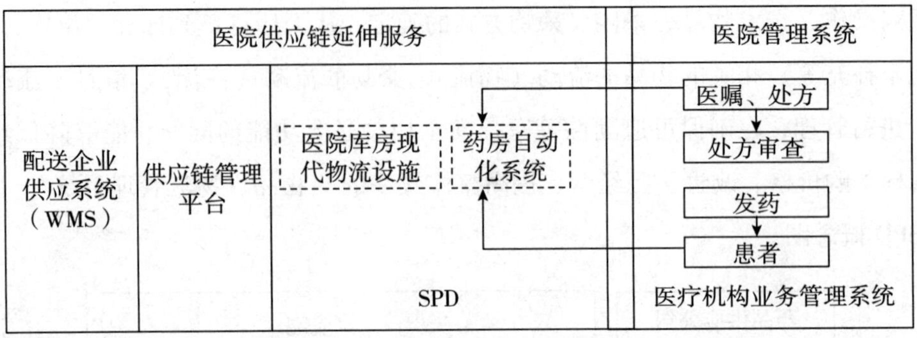

图 3－12　医院供应链延伸服务示意

未来，随着医院内部链条的梳理完善和 SPD 供应商专业化程度的提高，SPD 领域也将衍生专业的第三方供应商，其将主要围绕如何改善医院服务质量来操作。

第四章　我国医药细分领域发展现状分析

本章重点介绍了药品、医疗器械、疫苗、中药材和中药饮片等子行业的流通发展情况。报告先梳理了各个子行业的工业、商业或行业发展现状，在此基础上分析了各个行业当前的流通模式，并对未来发展趋势进行了展望。

对于药品来说，“两票制”的实施将重塑流通秩序、压缩流通环节，将对之前常见的药品多级代理模式产生巨大冲击；对于医疗器械来说，绝大多数地区暂时不受“两票制”影响，但部分地区已经明确将医用耗材纳入“两票制”实施范围，可以预见未来医疗耗材的流通模式将因此发生重大改变；对于疫苗来说，流通模式更加规范和严格，一类疫苗由省级疾病预防控制机构集中采购、分发；二类疫苗由县级疾病预防控制机构在省级公共资源交易平台向疫苗生产企业集中采购后供应给本行政区域的接种单位；对于中药材和中药饮片来说，在政策支持下，未来其流通模式将朝着采收、产地加工、包装、仓储和运输一体化的方向不断发展。

第一节　我国药品[①]发展现状分析

一、我国药品工业发展概况

（一）药品制造业稳步回升，同比增长10.4%

随着经济社会发展水平的不断提高和城乡居民健康意识的不断增强，药品制造业

① 本节所分析与讨论的药品包含国家统计局行业分类中的化学药品制剂和中成药两部分；对应“商务部药品流通统计系统”中的西药类和中成药类两类。

也得到了持续快速发展。2017 年药品制造行业主营业务收入增速稳步加快，其中化学药品制剂制造业占比稳步提高，中成药制造业占比持续下降。

2017 年 1—9 月，药品制造行业主营业务收入总计达到 10798.0 亿元，同比增长 10.4%，增速较 2016 年提高 0.7 个百分点。其中，化学药品制剂制造业主营业务收入达到 6249.9 亿元，同比增长 10.9%，增速较 2016 年提高 0.2 个百分点，占整体药品制造行业主营业务收入的比重由 2015 年的 53.0% 提高至 57.9%；中成药制造业实现主营业务收入 4548.1 亿元，同比增长 9.7%，增速较 2016 年提高 1.1 个百分点，占整体药品制造行业主营业务收入的比重由 2016 年的 47.0% 降至 42.1%。中成药制造业收入大涨主要是因为医保目录调整、医保控费以及药品零加成政策规定中不包含中成药的使用，政策红利得到显现。如图 4-1 和图 4-2 所示。

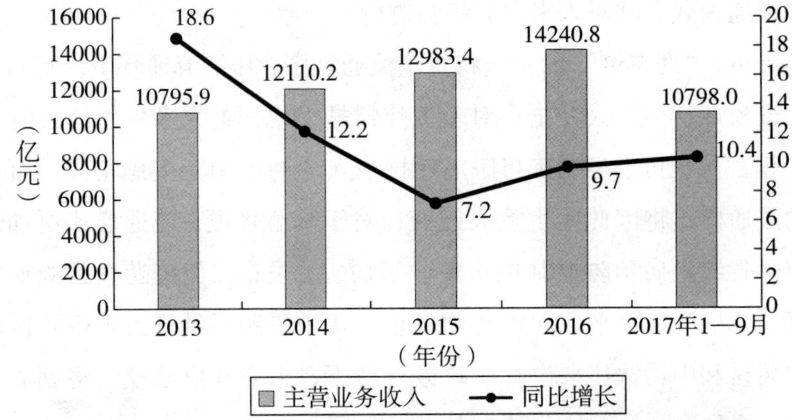

图 4-1　2013—2017 年 9 月药品制造行业主营业务收入变化情况

资料来源：国家统计局。

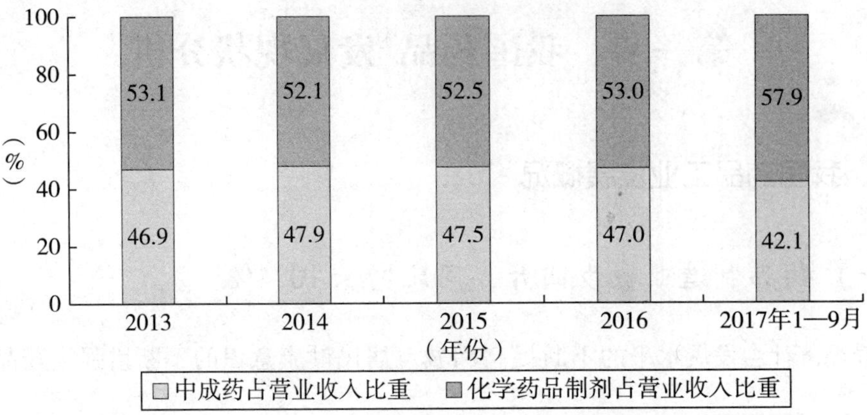

图 4-2　2013—2017 年 9 月化学药品制剂和中成药占药品制造行业主营业务收入比重

资料来源：国家统计局。

未来，随着政策监管趋严，医疗控费或将进一步收紧，这将导致化学药品制造业营收增速进一步放缓，当然中成药制造业营收增长则可能进一步加快，总体来看，预计 2018 年药品主营业务收入将会达到 15693.1 亿元，同比增长约 9%。

（二）药品制造行业盈利能力持续提升

国家统计局数据显示，2016 年，药品制造行业实现利润总额 1686.8 亿元，同比增长 13.6%，增速较 2015 年提高 2.1 个百分点；2017 年 1—9 月，药品制造行业实现利润总额 1378.3 亿元，同比增长 19.4%。其中，2017 年 1—9 月，化学药品制剂制造业利润总额 878.8 亿元，同比增长 24.8%，增速提高 6 个百分点，占药品制造行业利润总额的比重提高至 63.8%，较 2016 年全年提高 7.5 个百分点；中成药制造业利润总额 499.5 亿元，同比增长 10.9%，较 2016 年同期提高 6 个百分点，占药品制造行业利润总额的比重相应降至 36.2%。2017 年中成药制造业利润增速相对较慢很大程度上是因为中药材原料价格上涨。如图 4－3 和图 4－4 所示。

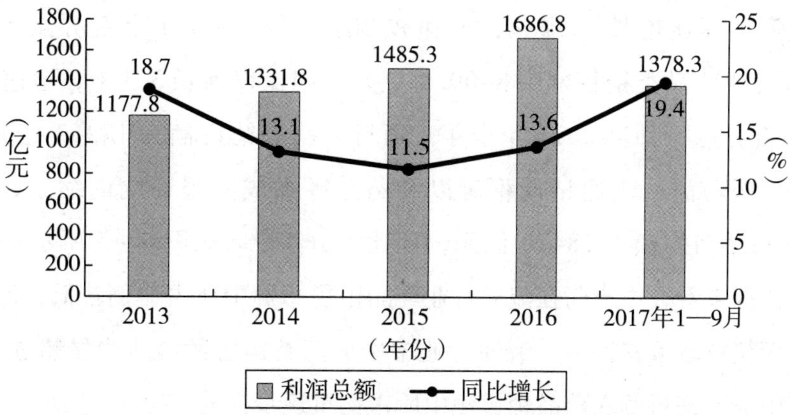

图 4－3　2013—2017 年 9 月药品制造行业利润总额变化情况

资料来源：国家统计局。

2018 年，中国药品制造行业盈利能力将会继续提升，其中利润总额同比增长预计超过 20%，这主要得益于国家政策支持。

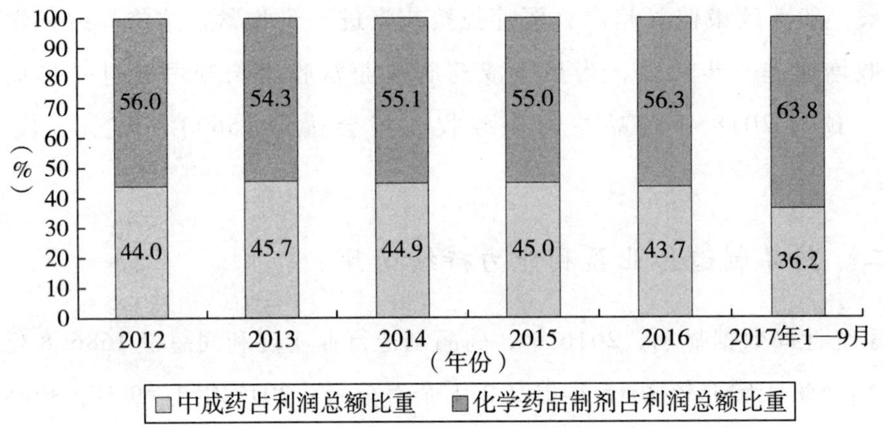

图4-4　2012—2017年9月化学药品制剂和中成药占药品制造行业利润总额比重

资料来源：国家统计局。

二、我国药品[①]商业发展概况

与药品制造行业主营业务收入增速不断上升不同，由于“两票制”的实施，2017年流通行业药品（包含西药类和中成药类两大类）销售额增速出现了明显回落。商务部药品流通统计系统数据显示，2016年，流通行业药品类销售额为16440.7亿元，同比增长11.5%，增速较2015年提高0.4个百分点。2017年上半年，流通行业药品类销售额为8409.9亿元，同比仅增长3.1%，增速较2016年回落8.4个百分点，估算2017年全年流通行业药品销售额为17262亿元，同比增长5%。随着医药商业流通格局稳定以及药品零加成实施影响的缩小，预计2018年流通行业药品销售额为18470亿元，同比上升7%。如图4-5所示。

从历史数据来看，中成药在流通行业药品销售总额中所占比例较低，但最近两年，在一系列中药扶持政策支持下，流通行业中中成药类销售额增速明显超过了西药类销售额增速，中成药销售额在药品销售额中所占比重逐步提升。

2016年，中成药类和西药类销售额分别为2754.2亿元和13686.5亿元，同比分别增长13.6%和11.1%，中成药占比提高至16.8%，较2015年提高0.4个百分点；2017年上半年，中成药类和西药类销售额分别为1543.5亿元和6866.4亿元，同比分别增长

① 本节所分析与讨论的药品包含国家统计局行业分类中的化学药品制剂和中成药两部分；对应“商务部药品流通统计系统”中的西药类和中成药类两类。

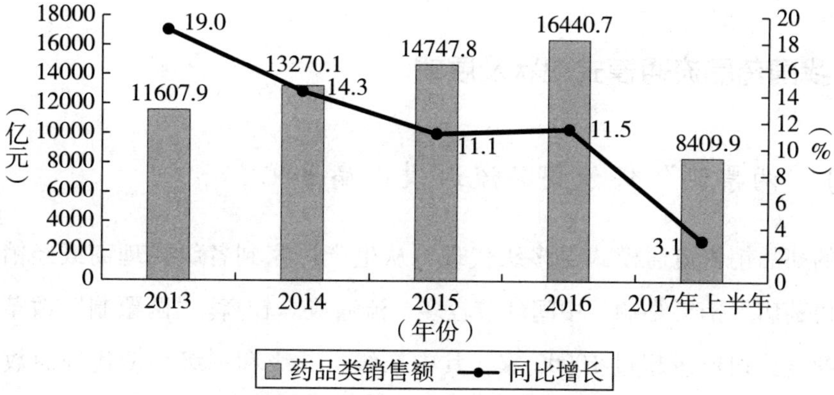

图 4－5　2013—2017 年上半年中国药品类销售额变化情况

资料来源：商务部药品流通统计系统。

4.0%和2.8%，中成药占比进一步提高至18.4%，较2016年提高1.6个百分点。如图4－6所示。

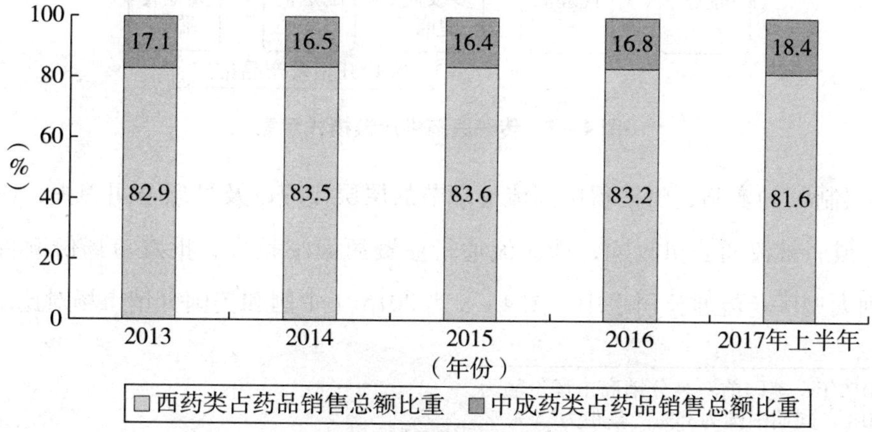

图 4－6　2013—2017 年上半年中国西药类和中成药类占药品类销售额比重

资料来源：商务部药品流通统计系统。

2018年国家将继续对中医药进行积极扶持以及政策偏向。从《中医药发展战略规划纲要（2016—2030年）》《“健康中国2030”规划纲要》到《中医药法》及《中医药“一带一路”发展规划（2016—2020年）》等一系列密集颁布的中医药相关政策不难看出，国家对于中医药产业的扶持力度可谓空前，预计中成药销售额占比将有望超过20%。

三、我国药品流通模式现状及展望

（一）“两票制”促使药品流通模式扁平化

传统的药品销售流通模式是多级代理，从生产厂家到各级代理商或经销商，再到医院、零售药店等销售终端，中间环节较多，流通成本较高。“两票制”改革之前，我国的医药商业公司数量超过10000家，其中二级、三级和一级小型代理商数量超过了9000家。众多二级、三级代理商的存在，无疑加大了药品的物流成本，影响了药品流通效率。图4－7为传统医药供应链模式示意。

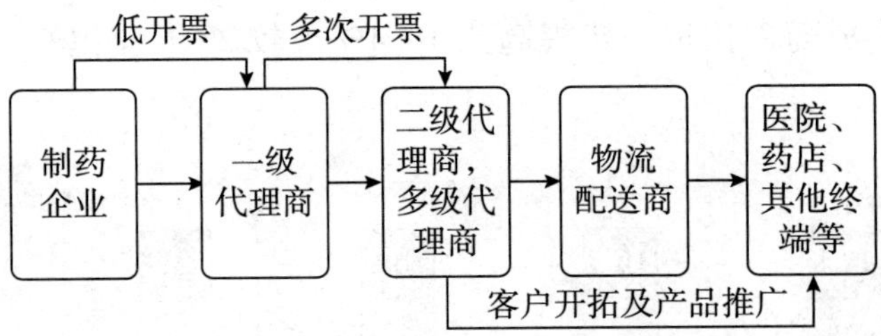

图4－7　传统医药供应链模式示意

“两票制”的实施，将使得中间流通环节的层层代理以及过票公司消失，或者转型做配送，或者被流通公司收购，药品流通行业资源面临整合，批发市场份额将会进一步集中到大型医药流通公司手中。图4－8为2015年中国和美国分销市场对比。

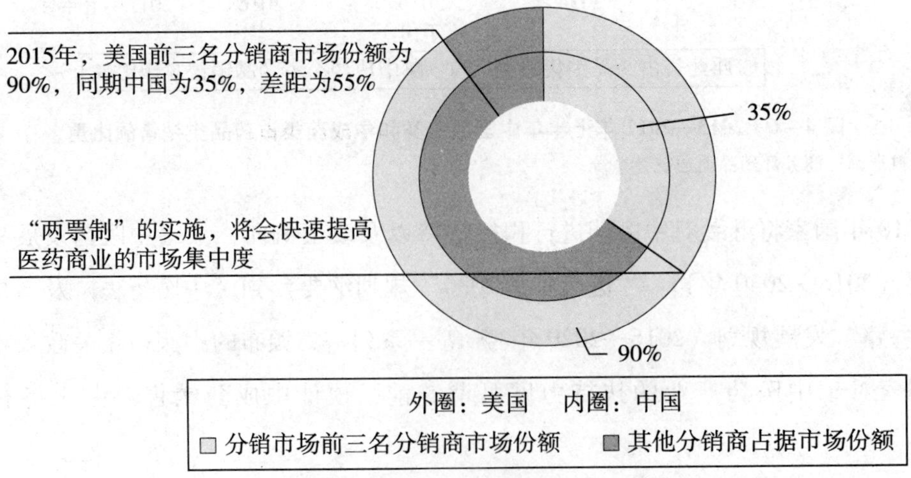

图4－8　2015年中国和美国分销市场对比

资料来源：商务部药品流通市场统计报告。

未来中国医药新型供应链趋向渠道扁平化、信息平台化、网络一体化、配送终端化发展。其中渠道扁平化主要是指多级代理逐步消失，医药生产企业通过平台直接将药品销售给医院和终端药店，而医药批发商业公司向专业物流企业转型，专业负责终端配送。图 4－9 为政策影响下的新型医药供应链模式示意。

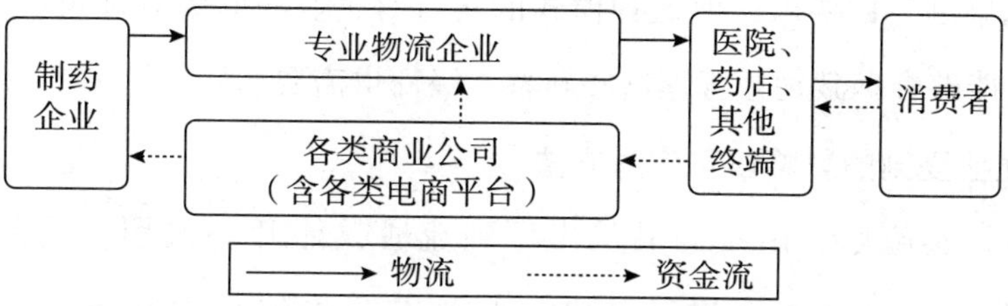

图 4－9　政策影响下的新型医药供应链模式示意

（二）“两票制”促使产业各节点营销模式变革

1. 医药生产企业受到的影响以及应对方法

对于采用“高开票”模式的药品生产企业而言，“两票制”对其影响较小，其原本即是以接近中标价的价格高开票给配送型药品流通企业，通过自主营销或外包委托的方式形成较高的销售费用。

对于“底价”模式的药品生产企业而言，“两票制”对其影响巨大，因为该类生产企业是通过底价大包的方式将推广工作交于代理商完成，从而形成较低的销售费用率（当然也是较低的毛利率）。在国内 4800 多家医药企业中，绝大多数是采用底价模式运作。

“两票制”以后，对于“底价”模式企业的影响不仅仅是终端渠道重建的问题，同时还意味着发货、回款都由生产企业自己承担，并且要对片区的配送商进行管理，增加了厂家的人力、物力以及财力，尤其管理成本要大大增加。

为了顺应政策，未来生产企业必然要进行转型。目前看，转型主要是两种模式。

第一种是 CSO（Contract Sales Organization，合同销售组织）模式。该种模式主要是针对多数没有自建团队的生产企业，其通过推广服务费用来返还原先经销商的利润，而药品流通主要通过自身或者第三方承担。反映到财报上，主要是销售费用激增，另外运输费用大幅增加，但职工薪酬并没有很大变化。这种模式的推行也面临一定障碍，比如企业如何与税务部门解释出厂价格的改变，同时如何用合理合规的方式支付给经销商相应服务费用都需要推敲与沟通。所以，“两票制”对于流通的格局重塑是肯定的，但是对于药价整体的降低幅度效果，需要看后续的政策效果。

第二种是二级变一级模式。这种模式相对来说比较简单直接，即把原先庞杂的二级乃至三级经销商经过甄选后提拔为一级经销商，把原先的纵向层级转变为横向层级，也能满足“两票制”的要求；但这种模式的实行对企业的商务管理及供应链会形成挑战，同时如何能够合理激励并管理这些新晋一级商也需要斟酌。

2. 流通企业受到的影响以及应对方法

“两票制”实施后，由于药品从出厂到流通只能开一次票，药品流通环节将大大缩短，药品流通秩序也将得到进一步规范。将使得中间流通环节的层层代理以及过票公司消失，或者转型做配送，或者被大型的流通公司收购，药品流通行业资源整合将会加快，批发市场份额将会进一步集中到大型医药流通公司手中。

“两票制”实施后，对于那些不能成为一级经销商的代理商主要有以下几方面应对措施。

一是选择被其他大型医药流通企业收购，成为其子公司或分公司。

二是转型做纯粹的医药配送型企业，从医药流通企业那里赚取配送费用。

三是转型为医药制造企业的 CSO，从医药制造企业获取推广服务费。

3. 医疗机构受到的影响以及应对方法

“两票制”实施后，医院在药品采购时被要求做到以下几点：①验明票、货、账三者一致方可入库、使用；②向配送药品的流通企业索要、验证发票；③流通企业出具加盖印章的由生产企业提供的进货发票复印件，且作为支付药品货款凭证（即带票配送）；④流通企业进货发票和第二票的流通企业名称、药品批号等相关内容互相印证才可入库，这些流程直接加大了医院的运营成本。另外，2017 年，国家对于公立医疗机构控费、零加价的举措导致药房成为医院的成本部门。

医院药房由原先的利润部门转变为成本部门，这样的变化使得其成为医院的“包袱”。为了降低成本，未来部分医院可能会选择药房托管或者自设院外药房，但短期这样做尚存在政策风险。

第二节　我国医疗器械发展现状分析

一、我国医疗器械①工业发展概况

（一）医疗器械主营收入增速下降3.9个百分点

随着城乡居民生活水平和生活质量不断提高，居民保健意识不断增强，刺激医院及家用医疗设备需求快速增长。国家统计局数据显示，2016年医疗器械行业主营业务收入达到4890亿元，同比增长15.3%。2017年1—9月，医疗器械行业主营业务收入增长有所放缓，但仍达到3921亿元，同比增长11.4%。如图4－10所示。

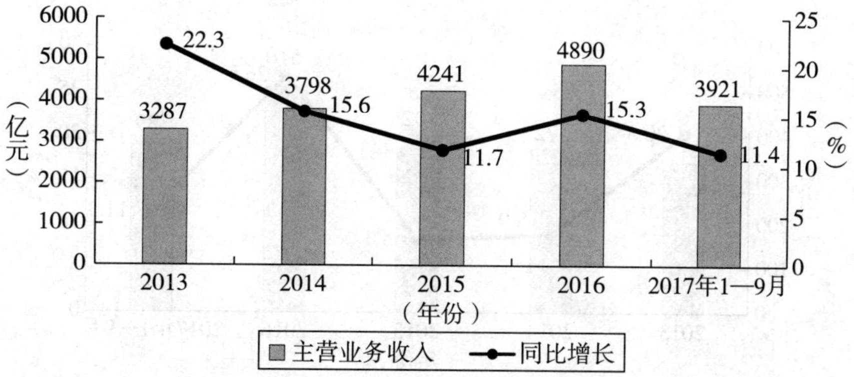

图4－10　2013—2017年9月中国医疗器械行业主营业务收入变化情况

资料来源：国家统计局。

就子行业来看，2017年1—9月医疗仪器设备及器械制造行业和卫生材料及医药用品制造行业分别实现营业收入2167.2亿元和1753.9亿元，同比分别增长9.2%和14.1%，较2016年全年分别下降了4.1个和0.2个百分点。

2017年医疗器械营收下降的主要原因在于高值医疗耗材受到招标降价影响严重，而且产品同质化竞争较多，降低了行业整体的盈利能力。未来医疗器械行业发展的关

① 医疗器械主要包括两类，一类是医疗仪器设备及器械，包括医疗诊断、监护及治疗设备，口腔科用设备及器具，实验室及医用消毒设备和器具，医疗、外科及兽医用器械，机械治疗及病房护理设备，假肢、人工器官及植（介）入器械，其他医疗设备及器械等；另一类是卫生材料及医药用品。

键在于创新能力的增强，大力发展高端医疗器械，进口替代逐渐从传统耗材、监护类产品转向附加值较高的高端手术及影像诊疗设备等。

2018 年，受居民保健意识持续增强，国家对高端制造业扶持力度的不断加大，创新能力的不断提高，预计医疗器械行业主营业务收入将达到 5900 亿元，同比增长 10% 左右。

（二）利润总额同比增长 26.8%

2016 年，医疗器械行业实现利润总额 510 亿元，同比增长 26.8%，其中，医疗仪器设备及器械制造行业和卫生材料及医药用品制造行业分别实现利润总额 318.5 亿元和 191.8 亿元，同比分别增长 32.3% 和 12.9%。2017 年 1—9 月，医疗器械行业实现利润总额 389 亿元，同比增长 11.3%，其中，医疗仪器设备及器械制造行业和卫生材料及医药用品制造行业分别实现利润总额 224.9 亿元和 163.8 亿元，同比分别增长 7.4% 和 17.2%。如图 4－11 所示。

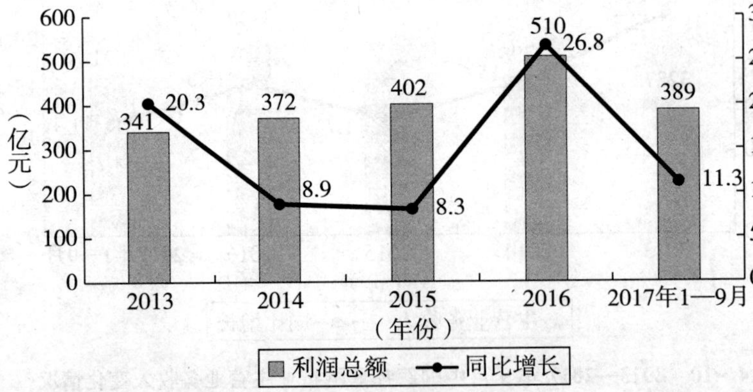

图 4－11　2013—2017 年 9 月中国医疗器械行业利润总额变化情况

资料来源：国家统计局。

2018 年，由于创新能力的增强，国产高端医疗装备水平的提高，医疗器械行业的盈利能力也将稳中增强。预计 2018 年医疗器械行业利润总额将达到 630 亿元左右，同比增长 11%。

二、我国医疗器械商业发展概况

商务部药品流通统计系统数据显示，2016 年流通行业医疗器械销售总额为 611.1

亿元，同比增长7.5%，占医药流通行业销售总额的比例为3.3%；2017年上半年，流通行业医疗器械销售总额达到573.9亿元，同比增长40.6%，占医药流通行业销售总额的比例上升至5.8%。如图4-12所示。

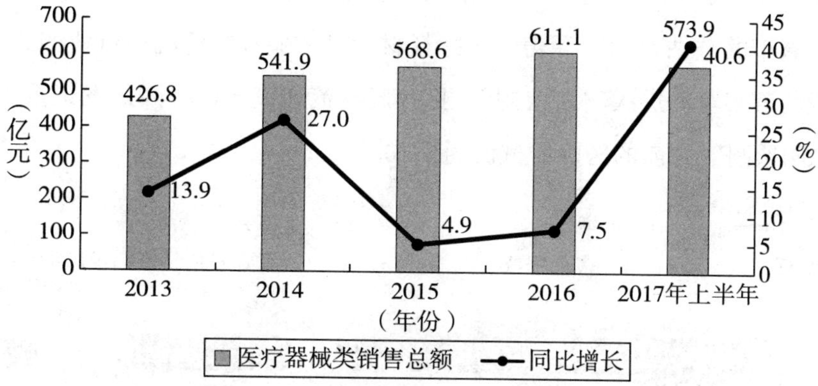

图4-12 2013—2017年上半年中国医疗器械销售总额变化情况

资料来源：商务部药品流通统计系统。

分区域来看，广东、山东、北京、浙江、河南、江苏、重庆、上海、湖北、安徽等省市医疗器械类销售额及占全国比重较高。2016年，以上省市医药流通行业医疗器械销售额占全国比重分别为9.24%、9.01%、7.62%、7.22%、6.19%、6.17%、5.99%、5.60%、5.59%和5.27%。2016年我国医疗器械类分区域占比如图4-13所示。

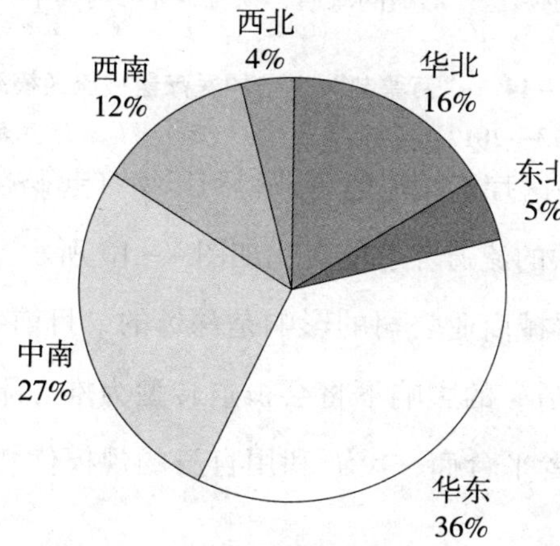

图4-13 2016年我国医疗器械类分区域占比

资料来源：商务部药品流通统计系统。

三、我国医疗器械流通模式现状及展望

从各省（市、区）出台的“两票制”地方实施文件来看，陕西、福建、青海、天津、辽宁等省市的“两票制”涵盖了医疗耗材。未来随着医药流通行业的进一步规范，医疗耗材或将逐步全面进入“两票制”，医疗耗材流通模式也将因此发生重大改变。图4－14为“两票制”之前的医疗器械流通模式。

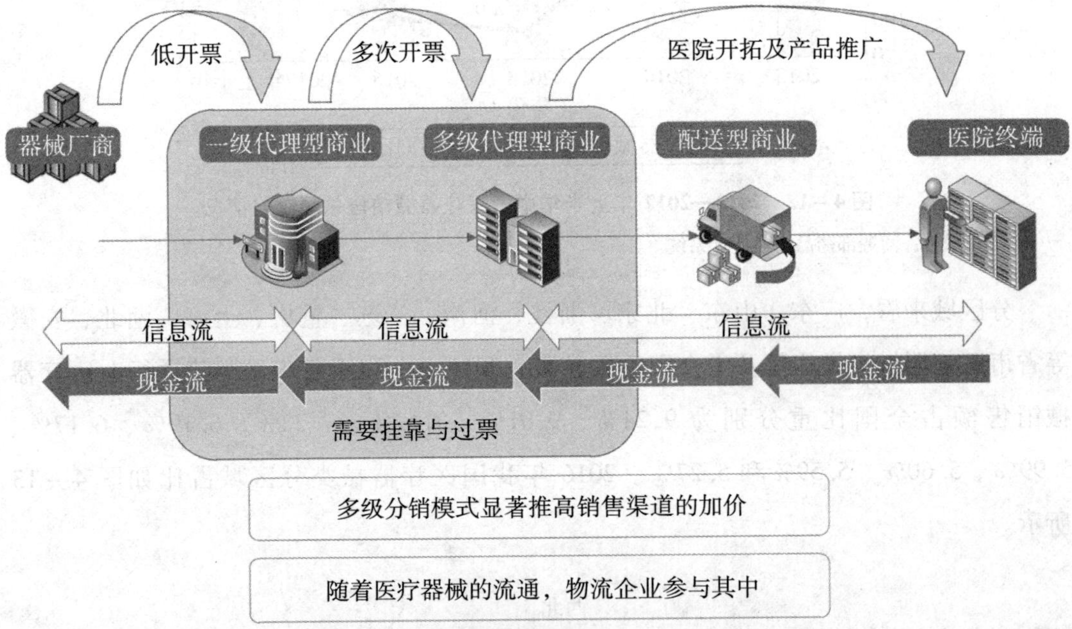

图4－14 “两票制”之前的医疗器械流通模式

“两票制”的要求下，医疗器械流通环节得到压缩（起码在开票方面实现了环节压缩），实施“两票制”前后的流通环节的对比如图4－15所示。

“两票制”对于医疗器械商业公司的影响是深远的，目前我国约有12万家的耗材二级经销商，其在“两票制”的影响下将会被迫转型为推广服务公司或者被一级经销商收购。而一级经销商或者平台商，反而利用自身的规模优势和政策红利，整合相关资源，越做越大。

医疗器械产品可以分为四个大类，包括低值耗材（以留置针、输液器等为代表的护理科常用耗材）、高值耗材（以心脏介入以及骨科介入为主）、体外诊断（检验科设

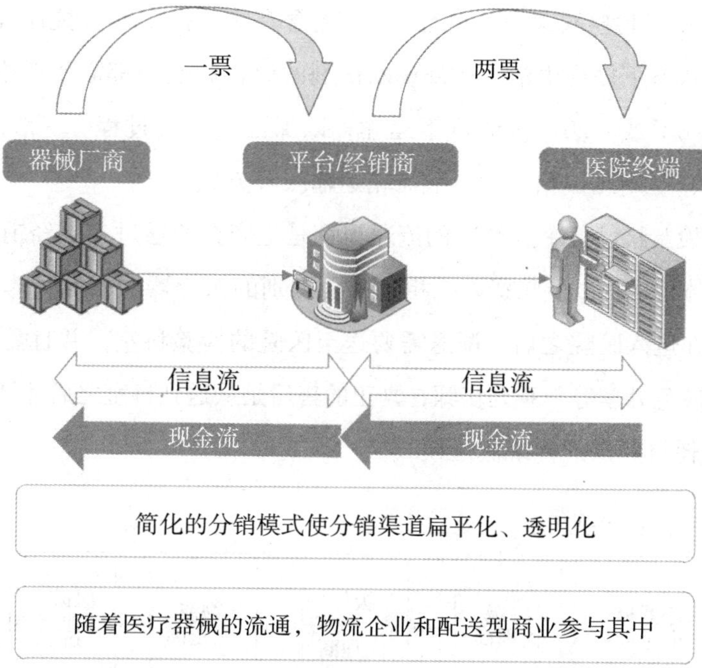

图 4－15　实施“两票制”前后流通环节的对比

备＋试剂）以及大型医疗器械（以影像诊断以及大型监视器为主）。目前，这四大类器械产品的流通模式不尽相同，从而呈现出不同的渠道特点。

（1）低值耗材。产品同质性高，通常采用增加代理商以扩大产品覆盖区域对保证产品出货量是低值耗材的商品特性。因此低值耗材的模式通常由生产企业发货，经过多层代理商，最后至终端（医院、检验中心、线下零售店、社区医院）。大部分低值耗材采取公路运输，批量较大，货值较低，对于物流操作层面也无太高要求，企业更注重货品的准点率、破损率和物流成本控制。

（2）高值耗材。因其货值高、批量少、多批次的原因，基本也是采用零库存的管理方式进行管理，即上级业务主管部门或医院组织招标并签订合同，采、供双方商定具体业务流程的基础上，先临床使用，后审核入库、出库的管理模式。

大多数高值耗材采用航空方式运输，以保证时效性。与其他品类相比，高值耗材的逆向物流中除了退货、换货形式以外，本身就涉及逆向物流。例如骨科耗材，医生未给患者开刀治疗之前，无法确定具体使用哪种尺寸的耗材，因此商业企业一般会提供多尺寸的耗材，实际治疗过程中只会选择一款进行使用，其余部分需要返回到商业企业。

（3）体外诊断（检验科设备 + 试剂）。大多含有酶、抗菌或者抗体等生物性物质，这些物质在高温状态下极易失活；体外诊断试剂的储存和运输都需要严格地控制温度，通常要求在2℃～8℃或－20℃等温度下运输，以保证其冷链过程。一般冷链运输可以分为冷藏车运输、专用冷藏箱运输、泡沫箱运输三种方式。

体外诊断（检验科设备 + 试剂）的流通渠道是生产企业通过多层经销商送到下游的医院、研发中心体检机构以及消费者。相比其他类别的医疗器械产品，体外诊断试剂的差异化操作主要在进入医院之后。配送需要送至医院的检验科室，并且需要完成定标乃至专业人员提供应急处理等一系列步骤，真正的售后是从送到科室之后才开始的。

图 4－16 为耗材和试剂传统流通模式。

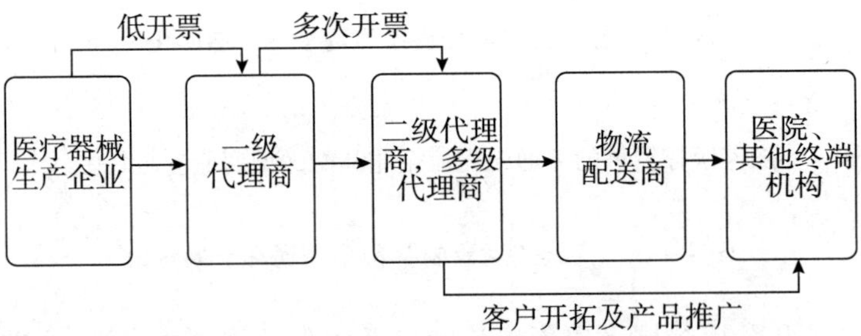

图 4－16　耗材和试剂传统流通模式

（4）大型医疗器械。有生产企业直销和通过一级代理商销售两种模式，未来几年大型医疗器械的流通模式预计不会发生明显变化。生产企业在向重点客户销售大型医疗器械时，由于高价值、高毛利，往往选择直销方式进行销售。在某些区域也会通过代理商进行销售，但是代理商往往要提供融资租赁、保养维护等服务。图 4－17 为大型医疗器械流通模式。

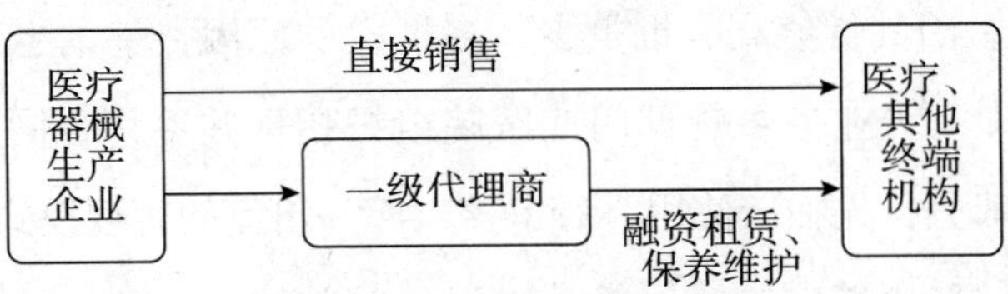

图 4－17　大型医疗器械流通模式

通过上述分析，不难看出未来流通模式将发生重大变革的主要是医疗耗材和试剂，在“两票制”倒逼下，医疗耗材和试剂流通模式或将发生重大变革。在“两票制”倒逼下，部分当前的医疗耗材经销商未来将转型为 CSO（如图 4－18 所示），部分经销商或转型为物流配送商（如图 4 – 19 所示）。

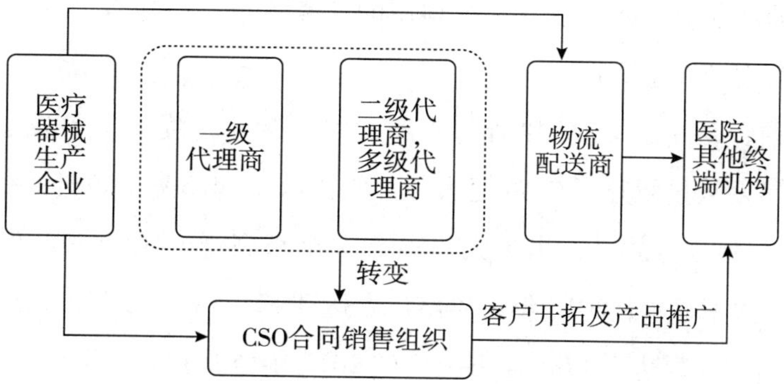

图 4 – 18　部分耗材和试剂传统代理商将转变为 CSO

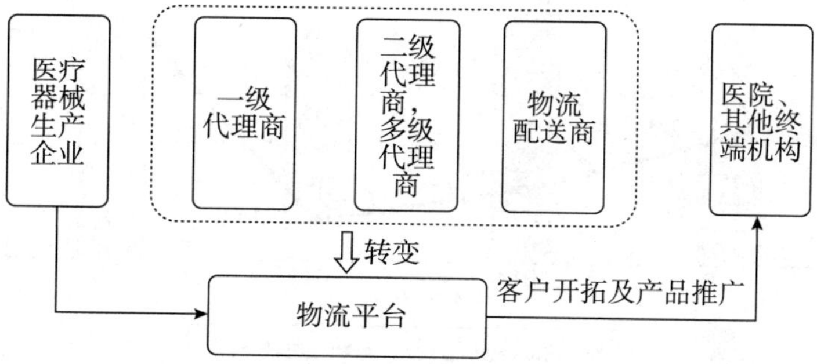

图 4 – 19　部分耗材和试剂传统代理商将转变物流配送商

第三节　我国疫苗发展现状分析

一、我国疫苗行业发展概况

（一）疫苗批签发数量变化情况

我国疫苗市场由一类疫苗（免疫规划）和二类疫苗（自费）两部分构成，一类疫苗主要针对儿童，由国家定点计划生产，财政统一拨款，集中招标采购，采购数量随年出生人数浮动，价格低廉，利润较低。二类疫苗是指未列入国家免疫范畴的、由消费者自愿选择，自费接种的疫苗，该类疫苗价格相对较高，利润较高。20 世纪 90 年代初，以安万特 – 巴斯德为代表的跨国制药企业携带其高品质的疫苗进入我国，开辟了我国二类疫苗市场。自二类疫苗市场开辟以来，其市场规模迅速扩张。尽管目前自愿接种二类疫苗的需求量还远少于免疫规划用的一类疫苗，但随着公众对预防的关注度提升，二类疫苗市场快速发展。

2015 年之前，受新版 GMP 和新药典颁发实施影响，疫苗批签发总量连续下降。2016 年疫苗批签发数量回升至 6.46 亿人份，同比增长 14.3%。如图 4－20 所示。主要原因是 2016 年二胎政策放开，出生人口达到一个小高峰，导致一类疫苗的需求量暴增。国家统计局数据显示，2016 年人口出口率达到 12.95‰，按照人口出生率计算公式推算，2016 年出生人数达到 1785.4 万人，较 2015 年增加 130.3 万人，增长 7.87%。

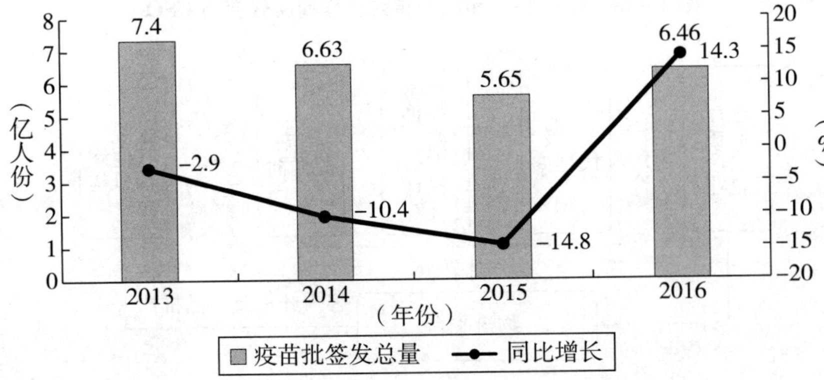

图 4－20　2013—2016 年我国人用疫苗批签发总量

资料来源：中国食品药品检定研究院。

就疫苗分类来看，一类疫苗受出生人口出生影响暴增，但是二类疫苗受到“山东疫苗事件”的影响，其生产和销售遭遇重大挫折，甚至一度出现销售渠道完全停滞的情况，当年二类疫苗批签发量同比骤降 37.1% 至 1.34 亿人份。2016 年 4 月，国务院紧急修订了疫苗流通和预防接种管理条例，改革二类疫苗流通方式，其中要求各省疾控机构通过省级公共资源交易平台统一招标采购疫苗，县级疾控机构与疫苗生产企业签订采购供应合同。但是新政快速出台，配套措施没有跟上脚步，全国仍有多个省级公共资源交易平台尚未完全建好，2017 年一段时间出现二类疫苗短缺情况。预计 2018 年随着省级公共资源交易平台的启动，二类疫苗的销售步入正常。2013—2016 年我国一类、二类疫苗批签发量如图 4－21 所示。

（二）疾控中心数量小幅回升

因“山东疫苗事件”的发生，各级监管部门对疾病预防控制和健康教育等公共卫

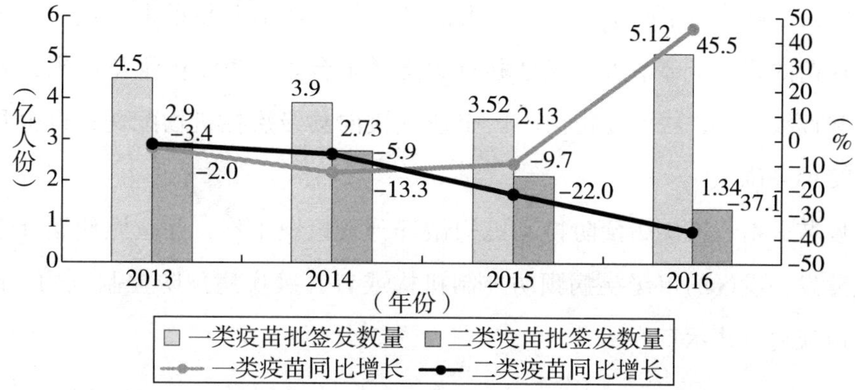

图 4 – 21　2013—2016 年我国一类、二类疫苗批签发量

资料来源：中国食品药品检定研究院。

生服务的重视程度不断提高，财政投入不断增加。我国的疾控中心经过 2014 年和 2015 年连续小幅下降之后，2016 年和 2017 年我国疾病预防控制中心数量连续小幅回升。国家卫生计生委数据显示，2017 年 10 月底，我国疾病预防控制中心数量为 3485 个，较 2016 年年底增加 4 个，较 2015 年年底增加 7 个（如图 4 – 22 所示）。2018 年，辽宁省抚顺市东洲区、青海省海南藏族自治州共和县等多个县级行政机构都将投巨资新建疾控中心。

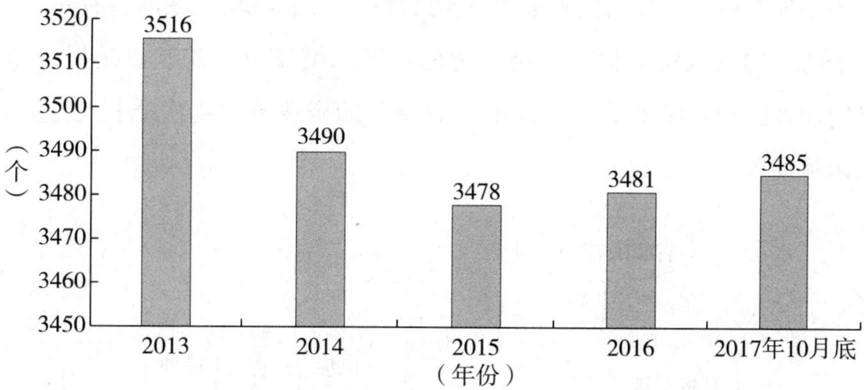

图 4 – 22　2013—2017 年 10 月中国疾控中心数量变化情况

资料来源：国家卫生计生委。

二、我国疫苗流通模式现状及展望

“山东疫苗事件” 发生后，2016 年 4 月 23 日，国务院通过《国务院关于修改〈疫苗流通和预防接种管理条例〉的决定》，对疫苗的采购、配送、储存、流向追溯、安全问题处罚问责制度进行了改革。其中最大的变化就是取消药品批发企业的二类疫苗经营权，将疫苗的采购全部纳入省级公共资源交易平台。一类疫苗维持原来的省级疾控机构采购和逐级分发；二类疫苗由生产企业直接向县级疾控机构配送，再由县级疾控机构供给接种单位。

一类疫苗，由省级疾病预防控制机构做好分发组织工作，并按照使用计划将一类疫苗组织分发到设区的市级疾病预防控制机构或者县级疾病预防控制机构。图 4－23 为一类疫苗流通方式示意。

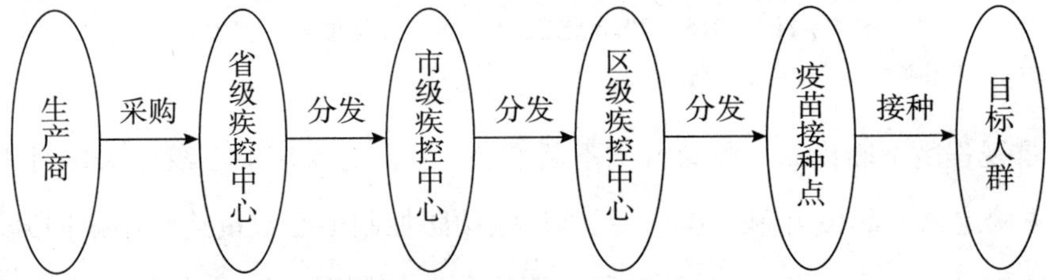

图 4－23　一类疫苗流通方式示意

二类疫苗，由省级疾病预防控制机构组织在省级公共资源交易平台集中采购，由县级疾病预防控制机构向疫苗生产企业采购后供应给本行政区域的接种单位。疫苗生产企业应当直接向县级疾病预防控制机构配送第二类疫苗，或者委托具备冷链储存、运输条件的企业配送。接受委托配送第二类疫苗的企业不得再次委托配送。图 4－24 为二类疫苗流通方式示意。

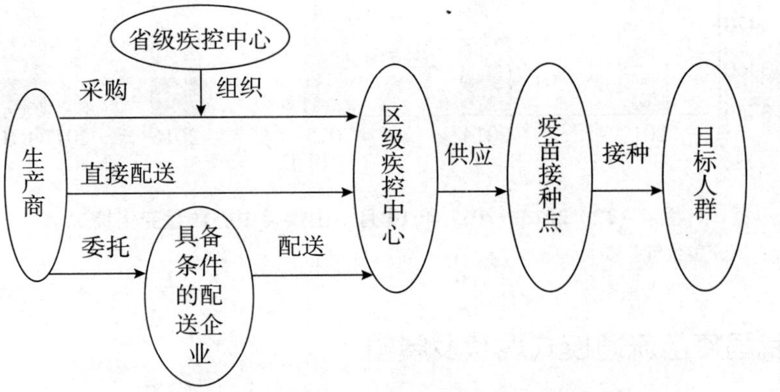

图 4－24　二类疫苗流通方式示意

为了进一步规范疫苗在采购、存储和配送方面的管理，2017 年 2 月国务院办公厅发布《关于进一步加强疫苗流通和预防接种管理工作的意见》，对规范疫苗集中采购工作、加强疫苗冷链配送管理、加强疫苗全程追溯管理等作出了明确指示。

2017 年 12 月，《疫苗储存和运输管理规范（2017 年版）》颁布，其对疫苗储存中运输的设施设备、运输的温度监测、运输中温度异常的管理等进行了规定。其中提到，疫苗生产企业、疫苗配送企业、疾病预防控制机构在供应或分发疫苗时，应当向收货方提供疫苗运输的设备类型、起运和到达时间、本次运输过程的疫苗运输温度记录、发货单和签收单等资料。疾病预防控制机构、接种单位在接收或者购进疫苗时，应当索取和检查疫苗生产企业或疫苗配送企业提供的《生物制品批签发合格证》复印件，进口疫苗还应当提供《进口药品通关单》复印件。收货时应当核实疫苗运输的设备类型、本次运输过程的疫苗运输温度记录，对疫苗运输工具、疫苗冷藏方式、疫苗名称、生产企业、规格、批号、有效期、数量、用途、起运和到达时间、起运和到达时的疫苗储存温度和环境温度等内容进行核实并做好记录。

未来，国家和政府将从两个方面加强疫苗监管。首先是生产和检测，疫苗生产企业在销售疫苗时，应当提供由药品检验机构依法签发的生物制品每批检验合格或者审核批准证明复印件，并加盖企业印章；销售进口疫苗的，还应当提供进口药品通关单复印件，并加盖企业印章。也就是说，相关批次的疫苗想要出厂销售并上市流通，在生产企业自身严密检测合格的基础上，还需要相关的专业药品检验机构依法进行相关指标的合格性检测，并出具合格证书。其次是进一步健全疫苗流通追溯体系，例如对于高风险产品实施“一物一码”的溯源方式；在溯源颗粒度标准的基础上，确立溯源码标准，明确编码所涵盖的信息内容，以构建数据共享基础等。

第四节　我国中药材和中药饮片发展现状分析

一、我国中药材和中药饮片工业发展概况

2016 年，国家中医药政策红利频繁释放，中药材和中药饮片行业受益匪浅。《“健康中国 2030”规划纲要》提出，要充分发挥中医药的独特优势，提高中医药服务能力，发展中医养生保健治未病服务，推进中医药继承创新；《中医药法》首次从法律层面明确了中医药的重要地位，为保障和促进中医药事业发展提供了法律依据；《中医药发展

“十三五”规划》提出让中医药产业成为我国国民经济重要支柱之一。随着一系列利好政策出台，中医药市场信心得到极大提升。

国家统计局数据显示，2016 年，我国中药饮片行业主营业务收入达到 1956.4 亿元，相比 2015 年增长 15.08%，增速较 2015 年提高 1.42 个百分点。2017 年，中药饮片行业主营业务收入增长继续加快，1—9 月达到 1592.6 亿元，同比增长 17.20%，增速较上年同期提高 4.75 个百分点。如图 4 - 25 所示。

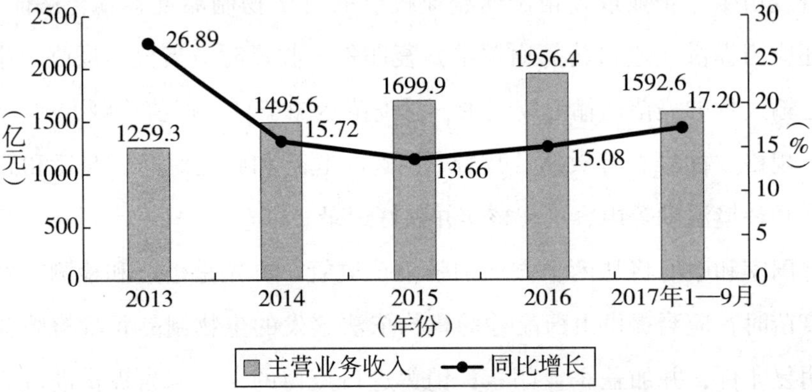

图 4 - 25　2013—2017 年 9 月我国中药饮片加工业主营业务收入变化情况

资料来源：国家统计局。

在主营业务收入增长加快的情况下，中药饮片行业盈利能力也有所增强。2017 年 1—9 月，中药饮片行业利润总额实现 110.9 亿元，同比增长 18.32%，高出同期主营业务收入增速 1.12 个百分点。如图 4 - 26 所示。

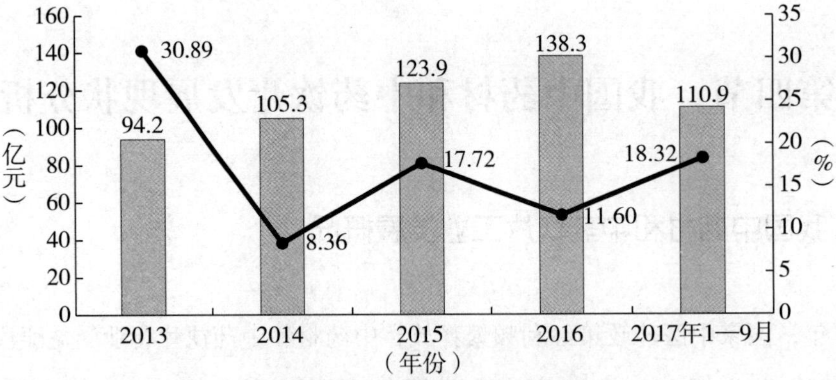

图 4 - 26　2013—2017 年 9 月我国中药饮片加工业利润总额变化情况

资料来源：国家统计局。

二、我国中药材和中药饮片商业发展概况

2017 年对整个中医药行业来说，是利好开始逐步释放的元年，有关中医药政策下发的密集度堪称“历史之最”，力挺中医药发展的力度空前，仅 1—4 月国家部委下发有关中医药政策文件高达 26 个，国务院下发 13 个，卫生计生委下发 9 个，人力资源和社会保障部下发 4 个。

其中，2017 年 6 月和 12 月，分别出台《“十三五”中医药科技创新专项规划》和《关于推进中医药健康服务与互联网融合发展的指导意见》，其中《关于推进中医药健康服务与互联网融合发展的指导意见》提出，到 2020 年，中医药健康服务与互联网融合发展迈上新台阶，线上线下结合更加紧密，产业链逐步形成，实现人人基本享有中医药服务。

受政策利好、整体消费升级以及中药观念日重等因素共同影响，中药饮片行业近年发展迅猛，市场规模增长迅猛。

商务部药品流通统计系统数据显示，2017 年上半年，我国药品流通行业中药材类销售总额完成 267. 1 亿元，同比增长 6. 7%，扭转了 2015 年、2016 年连续两年的下滑态势。如图 4－27 所示。

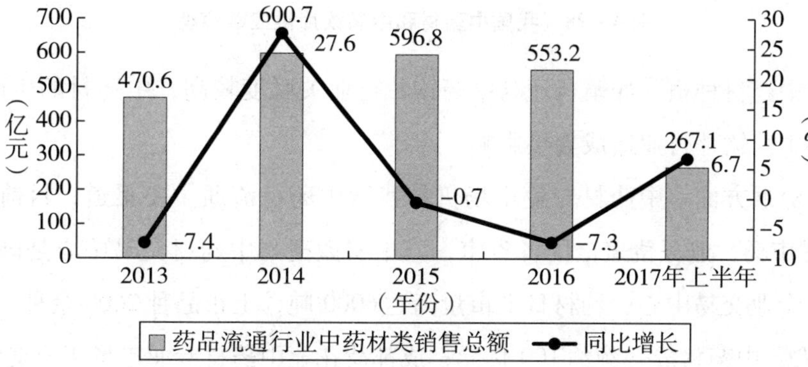

图 4－27　2013—2017 年上半年我国药品流通行业中药材类销售总额变化情况

资料来源：商务部药品流通统计系统。

2017 年 7 月正式实施的《中医药法》提出，支持社会力量投资中医药事业。2017 年 9 月底前公立医院全部取消药品加成（除中药饮片外），医院为减少损失将增加中药饮片使用量。在政策红利不断释放下，未来几年中药材和中药饮片行业将继续向好

发展。

三、我国中药材和中药饮片流通模式现状及展望

我国中药产业链包括：上游中药材种植、养殖、采集；中游中药饮片炮制、加工；下游中成药制药企业，医院、药店等，食品、饮品、保健品等生产厂商，商场、超市等，消费者。我国中药材和中药饮片供应链模型如图4－28所示。

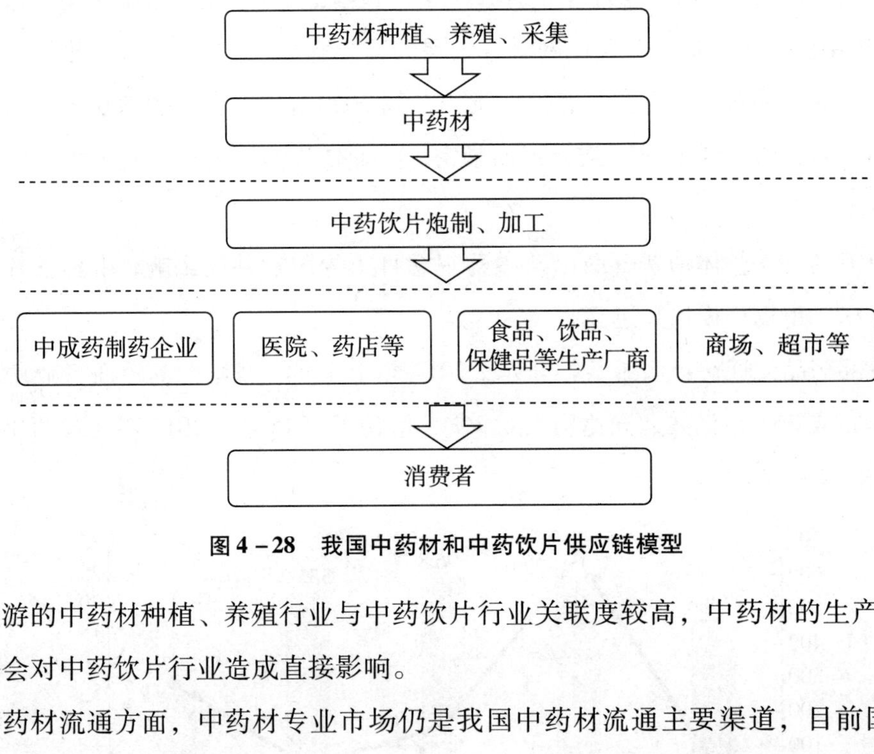

图4－28　我国中药材和中药饮片供应链模型

上游的中药材种植、养殖行业与中药饮片行业关联度较高，中药材的生产、仓储、质量等会对中药饮片行业造成直接影响。

中药材流通方面，中药材专业市场仍是我国中药材流通主要渠道，目前国内共有17个中药材市场，业务覆盖全国各省市，其中安徽亳州中药材交易中心是国内规模最大的中药材专业交易中心，药材日上市量高达6000吨，上市品种2600余种，日客流量5万~6万人，中药材成交额约100亿元；成都荷花池中药材专业市场年成交量达20万吨，是西部最大的中药材专业市场；河北安国中药材专业市场是全国较大的中药材专业市场之一，市场交易额达50亿元；广州市清平中药材专业市场是南药的集散地和进出口贸易口岸，年交易额达10亿元。但我国中药材流通仍大幅落后于物流发展平均水平，中药材行业染色掺假盛行，随着全国中药材现代物流体系以及流通追溯体系建设

推进，中药材产地资源端的地位将持续上升，物流基地重点围绕药材主产区布局，充分发挥产地资源优势，推进中药材生产和流通标准化、集约化和规范化。

目前，我国相当一部分中药材的流通仍然处于“小、散、差”的原始状态。药农或专业合作社生产的中药材经过农户或专业加工之后，通过或者不通过中药材专业市场销售给各级药商，经过多级销售之后进入中成药厂、医院或药店等终端用户或销售主体。目前，也有一些中成药生产企业与农户签订种植合同，采用“公司 + 农户”模式，中药材物流从产地直接到生产企业，这是一种较为便捷的中药材流通模式。中国中药材和中药饮片流通模式现状如图 4 – 29 所示。

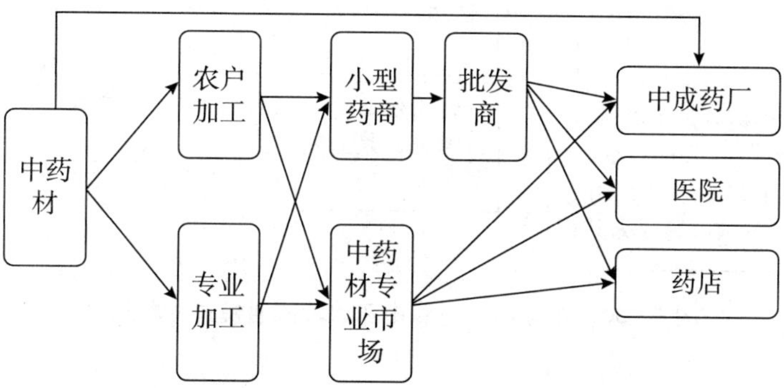

图 4 – 29　中国中药材和中药饮片流通模式现状

目前，我国中药材流通存在很多突出问题，总结起来主要有以下五个方面：一是粗加工、分散加工，产品质量难以得到切实保障；二是民房存储、分散存储，存储环节容易影响中药材质量；三是养护不当，发生霉变、生虫，磷化铝熏蒸，硫黄熏蒸，掺杂使假使中药材药效受到较大影响；四是包装不规范、无包装、滥包装、无标识，导致中药材原产地、质量等信息难以辨识；五是管控分散、不到位，质量无全程追溯，导致中药材的安全性得不到根本保障。

在政策支持下，未来中药材和中药饮片流通将朝着采收、产地加工、包装、仓储和运输一体化的方向不断发展。近两年，安国中药材物流基地、豫北中药材物流基地、陇西中药材物流基地、长白山中药材物流基地、长治中药材物流基地、广汉中药材物流基地等多个全国性中药材物流基地已经相继建成，为中药材的采收、产地加工、包装、仓储和运输一体化发展摸索出了一条路子。中国中药材和中药饮片流通模式发展趋势如图 4 – 30 所示。

以陇西中药材物流基地为例，该基地由甘肃陇原中天物流有限责任公司建设运营，基地位于甘肃省定西市陇西县循环经济产业园，是天士力集团在全国规划建设的若干物流基地之一。该物流基地覆盖陇西、漳县、武山、甘谷和天水市。基地依据所覆盖区域内的5万吨公共需求量，建设2.4万平方米的中药材仓库；在基地范围内的陇西县、碧岩镇、菜子镇、福星镇、柯寨乡、首阳镇布局6个加工基地，总面积达5.2万平方米。基地已经安装与使用全国统一的中药材物流信息公共管理系统，并配备了中药材质量检测设施，逐步改变仓库租赁经营方式，统一实施对中药材的规范化仓储管理。

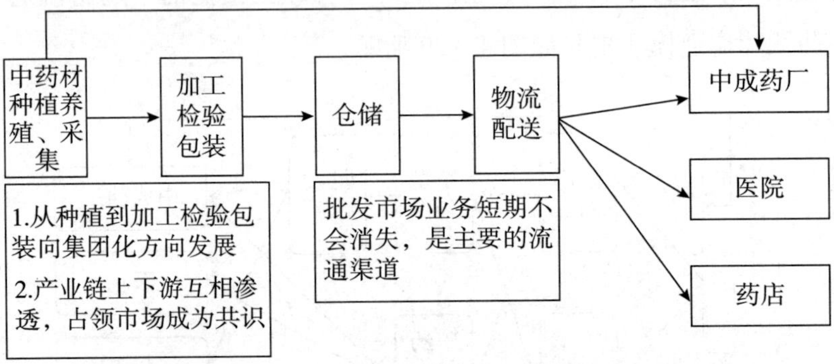

图4-30　中国中药材和中药饮片流通模式发展趋势

第五章　国际医药流通发展情况分析

本章主要围绕美国、欧洲、日本医药流通情况进行介绍，主要包括药品监管、物流模式、药品追溯体系以及国际医药供应链的挑战与应对方式四个方面。

尽管美国、欧洲各个国家的流通模式不尽相同，但他们总体都具有市场集中度极高、法律法规健全完善、市场成熟、信息技术化程度高的特点。

日本医药物流是伴随着流通体系的发展而发展起来的，遍布全国的各类医疗诊所是日本医疗体系的一大特色。

第一节　美国、欧洲及日本的药品监管现状分析

一、美国药品监管现状分析

美国是世界上第一个尝试对药品进行社会性规制的国家，在100多年的发展过程中，美国设立了独立统一的监管机构FDA（食品药品监督管理局），建立了全面完整的监管制度，并随着医药市场新情况的出现，适时地改革和创新。

美国FDA是美国药品安全监管主体，其隶属于联邦政府卫生与人类服务部（Department of Health and Human Services，HHS），负责全国范围内食品（家禽类制品除外）、药品、生物制品、医疗器械、放射性产品、化妆品、兽药以及烟草制品等的监管。FDA所执行的联邦法律大部分都被编入《联邦食品、药品和化妆品法案》，即美国联邦法典第21篇（Chapter21，Code of Federal Regulation，CFR）。

美国的药品安全监管法律体系是在一系列不良事件的社会背景下不断建立完善的，法规深入具体细节，简单、明了、可操作。1906 年通过的《纯净食品药品法案》（*Pure Food and Drug Act*）是美国现有药品安全法规体系的基础，也是从那时起，美国开始逐步建立政府集权管理药品体制。1938 年，美国国会通过了美国食品药品监管史上具有里程碑意义的法案——《联邦食品、药品和化妆品法案》（*Federal Food*，*Drug and Cosmetic Act*，FFDCA）。该法案起因于 1937 年的“万能磺胺”灾难，通过该法案建立了药品审批制度，同时赋予 FDA 对药厂的监督检查权力。20 世纪 50 年代，针对药物滥用严重现象，《德汉姆 - 汉弗莱修正案》（*Durham-Humphrey Amendment*）初步建立了药品分类管理制度，这也是世界上首次对药品分类做出的法律规定。1961 年震惊世界的“反应停”事件促成了 1962 年《科夫沃 - 哈里斯修正案》（*Kefauver Harris Amendments*）的颁布实施。该法案授权 FDA 对药厂推行 GMP 认证制度，这意味着美国政府规制开始全面进入企业生产过程。1997 年的《食品药品监督管理现代化法案》（*Food and Drug Administration Modernization Act*，FDAMA）是对 1938 年法案的一次重要修订，目的在于优化监管程序，提高监管效率，注重信息公开与共享。2007 年，美国通过了《食品药品管理法修正案》（*Food and Drug Administration Amendments Act*，FDAAA），赋予 FDA 对药品上市后安全监管的更多权力和资源，对于违规企业的经济处罚高达 1000 万美元。

美国的新药批准权在卫生与人类服务部，具体审评工作由 FDA 下设的药物评价与研究中心（Center for Drug Evaluation and Research，CDER）中的新药办公室（Office of New Drugs，OND）负责，同时地方机构也负有一定责任。企业在报送新药申请时，要向中央机构和地方机构提交同样的资料。地方机构的责任是确保申报数据的准确性；CDER 的责任是审查所有数据，决定药品是否可以申请注册，再上报部里批准。这样，责任主体与监管主体相区分，有利于落实中央与地方的监管责任，相对减少了对具体审查人员的依赖，一旦出现问题，便于责任追究。

美国是实施药品不良反应（ADR）报告制度较早的国家之一，由 CDER 下设的监测与流行病学办公室（Office of Surveillance and Epidemiology，OSE）承担了绝大部分药品的上市后监测与评价工作。美国有两套 ADR 报告体系，分别是 MedWatch 自愿报告系统和企业强制报告系统，90% 以上的 ADR 报告来自后者。两种来源的报告都会进入 FDA 的不良事件报告系统（Adverse Event Reporting System，AERS）数据库，评审合格后将被扫描成图片存档，供 FDA 检索调用。

另外，监管信息方面，美国行政法历来强调行政公开与行政透明。美国政府的信息公开制度已发展 200 多年，有关药品安全性信息主要在 FDA 上发布。FDA 通过 MedWatch 发布药品安全信息，主要包括公众警告（Safety Alerts）和药品安全性标签更改（Drug Safety Labeling Changes）。此外，FDA 还会定期更新药品安全信息索引网页和用药指南（Medication Guides），方便各界人士快速、准确地找到所需药品信息。2007 年 3 月发布了《FDA 与公众药品安全信息交流指南》，目的是将药品安全行动计划中“重要药品安全问题”传递给公众，以求方便公众获知上市药品的潜在风险，促进医务人员和患者合理用药。

二、欧洲药品监管现状分析

欧盟（EU）自 1965 年以来，为实现保护公众健康、建立药品自由流通的统一大市场这两个目标，制定、颁布并实施了一系列药事管理法规及指导性文件。根据这些法规文件的效力可分为三个层面。

第一层面是法规（Regulations）和法令（Directives）。它们是由欧洲委员会（EC）、欧洲议会及成员国部长委员会制定、通过的。这里的法规具有法律效力，一旦颁布，各成员国必须遵循。法令在颁布数年后，将陆续纳入各国法律。法令性文件是欧盟药事管理法规的主体，集中体现了欧盟对药品管理的主要原则和要求，是欧盟构建统一药事法规的基本法律框架，各成员国需要通过立法将其转化为国内法实施。法令依其内容可分为四种类型。①基本型（Basic），主要有三个文件组成，这些文件明确了药品的定义，并规定：专卖药品上市须经成员国药政当局批准，即药政当局有权批准拒绝上市申请、中止或撤销上市许可，有权检查生产和复检试验结果。②修订型（Amending），是根据上述基础性法规在执行中出现的问题，对有关内容予以进一步的阐述和修订。③扩展型（Extend），是对化学药品以外的其他类型药品（如免疫制品、放射性制品、人血及血清制品、顺势疗法药品等）做进一步的规定。④其他，即关于药品标签和说明书等的内容规定。

第二层面是指由欧盟委员会依据有关法令和法规而颁布实施的药品注册监督管理程序和 GMP 指南。

第三层面是指由欧洲药品评价局（EMEA）颁布实施的一些技术指南，以及对一些法规条款所做的解释。

三、日本药品监管现状分析

日本的药品市场比较规范，有一套严格的治理和监管药品市场的法律制度。药品的制造、销售有非常严格的规定，完全按照法律规定办事，违法必究。其药品管理法律法规主要分为三类：由日本议会批准通过的称为法律；由日本政府内阁批准通过的称政令或法令；由厚生省大臣批准通过的称为告示或者省令。日本议会批准颁布的关于药品管理法律有《药事法》《药剂师法》等，但对药品市场最重要的法律是《药事法》。

按规定，开设药局必须有所在地都道府县知事的许可，许可 6 年更新一次，药局的构造设备、进药销售体制要符合厚生劳动局令规定的标准。医药品等制造销售业及医疗器械制造业许可有七种，有厚生劳动大臣制定的药品、普通医药品、医药部外品、化妆品、高度管理医疗器械、管理医疗器械、一般医疗器械；其中医药品和医药部外品制造销售许可一样严格。只要医药品合格，不可能出现医药部外品，如胶囊不合格等对人体有害的情况。

制造销售业者申请许可的医药品、医药部外品和医疗器械的名称、成分、分量、构成、用法、用量、使用方法、效能、性能、副作用及其质量、有效性和安全性等，每项都要经过医药品医疗器械综合机构严格的审查，最后由厚生劳动大臣（是日本负责医疗卫生和社会保障的主要部门，厚生劳动省设有 11 个局，主要负责日本的国民健康、医疗保险、医疗服务提供、药品和食品安全、社会保险和社会保障、劳动就业、弱势群体社会救助等）批准，获得许可的制造销售业者如果制造新医药品和新医疗器械仍需要再进行审查。

厚生劳动大臣根据药事食品卫生审议会的意见指定的毒性强的医药品，要在容器上用黑底白框、白字标明药品名和“有毒”字样，烈性强的药品要在容器上用白底红框、红字标明药品名和“剧”字样。一般店铺销售业者不得销售和陈列贮存这类药品，药局卖毒性和烈性强的药时要写明药品名、使用目的、销售日期、购药者的名字、住处和职业。14 岁以下的少年儿童不得购买。药局没有医生、牙医和兽医的处方，不得销售厚生劳动大臣指定的医药品。销售的药物要记账，账目保存两年。

药品的容器和包装上要写明制造经销业者的姓名、公司名称和地址、医药品的一般名称、药品批号、重量、容量和数量、保存方法、有效期、一般用量或遵医嘱使用、副作用、危险用法等。日本药局方收集的药品要有日本药局方的名字。说明书要写更为详细的内容，文字要便于阅读和理解，不易产生误解。

第二节 美国、欧洲、日本医药物流模式对比

作为医疗服务产业链的重要组成部分，医药物流的发展既受制于医疗相关政策的顶端设计，也难以摆脱产业链上下游的相互影响。美国、日本等国家的医药物流发展相对成熟，但模式不尽相同。

一、美国医药物流模式现状分析

美国的医药物流以大型制药企业和药品批发企业为中转枢纽，药品由制造企业集中到批发企业的物流中心，各医院和医药零售连锁店直接向批发企业提出配送要求，并由物流中心为各销售终端进行最终配送，资金的结算则由总公司和批发企业间统一完成。同时批发企业还为客户提供“库房到库房”配送和“直接配送”的服务。美国医药流通模式如图 5-1 所示。

在药品冷链运输中，美国通常应用 RFID、GPS 配备温度控制系统两种最新的技术，来对各环节进行实时温度监测。此外，部分企业购置有世界上最先进的自动控温与监控的“三段式”冷藏运输车，利用专门的温度记录仪全程记录温度。UPS 在北美有超过 22 家保健配送中心，中心内配备有自动分拣机、制冷机、温度监控器等基本的设备。

这种模式下，批发企业的配送中心负责为药品生产和销售企业提供经济合理的流通和销售方式，避免企业直接面临小额订单，加上长期优胜劣汰的市场竞争，形成了美国医药流通市场高度集约化的市场格局。在美国，前三大药品批发商占据国内 95% 的市场份额。加上健全完善的法律、法规，发达的经济和成熟的市场，使得美国医药物流水平始终处于国际领先之列。

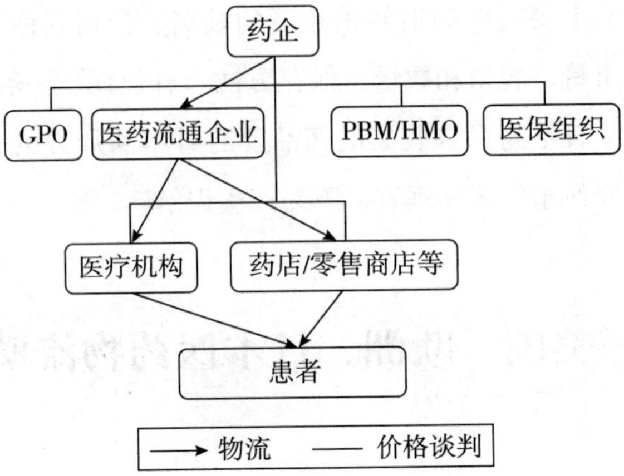

图 5－1　美国医药流通模式示意

注：GPO 指美国药品集中采购组织（Group Purchasing Organizations，简称 GPO 或 GPOs）。

PBM（Pharmacy Benefit Management，药品福利管理）是医疗服务市场中的一种专业化第三方服务。提供该服务的机构一般介于市场内的支付方（商业保险机构、雇主等）、药品生产企业、医院和药房之间进行监督管理和协调工作。

HMO（Health Maintenance Organization，健康维护组织）是一种管理式的保险公司。

二、欧洲医药物流模式现状分析

在欧洲，药品的主要销售路径为：批发企业→零售药店→病患。以法国为例，在法国有近 85% 的药品是通过药店售出的，药店销售的药品中，批发企业分销部分约占 90%，其余由厂家销售给药店，制造企业和批发企业的药品销售不针对普通患者。此外，法国医药流通在生产、批发、零售各个环节的价格和利益的分配大体由政府规定，一般情况为生产企业 55%，批发企业约 6.3%，零售企业 25%，剩余部分为税收。

这样的销售特点决定了其医药物流体系的三大特点：一是高度集中的药品批发市场，在法国，位列前三的药品批发企业占据着 95% 的市场份额；二是高效的药品物流系统，批发企业通过在市场区域设立分销中心，提高配送效率；三是严格的市场准入制度，在法国，药品批发商会受到政府的严格控制，企业及其分销中心的运营，都要经过法国药品局的批准。

企业整合是促进欧洲医药物流市场发展的根本动力，冷链药品流通作为医药物流的重要组成部分，与行业整体的发展道路相同，先后经历了三个阶段：第一阶段为医药企业和药店、药房等销售终端的内部整合以及销售企业的品牌化经营；第二阶段为医药企业向物流企业的转型，并构成了利润和成本两大中心体系；第三阶段为VMI（供应商管理库存）模式的广泛采用，重点在于信息的全方位整合。目前，欧洲的医药冷链物流依靠企业标准化操作、先进的技术手段以及遍布各市场区域的分销网络，实现了物流系统的高效率运作。

三、日本医药物流模式现状分析

日本医药物流是伴随着流通体系的发展而发展起来的。遍布全国的各类医疗诊所是日本医疗体系的一大特色。为了满足这种独特医疗体系的要求，批发企业都会在各自市场区域设立分销中心，建立极其精细的医药物流分销服务系统，其物流配送则以分级配送为主，即物流中心根据零售网点的订单将药品配送到网点或中转站，再由该区域的配送人员配送到客户处。

但是，随着日本政府不断出台强制措施抑制药价，分销环境也在发生变化，加上人口密度高、资源匮乏等因素，提高运营效率就成为了日本医药物流企业考虑的首要重点。因此，日本的制药企业、流通企业通过利用EDI（电子数据交换）技术，实现医药供应链上下游的信息共享，在满足药品零售需求的同时，提高物流管理效率、降低物流成本。

在日本，低温药品流通市场的区域性强，国内的药品批发企业几乎没有一家可以在全国范围运营，药品制造商和零售商所面对的是一种多渠道的商业流通模式。批发企业在供应链中需要承担部分非流通领域的职能，比如管理信贷业务、收取资金等。日本冷藏药品市场有独特的流通体系和准入制度，国内基本没有进口药品，成熟的供应链管理思想促使大部分药品的进货直接面向制造商，收发货周期的可控性强。

第三节　欧美药品追溯体系现状分析

20世纪90年代，部分发达国家和地区已经开始探索建立追溯制度来推进药品质量安全管理。美国、欧盟多国是较早开展药品追溯标准化工作的国家和地区，已建立起来的法律法规体系和配套组织执行机构是目前全球范围内较为健全完善的。除此之外，其他国家和地区大多尚未形成较成熟的药品追溯体系，即便是药品安全监管在全球范围内享有盛誉的日本和澳大利亚，目前也更多的是通过药物监测系统中的药品上市后安全信息收集、药物警戒与召回等环节来实现安全追踪。

一、美国药品追溯体系现状

早在1988年，美国制定了《处方药营销法案》（PDMA），要求所有药品经营企业记录药品来源和销售去向。但由于这种记录方法存在漏洞，造假较容易，可靠性不高，所以FDA决定采用RFID技术。

2007年9月，美国现行《食品药品管理修正法案》（*Food and Drug Administration Amendments Act*，FDAAA）颁布实施，其中913部分创建了《联邦食品、药品和化妆品法案》（*Federal Food，Drug and Cosmetic Act*，FDCA）的505D部分，这部分内容要求美国卫生与公众服务部（Department of Health and Human Services，HHS）在FDAAA颁布日期起30个月内（即2010年3月前），制定一个适用于处方药生产商与分装商的SNI（Standardized Numerical Identification，应用于处方药跟踪与追溯系统的标准化数码标识），对处方药进行识别、验证、确认、跟踪以及追溯，用于分装的SNI应能与用于生产的SNI进行链接，并且SNI应与关于这种标识的国际公认标准相一致。

2011年2月15日，美国FDA召开了关于处方药跟踪与追溯系统的公众研讨会，对SNI的应用进行了初次介绍。SNI是一套序列化的国家药品编码（serialized National Drug Code，sNDC）。sNDC由美国《联邦规章典集》第21篇第207部分阐述的“国家药品编码”（National Drug Code，NDC）组成，是一组独有的序列号，由标签编码、药品编码、包装编码共10个字符组成。NDC由每个独立包装的生产商或分装商生成，可保证一物一码，并以条码的形式印刷在药品包装上。sNDC示例如图5－2所示。

国家药品编码			+	序列号
55555	666	77		11111111111111111111
标签编码 +	药品编码 +	包装编码		独立的20个字符

图5－2　sNDC示例

如今，美国大多数的处方药包装已含有NDC。NDC的标签编码包含生产商与分销商信息，药品编码包含药品特性、剂型、配置等信息，包装编码包含药品包装尺寸与类型信息。在 NDC 的基础上加上一组不超过 20 个字符的数字序列所形成的 sNDC（SNI），可链接到包含药品批号、有效期、分销信息以及其他有关药品标识的数据库中，这样便能作为识别处方药包装的方法，进而有助于验证、跟踪与追溯药品。SNI 允许制造商或分包商为每个药品包装分配序列号，与 NDC 组合可形成独有标识，并且能够支持数以亿计上市药品的 SNI 不重复。

采用 sNDC 作为大多数处方药的 SNI，还要满足 FDCA 的 505D（b）中部分关于“SNI 应统一、可行，可在国际范围内认可”的要求。据 FDA 介绍，sNDC 可与 GTIN 实现兼容，可创造出一个序列化的 GTIN（sGTIN）。GTIN 是由国际标准 1（Globe Standard 1，GS1）建立的药品标识全球标准，GS1 是以协商一致为基础、非营利性的国际标准组织，GS1 系统是世界上最被广泛使用的供应链标准系统。GTIN 可被用于整个供应链包装的独有标识。美国处方药跟踪与追溯系统的运行如图 5－3 所示。

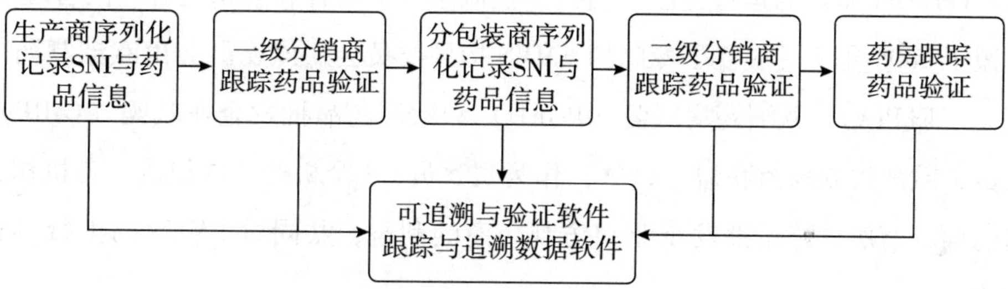

图 5－3　美国处方药跟踪与追溯系统的运行示意

二、欧洲药品追溯体系现状

2011 年 7 月，欧洲议会和欧盟理事会通过了《欧盟反伪造药品指令》（*The EU Falsified Medicines Directive*，DIRECTIVE2011/62/EU），明确要求为欧盟境内流通的每一份药品建立“可供验证其真实性”的安全档案，并建立一个欧盟国家通行的数据库，储存药品安全信息。该法案的颁布为欧洲药品电子监管系统的实施奠定了法律基础。

欧洲药品电子监管系统利用“二维矩阵码”对单件药品进行赋码，采用“配药点验证”模式，通过强制实行发药前监管码信息验证，以实现对药品的安全监管及流向追溯的系统。运行多年，该模式在欧洲各国受到广泛认可，目前在各国已基本实现全面覆盖。

起初，欧洲多国各自的药品电子监管系统并没有一个统一的编码标准。其中，英国以及许多中欧、东欧国家采用的是国际公认的 EAN 代码，该代码由各国的 GS1s 分部机构管理；包括瑞士在内的多数北欧国家则使用由北欧物品编码局（Nordic Article Number Office）统一管理的 Nordisk Vare 码；另一些欧洲国家则构建了本国独有的编码结构。此外，各国要求的编码放置方式也不尽相同，为使一些药品生产企业符合欧洲各国的编码要求，不得不在其药品包装上粘贴或印刷 6 ~ 7 种不同的药品编码，这大大增加了制造成本并加大了追溯难度。

因此，欧洲制药工业协会联合会（European Federation of Pharmaceutical Industries and Associations，EFPIA）于 2006 年 2 月联合药品供应链中各利益相关集团，着手建立了一套在欧洲范围内通行的药品电子监管系统，即欧洲药品验证系统（European Medicines Verification System，EMVS）。基于成本—效益最大化的理念，EMVS 选择国际通用的二维矩阵码（2D Data Matrix Code）作为其信息载体，采用“配药点验证”（Point of Dispense Verification）的运行方法，由药品供应系统中的各利益相关者共同管理。

欧盟于 2008 年 9 月成立了专门的 EMVS 指导委员会。该委员会由欧洲制药工业协会联合会（EFPIA）、欧洲药房联盟（PGEU）和欧洲药品批发企业联盟（GIRP）作为正式成员，欧洲仿制药商联盟（EGA）作为观察员，4 个机构共同组成。各机构分别代表原研药商、药房、药品批发企业和仿制药商的利益，共同对 EMVS 的推行事宜进行指导和决策。

相对均衡的机构设置，有效平衡了各大集团的利益，有利于药品电子监管制度的积极推行。此外，在 EMVS 指导委员会的指导和协助下，欧盟还将建立欧洲药品验证组织（European Medicines Verification Organisation，EMVO）。该组织的主要任务是建立和管理欧洲药品编码中心（the European Hub）。欧洲药品编码中心是药品生产商和平行进口商的数据传输门户，欧盟境内所有生产商和平行进口商统一通过该中心上传或验证药品信息；其下接若干国家系统或国家蓝图系统。欧洲药品电子监管系统执行机构如图 5 -4 所示。

药品生产商必须在药品出厂前将储存药品信息的二维矩阵码印在每盒药品的次级包装上，即与药物直接接触的包装组件上。根据《欧洲药品包装编码指南》（*European Pack Coding Guidelines Specification*），二维矩阵码编码结构必须符合 GS1 标准，并包含下列药品信息：该药品的全球贸易项目代码（Global Trade Item Number，GTIN）、药品序列号、药品过期日和药品批次。其中，药品序列号是电子监管系统识别药品的重要

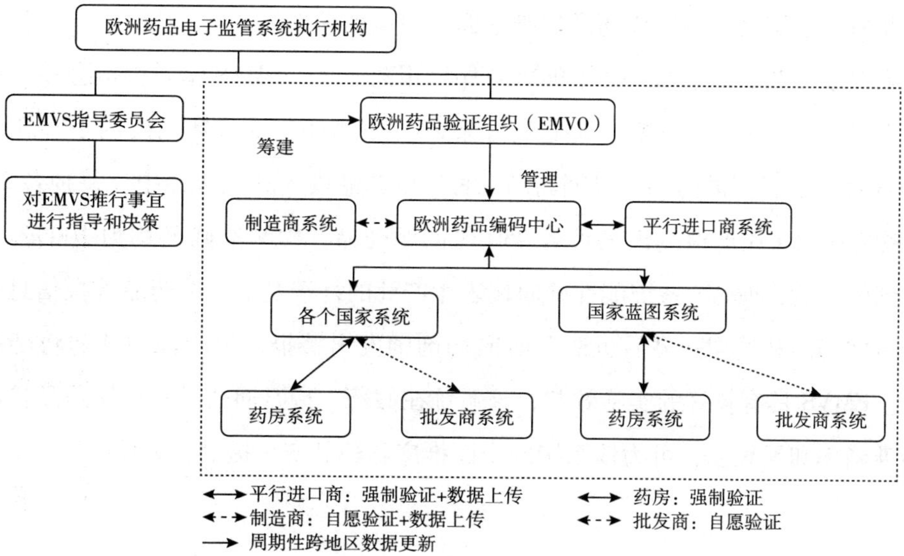

图 5-4 欧洲药品电子监管系统执行机构

标识，要求互不重复。此外，为防止造假者按规律推算药品序列号，其生成过程完全随机，且须在药品超过保质期 7 年后其序列号才能被重复使用。赋码完成后，生产商需要通过扫描条码完成药品与序列号的相互关联，并将编码信息发送至欧洲药品编码中心数据库。

药品供应链中的其他参与者（如批发商）在取得系统认可后，可自愿在任何时候通过扫描药品包装上的二维矩阵码发出验证请求，以确认药品信息。另外，EMVS 指导委员会计划在 EMVS 系统运行的第二阶段，由药品分销商通过已有数据交换网络添加相关信息，进而建立药品全程追踪系统。

以医院药房和零售药店为主的药品销售商在追溯系统中扮演着十分重要的角色。根据《欧洲药品验证系统实施阶段信息传输要求》（*European Medicines Verification System - Implementation Phase*：*Request for Information*）的规定，药剂师在发售药品前，须先扫描药品包装上的二维矩阵码。经扫描，系统会将检测到的药品信息与中心数据库中的信息相对比。如果扫描到矩阵码中的信息与数据库中的信息相符，并且满足其他标准（如“药品在保质期内”和“药品不在召回范围内”），药剂师可将药品发售给患者，此数据库中的药品状态自动改为“已发售”。如果扫描到矩阵码中的信息与数据库中的信息不相符（如显示“数据库中不存在该序列号”）或者该序列号所代表的药品状态为“已发售”，则说明该药品有可能是假药。这时，药剂师应拒绝将该药品发售给患者。此后，系统会自动向该药品的制造商发出假药警报。

为确保欧洲药品电子监管系统能有效保障用药安全，EMVS 指导委员会在斯德哥尔摩试点中对该系统的上述两项功能进行了测评。该测评分别将数据库内不存在的药品（代表假药）、需召回的药品和过期药品三种问题药品投入到供应链中，每种各 250 份。EMVS 系统准确无误地检测出三种各 250 份问题药品，检测准确度均为 100%。此外，在检测到假药后，EMVS 系统能准确向代表生产商的终端发送伪造药品警报信息；在检测到待召回药品和过期药品后也能及时向药剂师发出警报，提醒药剂师勿将药品发售给患者。EMVS 具有较好的实施效益，该系统在假药、待召回药品和过期药品检测方面极高的准确率和灵敏度，可为该系统的全面推广和药品安全提供有力保障。

第四节　国际医药供应链的挑战与应对方式

一、国际医药供应链面对的挑战

目前，医药行业的供应链面临着三大障碍。第一是持续成本的下调压力；第二是患者自身对医疗行业认知的增加造成了其自身对行业期望值的上升；第三是数字化的覆盖程度落后。在医药领域，供应商的库存管理似乎一直停滞不前。医院的库存量通常是以医生的意见为主，其更倾向于订购库存“即时”而不是“及时”。医药物流由于需求的难以预测性，库存难以像汽车供应链一样把握，所以造成高库存，成本也就跟着上去了。数字化背后的逻辑就是提高效率，对库存做更好的监控，优化库存，最后实现降低成本，提高效率。

二、国际供应链改善方法

过去，每个医院部门都负责订购和维护自己的库存。这种方法效率低下，成本高昂。随着医疗行业的发展，许多医院已经成为连锁医院或医院公司的一部分。这些医疗系统中的集中供应链管理组织已经变得更加普遍，但仍然有很大的改进机会。医药供应链行业需要实现供应商关系管理活动的现代化，提高产品的标准化水平，并使执行供应链职能（如库存和订货）的临床医师专注于患者护理。招聘、培训和保有供应链管理专业人员应该是行业的当务之急。

由于其敏感性和个人性，医药供应链可能是最关键的，也是最饱受批评的服务提供系统。创造积极的客户体验，能够在一定程度上提高客户满意度。医药行业内高度复杂，制度化的政府监管机构，保险提供商，医院和诊所，药房以及其他线下和线上基础设施体系中包含有许多部分。其共同点是信息获取和病人护理/体验。这些“高科技和高触感”组件是大多数供应链为优化服务和配送的基础。当然，关键的区别在于，医药行业的客户是需要特别呵护的病人。

改善医药物流客户体验的核心动力和机遇从选择开始，以高质量结束，在这两者之间是各种决定和交叉点，这是医药价值链的特征。幸运的是，我们生活在一个信息无处不在和即时交流的时代，高科技正在迅速发展。互联网使得日益增多的医疗选择成为可能，部分原因是新兴的在线处方药的配送服务。未来会有即时的信息访问，更快的患者处理，个性化的后续护理跟进，以及对未来预约和护理要求的主动提醒，这些技术为需要护理的人提供平等的环境。然而，归根结底，患者如何得到治疗才是核心价值，胜过其余的一切。

传统上，比起其他更先进的供应链（如快速消费品或汽车等）等领域，医药供应链并不如这些供应链成熟。以上那些行业供应链通常更为精简，而且更加专注于成本控制。例如，在库存方面，当其他行业用“天”测量时，医药行业仍然拥有6个月以上的非常高的库存天数（DIO）。有时候，库存会持续数年的时间，而某些产品的高价值确实会影响现金流。保守主义意味着许多公司在其物流外包模式方面没有雄心勃勃地保留自己的仓储设施。

医药供应链也是复杂而分散的。在许多情况下，产品到达病人这里之前有多次中转——这增加了复杂性和成本，并阻碍了端到端的供应链管理。数字化在这个简化过程中起着关键的作用，随着供应链开始整合，分销商/药房变得多余，医药供应链将开始迅速发生变化。

第六章 我国医药物流领域实践优秀案例

第三方医药物流助力疫苗流通安全
——顺丰医药供应链有限公司案例

顺丰医药供应链有限公司（以下简称顺丰医药）专注于为医药、医疗器械、疫苗等客户提供专业、定制、高效的综合供应链解决方案。依托强大的空中、地面运输网络，专业的温控技术以及先进的系统管理能力，为客户提供专业、安全、定制、高效的服务。

截至 2018 年 1 月，顺丰医药已经在全国建立 3 座取得医药 GSP 认证的医药仓，投入 GSP 验证的专业车辆超过 200 台、覆盖 26 个省、942 个地级市。面向医药行业的 6 款产品/服务：医药常温、医药专车、医药商配、医药零担、医药专递、医药仓储。全部实现全程温控、主动干预、信息全程可视化和全程追溯。

一、项目背景

（一）政策背景

2016 年“山东疫苗事件”发生，同年 4 月，《国务院关于修改〈疫苗流通和预防接种管理条例〉的决定》公布，其核心修改内容为：二类疫苗批发企业不能再经营疫苗，要求接种单位做到“票、账、货、款”一致；强化疫苗全程冷链储存、运输管理制度，并建立全程追溯系统，针对违法行为加大处罚及问责力度。“一票制”正式实施。

“一票制”的实施，大量流通企业资质被取消，原有的疫苗销售、物流配送渠道基本上全部报废，造成了很多疫苗没地方买，影响了儿童的接种。各地二类疫苗出现短缺，特别是一些偏远地区甚至一些亟需接种的救命疫苗也出现短缺。如《南方周末》曾报道，当年春季全国手足口病患儿呈明显增高趋势，形势严峻，可家长们却遭遇无疫苗可打的窘境。

对此，2017 年 2 月 7 日，国务院办公厅印发《国务院办公厅关于进一步加强疫苗流通和预防接种管理工作的意见》，明确提出“疫苗生产企业可采取‘干线运输 + 区域仓储 + 区域配送’的分段接力方式配送疫苗，干线运输可委托专业冷链运输企业，区域仓储和区域配送可委托具备冷链储运条件的配送企业。各省（区、市）人民政府要结合本地区实际研究采取有效措施，确保偏远地区疫苗及时配送”。

但偏远地区的疫苗配送由于成本高、配送难仍然是“行业顽疾”。

（二）行业背景

疫苗是一类特殊的药品，它们含有经过人工处理的病原体成分，既保留了它可供免疫系统识别的特征（抗原性），同时又破坏了它们的杀伤力。此外，疫苗中还含有佐剂、防腐剂、稳定剂等辅助成分。

作为生物制品，疫苗对温度比较敏感，温度过高或过低都会对它们产生影响。从疫苗生产出厂到接种，其中要经历多个流通、运输和储存的环节，为了保证疫苗的稳定性和抗原性，全程的冷链就格外重要。一般来说，疫苗都需要在 8℃以下条件储存，具体要求则要以说明书为准。为了保证低温，在疫苗运输和储存中还要配备很多专业设备，包括低温冷库、冰排速冻器、普通冷库、冷藏车、冰箱、冷藏背包等。

未严格按照疫苗保存要求保存的疫苗可以叫作超温疫苗，正如新闻中所说，超温疫苗最大的问题就是失效。在不合适的保存条件下，疫苗中的抗原成分失活，接种之后也无法激活免疫反应，这样一来，再次遇到病原体的时候，机体也就无法得到保护了。和无效的假药一样，超温失活的疫苗流入市场也会带来严重危害。对个体而言，接种无效疫苗的后果如何要看疫苗本身的种类。

因为保持冷链的重要性，《疫苗流通和预防接种管理条例》中就明确规定，从事疫苗经营活动者必须经过专门审批，并具备专业技术人员、专业冷藏设备和规范的管理制度。疫苗生产企业、政府机构、疫苗接种单位、疾控中心、药监部门在疫苗安全中都应当承担相应的职责。

二、偏远地区疫苗配送现状

疫苗“一票制”后，原来由疫苗生产企业直接配送到省疾控中心，省疾控中心再层层调拨到区县疾控中心的形式不在可行。疫苗生产企业要直接配送到县级疾控中心，或委托具备冷链储存、运输条件的企业配送。全国各区（市、县），相对于疫苗的需求量来说（数量少、网点分散），对配送能力的要求非常高。疫苗企业基本上不具备直接冷链配送的能力，也没有物流供应商具备全国配送的能力。原有的集中采购再调拨的形式，配送到各个省没有问题，到发达地区的县也没有问题，但到偏远地区，特别是西部地区，派送是达不到的。

“偏远地方招投标时，我们都不敢去，因为我们的配送能力达不到，物流现在配送不到西部地区或较偏远地方”，某疫苗生产企业物流负责人如是说。

三、顺丰医药解决方案

（一）案例回顾

案例一

2017 年 3 月 12 日，顺丰冷运接到北京北生研生物制品有限公司的疫苗运输通知，需要分批次运输约 580000 人份各类新生儿、婴幼儿免疫规划疫苗至西藏自治区疾控中心及阿里地区、昌都地区、林芝地区等地市疾控中心。

案例二

2017 年 5 月 4 日，顺丰冷运接到江苏省疾控中心紧急支援新疆克孜勒苏柯尔克孜自治州（以下简称新疆克州）生物制品派送任务。克州当地急需在 5 月 12 日前接到此批生物制品，并且要求全程在 2℃ ~8℃ 环境下储运，确保不脱温。

（二）解决方案

案例一

新生儿、婴幼儿免疫规划疫苗，需严格按照国家的免疫接种计划及时送达，否则会导致疾控中心断供，增加新生儿、婴幼儿疾病感染风险。同时疫苗本身对温度敏感，如发生运输温度异常，可能会导致疫苗性状发生变化，引起疫苗接种不良反应。此次运输任务，不仅必须保障运输时效，还必须严格控制运输温度。

由于西藏自治区地区辽阔，顺丰冷运为了确保疫苗能安全、准时送达，特根据西藏的地域环境特点和疾控中心地址分布特点，制订了以医药专车为主、医药商配服务为辅、医药专递空运为支持的三位一体配送方案。

此次配送过程中，顺丰冷运遇到了突降暴雪、道路塌方等突发自然灾害，顺丰医药依旧通过自身优质的服务资源、服务产品的组合、完善的应急预案，保障此批次疫苗安全、及时送达各疾控中心。在医疗卫生条件相对落后的西藏自治区，这几批疫苗显得更加珍贵。

案例二

顺丰医药5月5日紧急召开项目专项视频会议，综合评估项目运作细节，并最终确定执行方案。

5月6日冷藏车完成检修后立刻从江苏出发，在西安更换驾驶员昼夜兼程赶往新疆克州。冷运总部通过车载温度监控设备24小时实时监控车辆温度状况，并根据环境温度变化及时通知驾驶员做温度调整。5月10日凌晨，车辆顺利到达目的地，并于上午10点与新疆克州疾控中心完成交接。

此次生物制品运输任务横跨东西部7省，共行驶约5300千米，耗时119小时，车辆全程温度2℃~8℃。

（三）解决方案内涵

（1）偏远地区配送顽疾解决。顺丰医药依托强大的空中、地面运输网络底盘能力，对偏远地区实现全覆盖，虽然顺丰医药干线网络仅覆盖942个区（市、县），但依托顺丰航空网络的弥补，有效地解决了偏远地区的配送问题，保障了疫苗生产企业的销售渠道畅通和疾控中心的用苗需求。

（2）顺丰医药温控能力。在西藏自治区配送案例中，由于高原地区缺氧和高海拔地理条件，许多供应商的温控设备在缺氧、低温、高海拔地区极易出现冷机不工作，设备断电等异常，导致脱温。顺丰医药依靠专业的温控技术以先进的系统管理能力和远程监控能力，不仅实现了全程温度控制，并且能够实现实时监控、及时干预，体现了强大的质量保障能力，为客户提供专业、安全、定制、高效的服务。

（3）应急反应能力。顺丰医药依托集团覆盖全国的网络能力和建立的三级应急管理机制（市/县监控中心—省级监控中心—总部监控中心）。在发现问题和需求的同时，通过逐级反馈、统一调度，协调全国资源保障应急疫苗和物资优先配送，有效保障了西藏地区紧急疫苗配送，充分反映了顺丰医药完整的应急处理机制和应急处理能力，保障了企业正常经营和各地疾控中心用苗需求。

对疫苗生产企业，“一票制”不仅仅意味着原有销售渠道的重建，也意味着物流配送渠道的重建，顺丰医药覆盖全国的网络能力不仅能实现发达地区的网络覆盖，同时也能满足偏远地区的业务配送，解决了生产企业在偏远地区配送难点。特别是西藏、新疆应急配送，对生产企业和顺丰医药来说几批疫苗不仅是产品或是一次运输任务，还是一份沉甸甸的社会责任。顺丰医药也将继续践行承诺，造福社会。

质量为本，服务市场
——上海康展物流有限公司案例

上海康展物流有限公司（以下简称康展物流）成立于2005年，总部设立于上海，发展至今已经建立上海、北京、广州、沈阳、成都、苏州等分公司。结合医药物流配送网络覆盖至地级市+重点县级市场的需求，康展物流自建30个办事处并搭建全国320家以上配送网络通过国内干线公路、区域配送、航空物流网络等以实现覆盖全国大多数城市，用以满足未来医药配送网络下沉的需求。现全公司员工500人以上，自有车辆200辆，自有专业医药级温控车辆50辆以上，并在北京、上海、广州等地按照GSP标准自建医药级冷库，通过建立专业的医药物流质量管理团队，以医药物流质量体系为核心，结合现有的专业硬件并使用专业的WMS、TMS、OA（办公自动化）、易流、思博源、冷链全程跟踪云平台等信息管理与监控系统，为满足医药客户的需求提供了坚实的保障基础。

康展物流业务开展主要围绕医药行业的医疗器械、药品、疫苗、生物医药、临床医学及生命科学等领域，通过多年医药物流业务累积的经验，为医药生产及医药经营相关客户提供量身定制的综合物流解决方案。

一、政策背景

医药流通领域一直是关乎国计民生的重要大事，关乎老百姓的生命健康安全，行业的特殊性决定了其必将接受国家层面的严格监管，尤其“山东疫苗事件”发生后，国家严管药品流通领域，控制药品质量安全。从新版 GSP 的出台及“两票制”“一票制”的逐渐落地，也看出政府机构一直在关注并重视医药流通领域的合规。

“两票制”已成为医药领域不可忽视的政策因素。目前，“两票制”对制药企业的影响主要是销售模式转变带来的销售费用上涨，或回款结算方式变化等原因导致回款压力增加；对于医药商业企业的影响，在于行业整合力度加大、集中度提高。“两票制”压缩了药品流通环节，对于医药流通企业来说，拥有终端医院资源和上游产品资源的企业将在竞争中胜出。

在药品“两票制”快速推进的同时，一些省份对医用耗材“两票制”推行做出明确规定，同时鼓励“一票制”。也就是说，“两票制”或许只是一个开始，“一票制”也将逐步落地。从全国各省市的动作来看，“一票制”绝非仅局限在药品领域，还有可能延展到医疗器械耗材等领域。

在“一票制”背景下，生产企业必须减少流通环节，实现转型升级、优化组合，医疗机构也必须提高药品采购的集中度。作为医药流通实现环节的重要节点，医药物流的标准化实现与落地将越来越清晰与规范，随着国家对 GSP 认证的取消，行业物流将逐步放开，越来越多的专业社会第三方物流提供商也将可以在医药物流领域大展拳脚，但是医药行业的特殊性也决定了并不是哪一家物流企业都可以随便操作医药物流尤其是医药冷链物流领域。

二、行业背景

医药冷链物流作为医药行业物流的一个分支，特指为满足人们疾病预防、诊断和治疗的目的而进行的冷藏药品实体从生产者到使用者之间的一项系统工程，需要在规定的、恒定的、低温的条件下完成其生产、储存、运输、使用等一系列环节。随着我国医药流通规模的不断增大，原本作为药品流通供应链补充的医药冷链物流的发展更加引人注意。

从医药冷链物流行业的发展趋势、市场的需求导向以及企业长期发展来看，专业的社会第三方冷链物流企业是未来参与冷链物流市场竞争的主体。冷藏药品对物流配送要求较高，同时企业的产品想要辐射全国，就必须借助于提供完整服务的第三方物流企业，使冷冻冷藏产品配送服务更大限度地适应企业的发展和老百姓的用药需求，解决企业冷冻冷藏物流发展的瓶颈及行业管理的规范化。

三、康展物流服务模式创新与医药物流解决方案探索

在近几年的国家医改政策逐步严格并细化同时结合国内整个医药冷链物流的行业大背景下，康展物流经过多年的实战与业务模式的摸索，针对医药冷链物流的特殊管理要求，做了新的业务模式创新：在涉及物流服务的设施设备上尤其在冷藏业务方面，实现并完善双机组双温控系统的冷藏车配置方案，在信息系统平台搭建上除传统的WMS、TMS、OA、易流与思博源车载等系统之外，还搭建可实现车、库、冷包的全程温度数据可视化管理的冷链云平台，引领行业新方向。

（1）在车载冷机的选择上，考虑“一用一备”、质量安全为先，在医药冷藏车上配置了双机组，主冷机为冷王800，副冷机为凯雪650，主冷机为独立制冷（含独立电机与油箱），副冷机动力及用油与车辆发动机同步。在整个冷藏车运输过程中，增加了一项硬件的应急响应方案，为药品在途运输又增加了一道防护措施。图6－1为车载冷藏机模型。

图6－1　车载冷藏机模型

（2）在车载温湿度监控系统的选择上，康展物流严格按照 GSP 要求的相关配置需求，配置易流车载温湿度监控系统，实现全程的车辆、温度、路径、报警等跟踪与监管功能，结合客户的具体需求，还另外配置了一套独立的具有有线打印功能的思博源车载监控系统，可实现同步两套车载系统的监控，完全满足客户的多重服务需求，实现单车双温湿度监控系统，除保证客户需求外，也强化了在途运输车载数据的安全与监控手段多样化。图 6－2 和图 6－3 分别是易流车载温湿度监控系统界面与车载思博源系统界面示意。

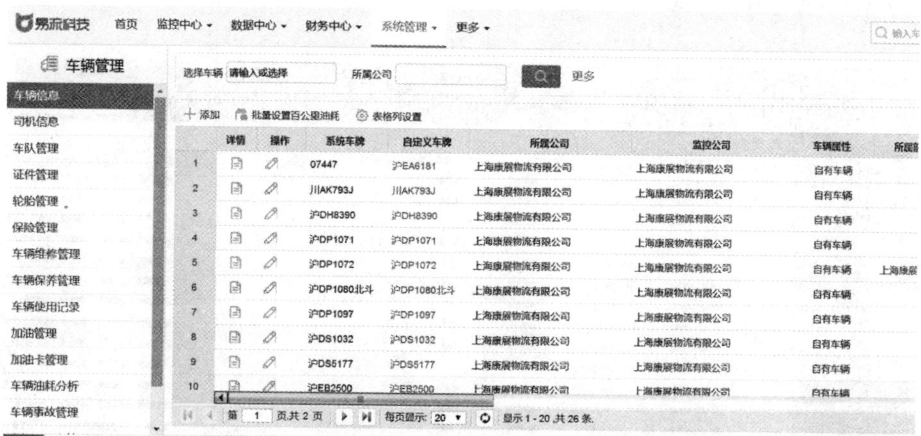

图 6－2　易流车载温湿度监控系统界面示意

图 6－3　车载思博源系统界面示意

（3）随着冷藏包装的发展，针对当前小批量发货的行业特点，逐步推出符合法规要求的多温控段的冷藏箱综合解决方案：除已经实际落地的 0℃ ~30℃、0℃ ~5℃、2℃ ~8℃、15℃ ~25℃ 等温控范围的包装 + 物流的综合解决方案外，也实现并落地极低温控环境的－15℃～－25℃温控包装解决方案。康展物流可实现包装材料提供、蓄冷场地与设备提供、释冷环境与场地提供、包装与发运及后续配套的温度数据跟踪、终端导出或者现场打印、返箱等服务功能。尤其在冷藏箱信息监管平台上，也已经实现每个箱内温度仪可以实时监控温度数据、定位地理位置，并在终端配置蓝牙打印机实现终端的温度数据打印，此平台可以与客户进行信息对接，实现医药多温控段要求的冷藏包装的全程可视化，实现实时跟踪所有车辆配置。图6－4和图6－5分别为冷链温湿度检测云平台界面与车辆实时监控（历史轨迹）界面示意。

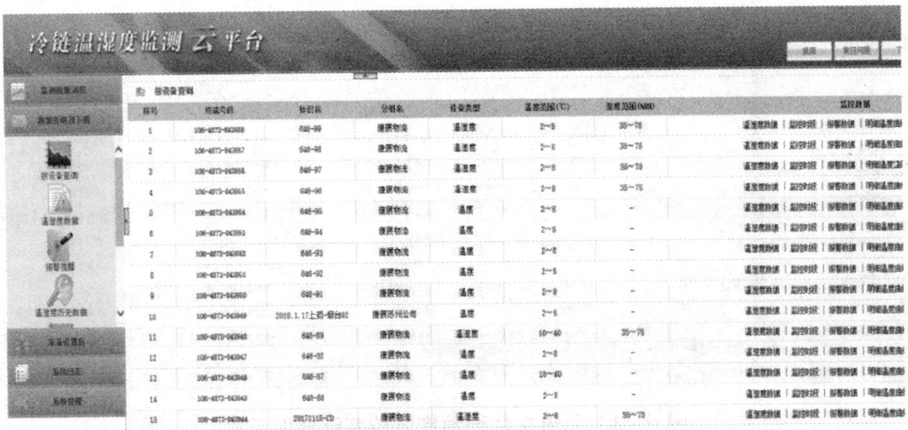

图6－4　冷链温湿度检测云平台界面示意

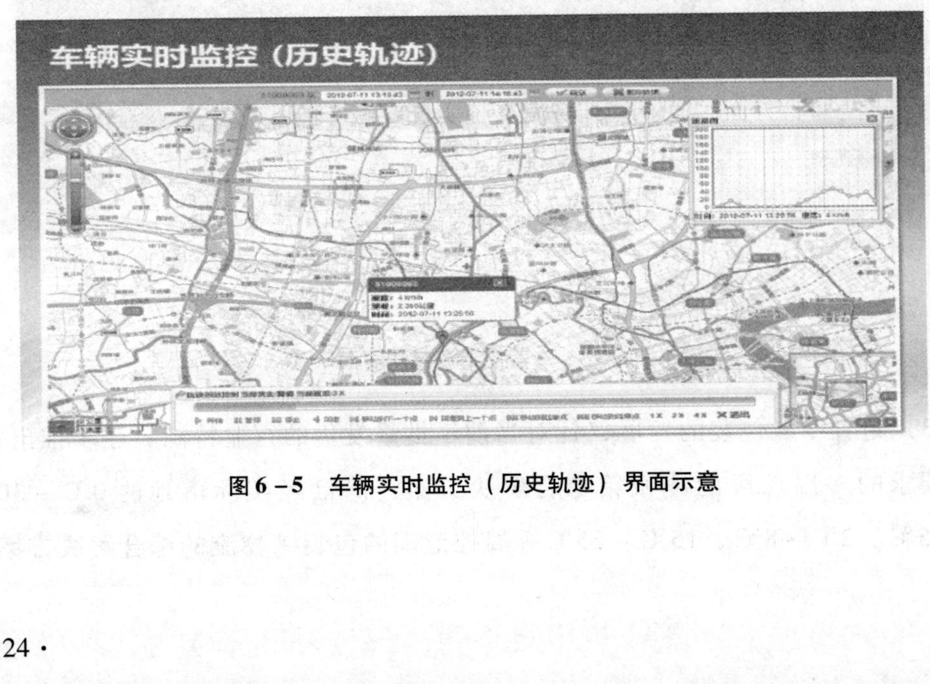

图6－5　车辆实时监控（历史轨迹）界面示意

四、康展物流模式创新及医药物流运作案例

案例背景

某著名外企诊断试剂项目介绍，涉及产品为诊断试剂类，温控要求为2℃～8℃，需要实现全程温度跟踪与管理，产品需要从上海始发至全国，发货量小，收货客户地址分散且部分客户需要进行终端的现场打印。

解决方案

按照客户的具体需求，康展物流为客户提供2℃～8℃冷藏包装空运＋铁路运输方案＋温控整车沿途派送方案。

准备的冷藏车需要通过质量验证，相关车辆及人员并在客户处进行备案，且全部配置双温控系统与双机组冷藏车，配备终端打印机，实现全程温控数据跟踪管理，客户可实现现场的温度数据打印留存。

配置的冷藏箱可实现72小时以上的温控时效，通过试验室静态的高低温测试及实际的运输验证，配置可定位的温度仪，在冷链云平台上可实时定位冷藏箱的具体位置及温度数据，开通平台账号与客户进行对接。

整车沿途送货，一车多点，实现每个客户实时打印温度数据的要求。比如上海至杭州、福州、厦门、广州线路，上海发车先到杭州客户后完成温度数据现场打印与交接，卸完货再赶往下一个站点福州，以此类推，实现全程各客户的货单及温度打印交接。

信息系统监管方面，通过车载易流系统实现冷藏车的GPS定位及温度跟踪，通过冷链云平台实现冷藏箱的定位及温度监控，配合手机App，蓝牙链接车载打印机，实现温度数据的现场打印。图6－6为温度跟踪动态统计报表界面示意。

冷链一体化服务助力医药行业发展

——中集冷云（北京）供应链管理有限公司案例

中集冷云（北京）供应链管理有限公司（以下简称中集冷云）是一家集冷链设备

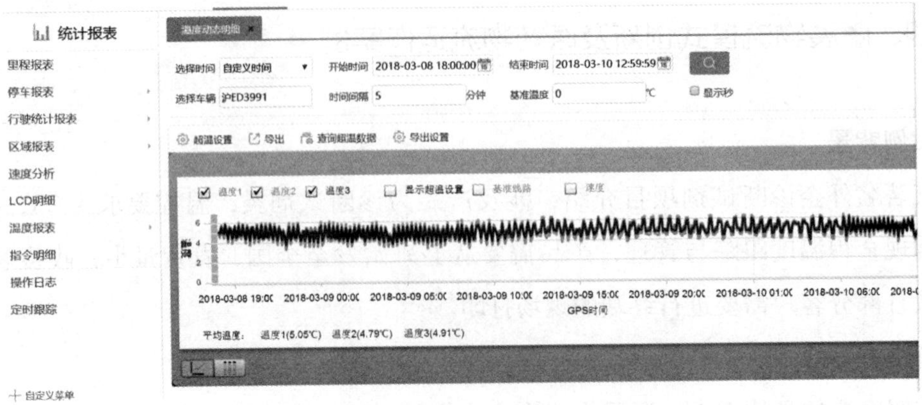

图 6-6 温度跟踪动态统计报表界面示意

研发生产、销售、租赁、冷链运输为一体的综合服务型企业。在专注于研发相变储能材料、温度记录仪和保温箱等产品技术的基础上，中集冷云针对目前国内医药冷链市场增速与服务资源不匹配的空白点，创新性地提出“打造科技冷链一体化服务”。

中国作为世界上人口最多的国家，庞大的人口规模带来不可小觑的医疗卫生市场需求。目前，中国已成为全球第二大医药消费市场，生物生化制药行业也保持了较高的增幅，产值大幅提升。医药行业的快速发展会相应地提升冷链物流需求。特别是2016 年“山东疫苗事件”发生后，医药冷链物流升级一触即发。2017 下半年是“两票制”全面执行的关键阶段。作为影响医药产业链上每个利益主体的政策，自 2016 年国办 26 号明文要执行“两票制”以来，行业充斥着质疑、争议、焦虑等各类声音。“山东疫苗事件”是医药冷链整顿的导火索，医药冷链受多界重视，GSP 严格规范了冷链运输标准，医药冷链行业有新的发展趋势。

面对巨大的市场空间，众多企业纷纷入局。其中，中集冷云依托其在被动式制冷领域的优势，针对现阶段医药冷链物流的关键点，以满足医药行业客户的实际需求为出发点，以国家 GSP 规范为操作标准，从产品的包装、运输、物流过程温度监控、数据采集和存储等环节为医药行业客户提供专业、高效的医药冷链一体化综合解决方案和创新服务，受到了业界的广泛关注。

一、发力医药冷链市场

中集冷云成立于 2016 年 7 月，是中集冷链投资有限公司投资打造的一家集冷链设备研发生产、销售、租赁、冷链运输为一体的综合服务型企业，致力于为医药行业客户提供冷链运输一体化综合解决方案。客户群体涵盖：临床样本及临床药品、IVD（体外诊断产品）、生物制品、疫苗、药品研发、成品药、医学检测类企业。

中集冷云的前身——北京精新相能科技有限公司成立于2008年，是一家专业研发、生产相变材料的高新技术企业。其自主研发的相变蓄冷材料的相变温度点涵盖了－62℃～995℃，可实现不同用途的冷藏箱温度精准控制，在食品冷链、医药冷链、冷库蓄冷等领域取得了不错的业绩。随着中集集团的注资，公司业务不断扩充，包括建立强大的服务网络、运输体系和信息系统平台等。

目前，中集冷云在北京、杭州、成都、青岛设有4个温控产品生产基地，在全国35个省会及枢纽城市均设有分公司，产品配送范围辐射全国1000多个城市。由于被动制冷涉及冷媒和保温箱预冷两大关键环节，需要配备相关的预冷设备设施，为此，中集冷云还在北京、上海、广州、杭州、成都、石家庄、武汉、宁波、天津等地投建了专业冷库，规模达10000多立方米，为医药行业客户提供全方位冷链保障。

二、服务应对医药企业需求

近年来，我国生物医药产业发展迅速，前景广阔，但与之配套的药品冷链物流行业起步晚、发展慢，标准安全体系不健全，使得其服务能力远远落后于生物药品产业需求。据了解，由于缺乏强制性的冷藏品运输法规和地方冷藏品集运中心，大量冷藏药品在中转过程、末端配送和使用环节发生冷链“断链”，对生物制品的质量稳定和安全性构成严重影响。中集冷云推出智能冷链运输一体化服务解决方案，将医药冷链运输由繁化简，产品专业、运输高效、温控数据可查询，实现运输过程透明化。医药冷链运输一体化服务在“两票制”的政策背景下，发挥其过程透明、产品专业的优势，医药运输得到保障，无须多方转手增加成本。

三、医药冷链面临的挑战

（1）医药公司运输药品的方式主要是小批量、多批次，所以很难使冷藏药品的集运具有规模效应，导致成本居高不下。

（2）大型医药冷链物流企业数量过少，中小型冷链物流企业管理不够规范，药品冷藏、运输、分拣、包装等物流环节效率低下。

（3）现今，中国几乎没有一家医药冷链物流企业的物流网络可以实现全国覆盖。因此，医药冷链运输业务层层转包的现象普遍存在。

（4）医药冷链物流涉及冷箱、温湿度记录、冷藏车等多种类型的设备企业，出现问题时经常需要多方交涉，增加了甲方企业的管理难度。

四、解决方案

（1）产品销售：主要是指自主研发温控产品，包括各种规格的变相蓄冷剂（冰袋、冰板、冰排）、保温箱及温度计。

（2）产品租赁：主要是提供冷藏箱租赁使用服务。该服务模式凭借的是完善的产品类型和业务网络。比如，保温箱至少保证 72 小时的温度不变，并且要考虑适应不同的运输环境和季节跨度等外部因素。比如，空运时飞机货仓中的温度只有 12℃，再如长途运输中往往遇到冬夏交替的情况，都需要提早对保温箱进行不同要求的配置，以保证实现严格的温度控制。民航快递、雅澳物流等物流企业也与中集冷云存在合作关系，普通保温箱保温时效仅仅几小时，中集冷云自主研发生产的冷链保温箱、温度计等产品可提供租赁服务，保温箱重复利用后可以回收，降低了成本，提高了服务质量。

（3）冷链运输：同样是在产品基础上推出的一项全新业务，具体包括：临床/临检样本、临床药品运输，生物试剂、体外诊断试剂运输，原料药、成品药运输和疫苗、血液制品运输四类，具备标准化业务流程。中集冷云提出智能冷链一体化服务，使用自主研发生产的冷链保温箱和温度计进行医药运输，医药运输全程温控数据在云平台可监控、可查询，数据可保留五年，真正做到冷链运输可视化、透明化。如宁波美康生物、国药等企业与中集冷云合作密切，集生产研发、冷链运输、网络监控于一体的智能冷链运输一体化服务为客户们提供最优的运输计划和路由方案，减少中间环节，降低成本，使运输更令客户放心、更有保障。

此外，基于自身产品和服务能力，中集冷云创新性地提出了“冷链一体化服务”

理念。“冷链一体化服务”就是把中集冷云所有的方案、产品、服务、网络整合在一起，为客户提供所有与医药冷链相关的贴身服务，最终目标是实现“低成本、高品质、优服务”。

五、实施效果

目前，中集冷云打造的“冷链一体化服务”已初见成效。以租赁业务为例，通过实际项目验证，租赁模式可以帮助客户节约初期投入、做好空箱回流，节省人工管控、库存占用等运营成本，同时严格保证运输质量。终端客户对药品温度应严格掌控的意识明显增强，最近一年来，中集冷云各个区域公司均出现了不少客户主动咨询的情况，显示出良好的市场前景。

随着市场认可度的不断提高，中集冷云计划进一步加大投入力度，扩大业务规模。做好租赁业务需要足够的产能、服务网络、存储地等资源，为此，中集冷云将持续在专业团队、设备、网络建设、合作资源等方面进行集中投入，将北京、上海、广州等经济发达地区作为重点业务拓展区域。北上广是经济增速较快的地区，医药冷链机遇大、市场大、竞争也大，是企业首选的“练兵场”。另外，中集冷云还不断完善方案内容，比如推出“冷车 + 冷包”方案，满足小批量、多批次的运输需求。

医改背景下医院耗材管理 SPD 模式创新
——海遇（上海）软件股份公司案例

海遇（上海）软件股份公司（以下简称海遇软件）创立于 2005 年，总部位于上海，专注于医药供应链创新与智能化方案。海遇软件是国家认定的高新技术企业、软件企业、上海市科委相关研究课题承担单位、上海大学联合研发单位。

随着业务的不断发展，海遇软件先后于江苏、广东、浙江等地设立分公司及办事处，已拥有规模化、稳定高效的咨询、研发、实施与服务团队，秉持“让医药供应链更智能”的服务理念，自主研发了海遇医药院内物流管理平台（SPD）、海遇医药互联网服务平台（B2B）、海遇院内智能设备管控平台（WCS），为知名医药公司和医院提供医用物资管理以及医药供应链管理解决方案并已成功服务于近40家大型三甲医院，为院内物流精细化管理的高速发展做出极大贡献。

一、海遇软件SPD项目背景

随着“零加成”“两票制”等新医改政策的陆续出台，医药分离已成为必然趋势。而在新形势下，医院无法通过药品差价获取利润，医院要提高医疗水平的同时，控制成本、提升管理、运营能力，还要对医疗物资进行管控、防范风险，减少医患纠纷的产生。

SPD的中文名字叫作院内物流，SPD分别代表Supply、Processing和Distribution，是医院在医疗活动过程中的物流管理，主要涉及医院的药品、低值耗材、高值耗材、植入与介入类的耗材、检验试剂和医院后勤行政物资等。SPD解决方案使得医院可以将主要的经历放在自身擅长的医疗事物本身，而药品、耗材等非核心事物则外包给专业公司，从而提高医院整体运作效率，提升专业服务能力。

近些年，物联网技术的发展尤其是智能标签的发展，对医疗物流问题的解决起了关键作用。应用智能终端设备的SPD解决方案进一步提高了院内物流效率和准确率。

二、海遇软件智能终端创新服务

（一）信息化智能化行业背景

随着医疗技术和信息技术的不断发展，医用耗材在临床中的应用增多，在医院成本支出中占比逐年上升，对医院经济效益产生明显的影响。想要保证医用耗材在临床中的安全有效应用，真正做到全流程精细化管理以便更好地为患者服务，医院耗材的信息化、智能化管理显得尤为重要。医院耗材的信息化、智能化管理为复杂的程序节约了时间和资金成本。

（二）海遇软件智能终端背景

智能终端化管理是针对医务人员低值耗材回收管理的智能设备，通过对病区耗材智能化管理，让医护人员回归临床，提升医院临床服务水平。海遇软件低值耗材回收柜产品能够为医药商业企业、医疗机构等提供RFID供应链智能化管理应用需求。产品具有先进性、实用性、便捷性、扩展性。

（三）海遇软件智能终端现状

海遇软件智能终端设备（型号：HY－1）是一款结合RFID技术、身份识别技术、智慧门锁技术等多种技术，专为医院场景研发，实现无人值守耗材管理，为广大的医护人员提供前所未有的智能化用户体验，提高对耗材管理避免差错，监控医疗环节提高医疗质量，优化工作流程提高管理效率，提高工作效率降低工作强度，有效提升综合管理水平。图6－7为智能终端管理流程模型。

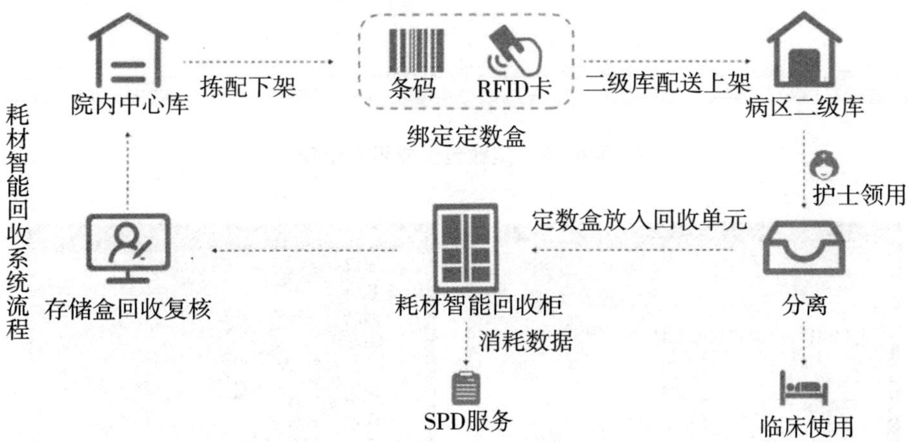

图6－7　智能终端管理流程模型

（四）海遇软件智能终端服务范围及模式

定数化管理。领用低值耗材后，只需将定数盒放到耗材智能回收柜中，系统自动进行消耗登记，消耗数据实时准确。及时掌握各科室耗材消耗情况，实现病区二级库智能化管理。在实现低值耗材消耗智能化管理基础上，可多科室共用，定数盒可重复使用，节约投入成本。

系统协作。海遇软件（SPD）与（WCS）管控平台协作，从库房出货到科室及护士领用全部过程的消耗管控，减少繁杂的业务操作、数据统计等手工录入的工作。覆盖区域包含医院中心药库、病区、护士站、检验科及手术室等医院用药部门，以及耗材库房等医院各个医用耗材使用部门。

统一以定数包的方式进行管理，实现快速打包并自动生成定数包号，实现院内高效流转。

耗材补货、消耗通过定数包和 RF 管理，确保拣配的准确性。如图 6－8 和图 6－9 所示。

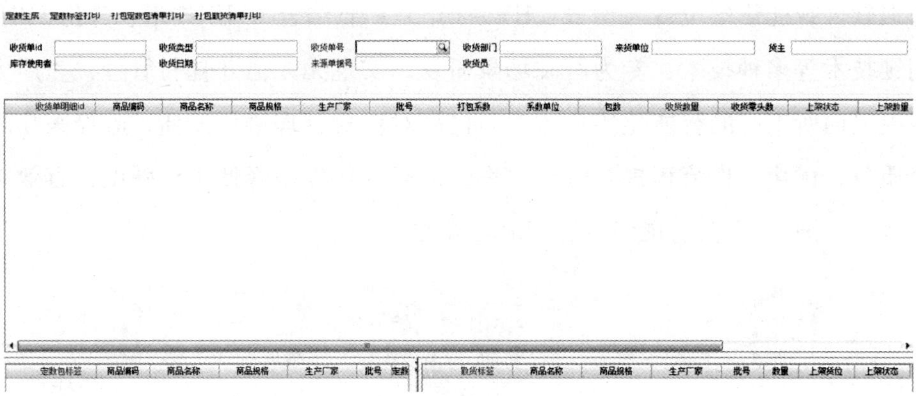

图 6－8　定数包生成界面示意

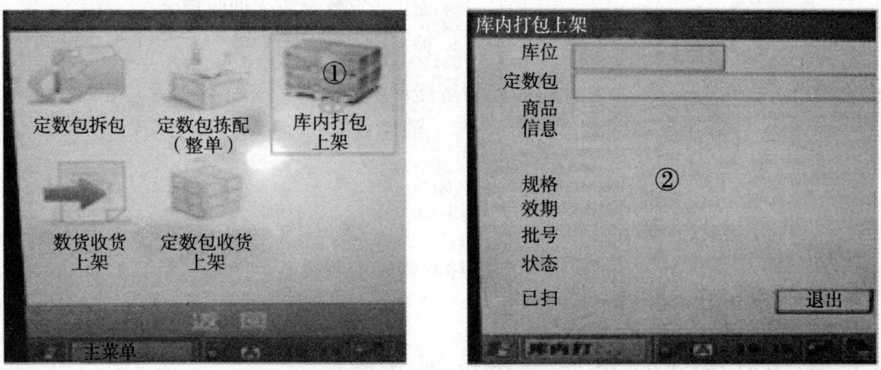

图 6－9　RF 管理界面示意

批号信息全程记录在单据之中，如图 6－10 所示。

院内的条码化管理，使得耗材的配送、下架、院内流转、配发更加高效，降低院

iSPD耗材中心库打包上架单

打包单号： 129201 2014-12-04

来源仓间： SPD耗材中心库 目的仓间： SPD耗材中心库 类型： 库存打包

序号	品名	规格	产地	批号	定数包系数	打包数量	推荐货位
1	放射造影导管	1080-4100	德国	6000113452	投/包	18.00	F3C30106

图 6－10 生成上架单示意

内工作人员的工作量，提高工作人员以及院内物流的整体效率。部署在医院手术室、介入中心、病区/科室的高值智能设备、低值智能设备，能够较好与 SPD 系统衔接，能够完全解放医护人员，实现随用随取，智能设备能够自动记录耗用和领用，让医护人员专心提供医疗服务。

通过扫描 RFID 定数包（盒）自动采集识别方式，可实现 SPD 货品流通实时追踪、监控、盘点、预警功能，使得 SPD 货品物流作业省力高效、消减物流成本、保证物流品质等功能，既高效又安全。

三、项目案例介绍

（一）项目背景

广西中医药大学第一附属医院成立于 1941 年，是一所集医疗、教学、科研、预防保健、康复为一体的现代化综合性中医医院。医院编制床位 2150 张（含仙葫院区），开设有两个院区：东葛院区、仙葫院区，一所仁爱分院、四个社区卫生医疗服务中心（东葛、金洲、建政、凤岭北）。现有在职职工 2800 余人，高级职称近 400 人，博士生导师 12 人，博士、硕士近 600 人，全国名中医 2 人，全国老中医药专家学术经验继承工作指导老师 18 人，首批“桂派中医大师”15 人，广西名老中医 12 人，广西名中医 30 人，形成了全区（省）最强盛的名中医方阵，是桂派医学流派的发祥地和聚集地。

广西中医药大学第一附属医院仙葫院区位于广西南宁市仙葫经济开发区仙葫大道 327 号，地处南宁市东部核心地带，紧邻东方广场及仙葫经济开发区管委会。院区以三级综合性中医医院标准建设，集医疗、教学、科研、保健康复等功能于一体，总建筑面积71354平方米，总投资5亿元，编制床位600张，配套公共停车位500个。

仙葫院区目前设置有心肺病科、脑病科、脾胃肝病科、儿科4个国家临床重点专科（中医）和国家中医重点专科；肾病、风湿病、内分泌科，耳鼻喉头颈外科2个国家中医重点专科建设单位；中医儿科学、中医急诊学、中医耳鼻喉科学、中西医结合临床医学4个国家中医药管理局中医药重点学科建设单位；重症医学科、护理学科、中医传染病学3个国家中医重点专科培育单位。仙葫院区在实行医疗资源共享、规划学科门类齐全、整体诊疗水平领先的基础上，还重点打造骨伤、肿瘤、康复及顺应国家“二孩政策”的妇产专科，共享东葛院区优秀名医专家团队，在临床各科常见病、多发病及疑难危重病诊治方面，有鲜明的中医、西医和中西医结合特色诊疗优势。

仙葫院区还配备了医用电子直线加速器、3.0T核磁共振、宝石能谱CT、数字化血管造影系统（DSA）、彩色多普勒超声波诊断仪、290电子胃肠镜系统、德国Leica－M844高级手术显微镜、德国歌德S4玻切超乳一体机、先进的关节镜设备等各类大中型仪器设备，设有消化内镜、普通外科内镜、骨关节内镜3个卫计委内镜与微创专业技术培训基地，具有较高的现代医学诊疗技术。

（二）案例现场介绍

耗材SPD从供应商配送，中心库房收货上架、下架，直至二级库房上架、消耗，全程以定数包作为流转的最小单位。彻底解决医院原先由于整箱领用显现出的存储空间不足，耗材使用过程中存在浪费、丢失等问题。

低值耗材在医院的每日消耗量比较大，品类繁多，工作人员每天需要花费大量的时间来进行耗材领用，数据的录入。因此会造成人力效率的大量浪费，而且错误率和损耗率较高。智能终端从根本上解决了工作人员繁杂的操作录入工作，并且提高耗材使用的实时、实效性，数据的准确性。图6－11和图6－12分别为智能终端——病区护士站与智能终端——科室。

四、实施效果

部署在医院手术室、介入中心、病区/科室的等高值智能设备、低值智能设备，能够较好与 SPD 系统衔接，能够完全解放医护人员，实现随用随取，智能设备能够自动记录耗用和领用，让医护人员专心提供医疗服务。

图 6-11　智能终端——病区护士站

图 6-12　智能终端——科室

（一）实施前问题

（1）领用消耗采用大箱，拆零后大量散货无法有效管理，不利于成本控制。耗材在领用过程中，特别是低值耗材，采用大箱领用，要多少配送多少，导致产生占用空间大、查找困难等问题。耗用无法跟踪，不利于成本控制。

（2）科室承担非医疗作业多：科室在实际工作过程中，非医疗工作占比比较大，消毒供应商在负责全院的低值耗材配送。导管室基本负责其科室高值耗材的清货、入库、耗用及结算。

（二）实施改进后

（1）在耗材管理、成本管控、服务效率等方面都做到有效提升。

（2）定数包管理与批号全程跟踪，院内条码化管理，提高工作效率，院内智能化设备应用，减少医院医护人员工作量，附有 RFID 芯片的定数盒，实现院内流程的高效和安全。

（3）提供准确消耗数据，大大降低人工操作错误率，减少繁杂的业务操作、数据统计等手工录入的工作。实现病区二级库智能化管理。定数盒可重复使用，节约降低了投入成本。

强强联手，开利助力顺丰为医药冷链物流保驾护航

——开利公司案例

一、顺丰医药供应链有限公司介绍

顺丰医药供应链有限公司（以下简称顺丰医药）是顺丰集团下属战略全资子公司。公司以科技、质量、数字为发展核心，致力于成为中国最有价值和最有影响力的医药健康供应链服务提供商，通过资源网络化实现流通扁平化，运作标准化提高效率，实现供应链管理中的过程可视化，通过质量体系化保证商品安全，为医药健康行业提供最专业的端到端标准化供应链服务平台。

医药供应链流程，如图 6－13 所示。

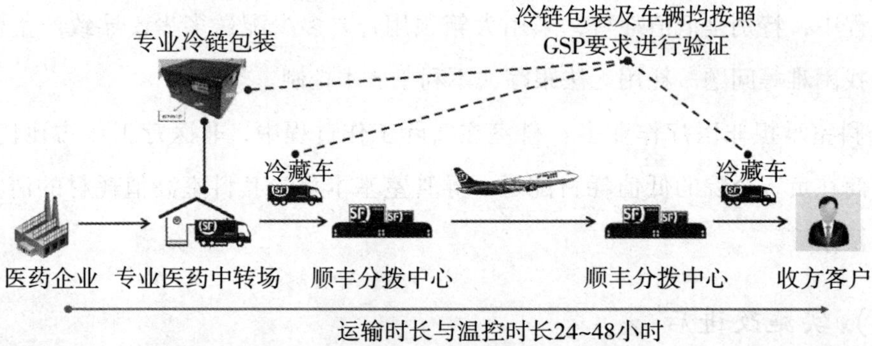

图 6－13　医药供应链流程

二、医药物流项目介绍

顺丰医药全网拥有专业冷藏车资源 227 台，分布在全国范围内，并可以根据业务需求和运输规划在全国范围内实时调配和调度。顺丰医药的冷藏车资源全部按照国家 GSP 要求进行验证，并通过知名医药企业客户审计。顺丰医药共拥有 6 种型号的冷藏车，包括根据运输需求配置给城市配送、支线运输、干线运输等不同场景的业务模式。顺丰医药秉持顺丰集团资产管理及运作模式，所有车辆均直接归属于顺丰，采用自营

的方式进行管控，实现管理的高效高质。

顺丰医药现已投入 3 个 GSP 医药仓，服务于全国医药生产、流通企业的全国多仓需求。为更好地提升药品运输标准和物流运输覆盖能力，顺丰医药现已投入专业医药中转场 25 个，分布全国主要城市，专用于药品集散。通过现有专业车辆、医药仓、医药中转场，顺丰医药目前实现全国 960 个县级行政区县覆盖，目标覆盖全国 75% 的行政区县。

顺丰医药车队人员及顺丰医药车辆如图 6－14 和图 6－15 所示。

图 6－14 顺丰医药车队人员

图 6－15 顺丰医药车辆

三、开利公司在医药物流项目中的支持

（一）新购车辆制冷机组方案优化

新采购车辆时，采购和技术部门与开利技术应用人员深入交流，根据运输需求选定制冷机型号。主要选型参考要点为：箱容积、运输温度、运输方式。根据各种运输方式不同需求，提供完善的制冷机组选型方案。

顺丰医药使用了开利公司（以下简称开利）主要系列的产品，包括 Viento、Xarios、Citimax、Supra、Vector 系列。

装有开利冷机的顺丰医药冷链物流车辆如图 6－16 所示。

（二）制冷机组操作与使用培训

顺丰医药除对司机车辆操作有高要求和标准外，还要求司控人员均通过开利操作培训考核上岗。要求对冷机运行状态、日常维护、应急故障处理要有全面了解。定期召开冷机培训课程，及时反馈使用中的问题，以及让司机更深入了解冷机操作和正确使用。开利运输冷冻售后服务中心展厅及培训室如图 6－17 所示。

图 6－16　装有开利冷机的顺丰医药冷链物流车辆

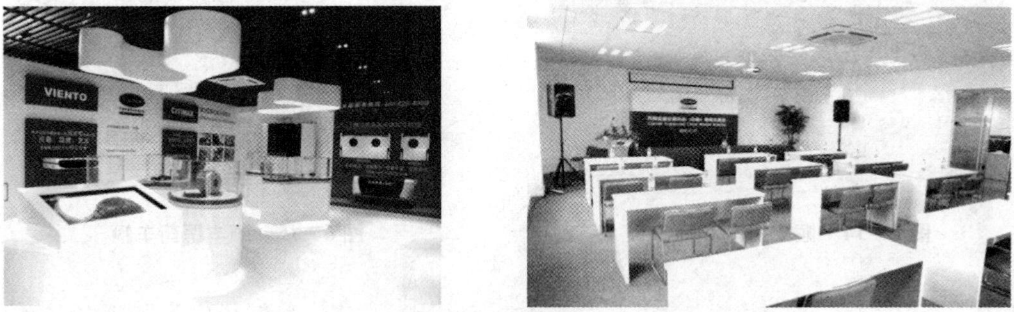

图 6－17　开利运输冷冻售后服务中心展厅及培训室

（三）制冷机应用技术支持

医药物流中最重要的是药品的温度控制，每个物流环节都不能出现货物温度超限的情况，才能保证药品的品质。顺丰医药在冷链物流操作中，对装货前的车厢预冷、装货时间控制、车厢湿度控制、装卸货中货物温度的控制、运输中货物温度恒定等一系列技术问题，与开利技术工程师共同完善。并建立成熟的应用技术方案，很好地解决了物流运输中的众多难题，得到客户的一致认可。

（四）服务保障体系（400 电话及全国服务站）

开利在上海建立首家 4S 服务站，在全国拥有近 100 家直属授权服务站，特约服务站 40 家。400 电话提供全天 24 小时实施技术支持服务。开利运输冷冻客户服务中心如图 6－18 所示。

图 6-18　开利运输冷冻客户服务中心

（五）开利服务产品

在考虑选购开利机组之前，开利的服务就已经开始了，它意味着不断开发新产品来满足客户业务的需要。而在客户采购开利机组以后，开利的售后服务更以服务价值链的形式全面地支持客户的使用需求及业务发展，力求以卓越的服务来超越客户对开利的期望。

1. 免费的开机调试服务

开利提供免费的开机调试服务，届时开利会派遣专业工程师负责机组的现场开机调试，使机组达到最佳运行状态，并提供“调试合格证”作为开利的保证。正确的开机调试确保了设备长期运行的安全、可靠和最优化。

2. 免费的质保服务

开利秉承一贯保证质量的承诺，在质量担保期内，因产品设计、制造或原材料等因素而引起的各种质量问题，开利都提供免费的维修或零部件更换服务。

3. 维修服务

维修服务目的在于解决故障，它是对设备进行检查、判断、调整或更换故障零部件，包括小修、大修和应急抢修等。遍布全国各大中城市的维修服务网点是您的机组与系统的强大后盾，开利维修工程师会在第一时间赶到故障现场及时完成应急抢修服务，而开利提供的纯正原厂零配件及派遣的专业技师的优质服务更是机组能迅速排除故障正常运行的保证。

4. 保养服务

保养服务的目的是预防潜在的故障和损害，把发生重大停机的可能性降至最低。

开利可根据系统的运行状况及预算设计满足客户需求的保养方案。签订保养合同优于打一连串报修电话，因为客户和开利已经建立合作伙伴关系，开利会回馈给客户高附加值的服务。

保养服务可为客户做到：降低停机损失、延长机组使用寿命、提高运行效率、减少运行费用、方便准确规划财务预算、使您高枕无忧。

（1）常规保养。根据机组的使用时间以及运行工况在每年的维护周期内进行计划频次的维护服务。

（2）全包保养。在服务期限内除了常规保养服务外，还包括维修或者替换意外损坏零件的服务。这项服务能使客户可能承担的风险转移给开利来承担。

（3）预见性保养。是机组在正常运行并没有明显故障迹象情况下，开利运用先进的仪器和技术对系统进行复杂的测试和深度的分析，并提供详尽的书面报告来指明可能隐藏的故障隐患及推荐相应的解决方案。它是在隐患恶化前，捕获和解决隐患的关键服务，能避免不必要的停机损失并确保系统的连续运行。

四、顺丰医药物流项目收益分析

顺丰医药依靠强大的物流资源网络和先进的管理方法，执行遍布全国的仓储及配送服务，强有力地保障客户方案的全面实施。密切配合客户仓储与配送需求，提供高效率、低成本的专业仓储保管和及时配送。除了标准的仓储设备资源，顺丰医药搭建了北京、上海、南京、广州、成都、沈阳、哈尔滨等25个中转场，开通11条运输线路，可实现全国960多个区县门到门配送，成功搭建了国内主要城市门到门物流配送网络。

开利为顺丰医药公司项目提供先进、稳定的制冷设备，强大的技术应用支持，以及专业周到的服务，保证医药疫苗货物的安全，进而保障人民的健康，全面提升生活品质。

第三方检验兴起时
——深圳华大临床检验中心案例

华大基因总部位于中国深圳，在京、津、汉、沪等大陆主要城市设有分支机构和医学检验实验室，并在欧洲、美洲、亚太等地区设有海外中心和核心实验室。此外，在全球有多家合作医院，仅在京、津、沪、杭、汉等地的合作医院就有700多家，已初步形成“覆盖全国、辐射全球”的网络布局。

深圳华大临床检验中心依托华大基因集团全球领先的生物技术实力，将人类基因组研究成果应用于医疗领域，打造完善的临床医学平台。

一、无创产前基因检测背景

（一）政策背景

国家政策2014年前对基因检测服务无明确规定，2014年2月叫停高通量基因检测服务，要求各检测机构使用的试剂盒和仪器须经CFDA认证，2014年华大基因及达安基因相关产品获批，2015年1月卫生部报有109个机构开展试点。

在美国，企业可以从FDA获得医疗器械证明通过510K通道进入市场；或者以服务方式提供而非试剂盒，建立实验室提供检测服务，每年接受业内审核；中国在政策叫停前处于监管空白期。

2016年印发《国家卫生计生委办公厅关于规范有序开展孕妇外周血胎儿游离DNA产前筛查与诊断工作的通知》（国卫办妇幼发〔2016〕45号）、广东省卫生计生委对此文件的转发通知要求（粤卫函〔2016〕1558号）以及《市卫生计生委　市财政委　市人力资源和社会保障局关于印发高通量基因检测21、13、18－三体综合征产前筛查项目方案的通知》（深卫计妇幼〔2017〕19号）等文件。

（二）行业背景

1. 二代测序仪问世

2005年ROCHE454问世，2006被Illumina收购的Solexa技术投入使用，2007—2008年Applied Biosystems（ABI）发明SOLiD测序技术。第二代测序技术的成本是第一代的400万分之一，成本的大幅降低使得测序产业的普及成为可能。二代测序之后开始涌现以测序技术为依托的科技服务行业，从科研出发，解决环保、农业、能源、疾病等实际问题。基因检测的发展趋势是从临床诊断市场到面向全人群的健康行业。

2. 无创产前基因检测技术在医学领域的应用

以前判断胎儿染色体是否正常需要做羊膜穿刺，随着第二代测序技术逐渐成熟，如今只需要取5毫升产妇的外周静脉血就可以测定染色体数目结构甚至在单基因层面上是否有异常，给整个产前诊断行业带来了翻天覆地的变化。

3. 高通量基因检测的其他重点领域

罕见单基因病、肿瘤检测、病原检测等也是高通量基因检测涉及的重要领域。

二、华大基因临床检验现状

华大基因临床医学为人类提供贯穿整个生命周期的健康服务，涉及生育健康、遗传病、血液病、病原微生物、肿瘤等领域的检测服务。

2014年6月30日，国家食品药品监督管理总局经审查，批准了BGISEQ－1000基因测序仪、BGISEQ－100基因测序仪和胎儿染色体非整倍体（T21、T18、T13）检测试剂盒（联合探针锚定连接测序法）、胎儿染色体非整倍体（T21、T18、T13）检测试剂盒（半导体测序法）医疗器械注册。华大基因成为全球首批CFDA批准注册无创产前基因检测产品的机构。

2017年1月13日，国家食品药品监督管理总局经审查，批准了BGISEQ－500基因测序仪和胎儿染色体非整倍体（T21、T18、T13）检测试剂盒（联合探针锚定连接测序法）医疗器械注册。

华大基因以“控制几种病，造福千万家”为愿景，坚持不懈地创新服务模式，不断改善，紧跟国家对基因检测行业的政策和行业发展方向，将专业性从院外延伸至院内样本接收科室。

为此，华大基因组建一支专业、经验丰富的团队，通过现代信息系统的建设、条码、RFID等先进技术，实现从耗材发放—样本接收—样本生产—报告发放全过程进行信息化、可视化、数据化管理，在深圳多家医院顺利推进。样本在医院交接至华大基因物流人员时将样本信息上传至MyBGI系统平台，同步至华大基因的业务部门及生产部门，及时掌握样本动态。

三、华大基因临床检验的信息系统（MyBGI）

（一）MyBGI 的含义

MyBGI 即华大基因工作平台，通过信息系统的建设，使受检者、医生、华大基因可实时在线查询临床检验过程中的耗材、试剂、样本、报告等各项信息。

（二）MyBGI 业务场景

MyBGI 贯穿了从销售、样本采集及集中处理、信息录入、检测生产及分析解读、报告管理整流程的业务管理，使受检者、医生等用户可实时在线查询检测进度。MyBGI 业务场景如图 6－19 所示。

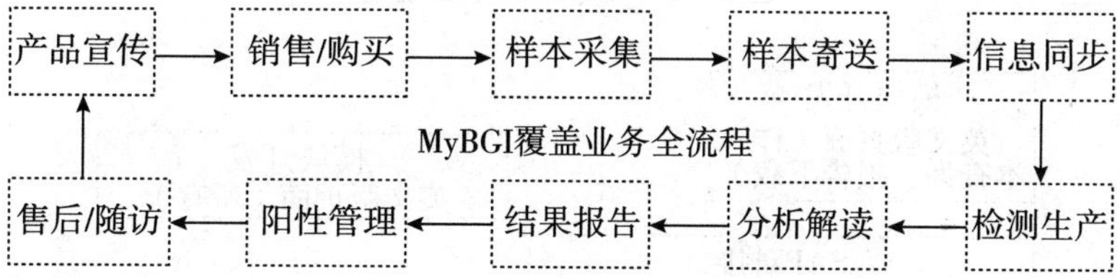

图 6－19　MyBGI 业务场景

（三）MyBGI 平台功能

MyBGI 在实现样本及数据管理的功能上，采用多模块集中管理的方式，主要从样本管理、交付管理、商务管理、业务支持、阳性管理及物流模块管理等多方面，集中显示给使用群体，在线实时跟进每一例临床检验样本在每个环节的信息。MyBGI 平台功能如图 6－20 所示。

（四）MyBGI 与其他系统（主线系统）交互

MyBGI 目前与华大基因多系统协同，可实现客户信息管理、订单及合同管理、生产及交付管理、售后和商务管理等多模块协同工作处理，并可与医院系统和微信等多渠道进行对接，完成信息同步共享。MyBGI 平台设计、MyBGI 与主线系统的交互分别如图 6－21 和图 6－22 所示。

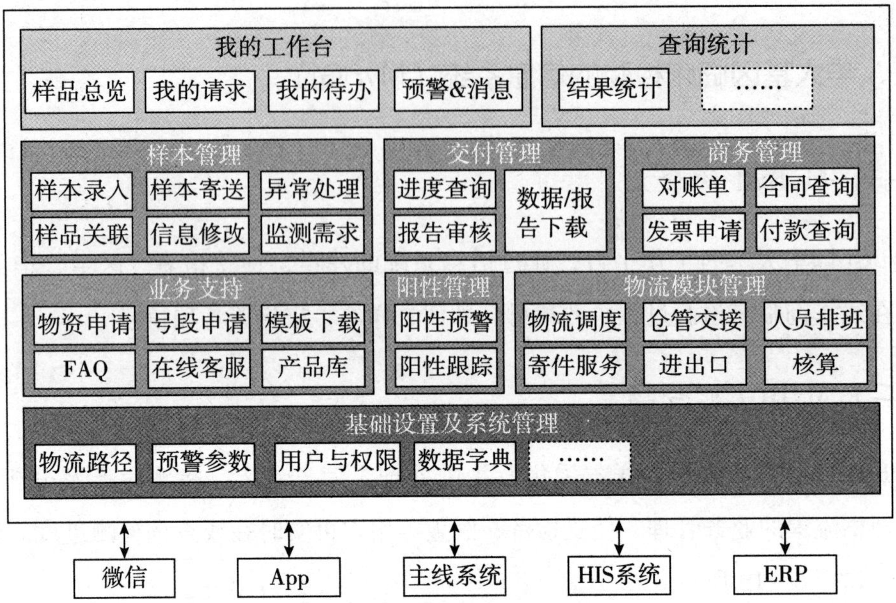

图 6-20　MyBGI 平台功能

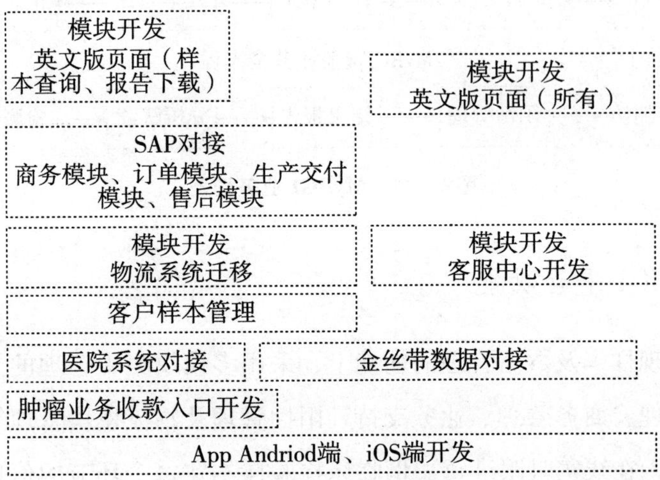

图 6-21　MyBGI 平台设计

四、MyBGI 平台使用及效果

（一）MyBGI 平台使用

1. 样本信息中心

MyBGI 支持四种录入模式（如图 6-23 所示），将样本信息录入时间从样本到达华

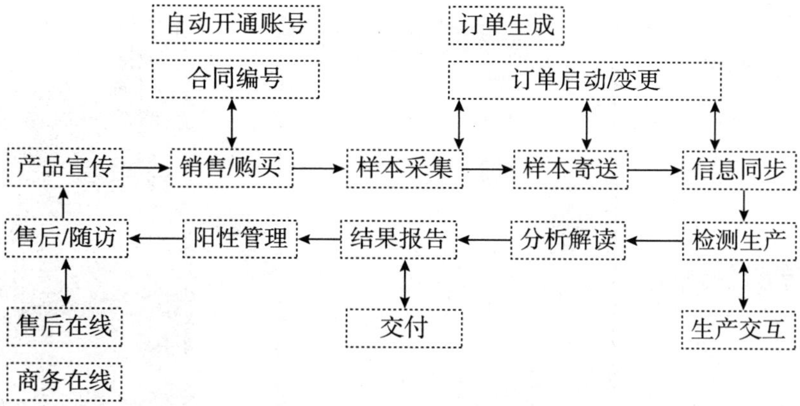

图 6－22　MyBGI 与主线系统的交互

大基因才录入提前到样本离开医院时就已经录入。

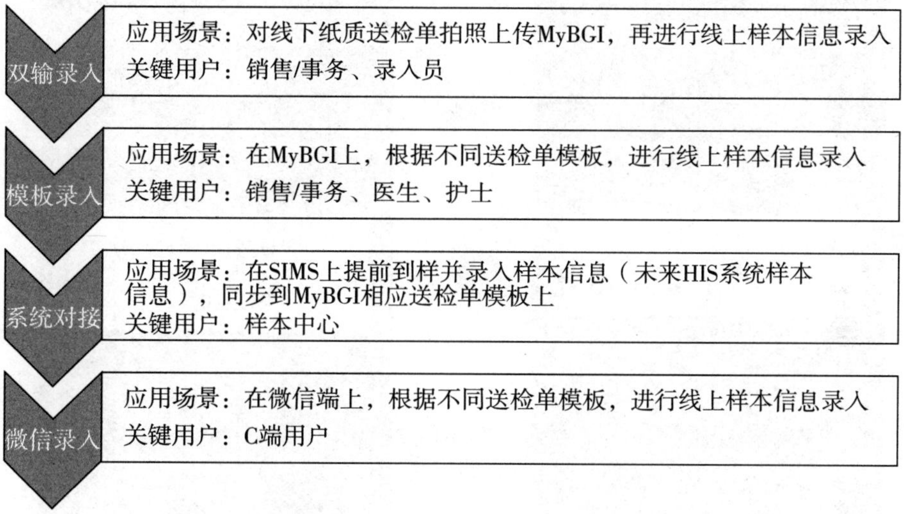

图 6－23　录入模式

双输录入，现系统共有三种渠道上传送检单图片。

（1）高拍仪：安装插件连接高拍仪，用 FIREFOX 浏览器或 IE 浏览器点击打开拍照上传界面，使用高拍仪拍照上传。

（2）扫描仪：安装“扫描上传插件”连接扫描仪，用账户登录后扫描上传送检单。

（3）App 上传：手机下载 App 拍照上传送检单。如图 6－24 所示。

2. 报告中心

（1）授权者可在 PC 端、手机 App 端查询、打印、下载报告信息。

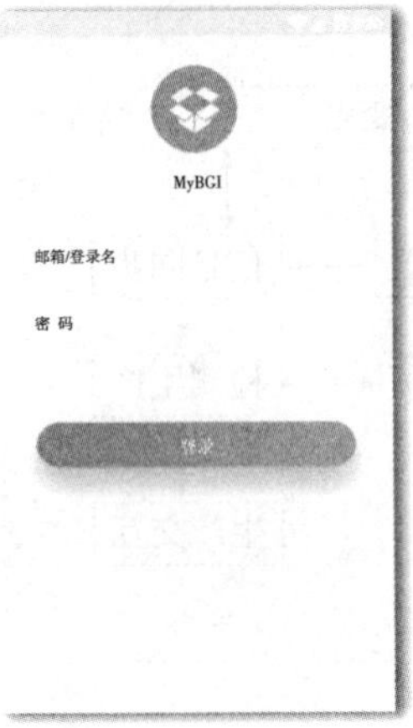

（a）登录

（b）到访主页

（c）拍照采集

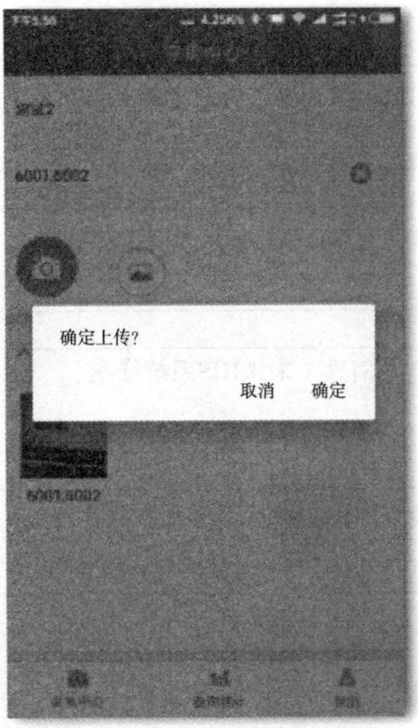

（d）上传采集的图片

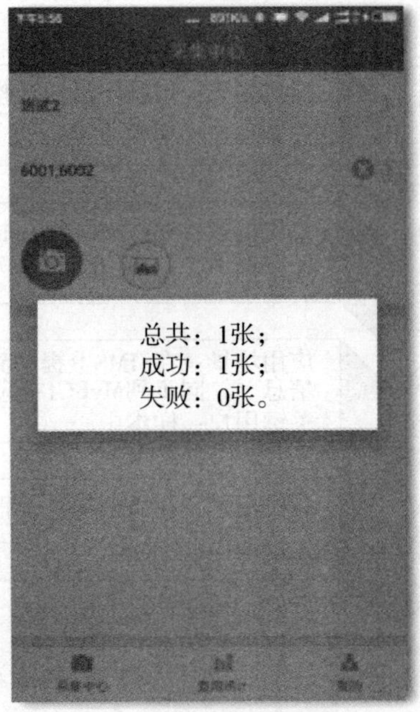

（e）上传状态显示

图 6－24　手机 App 上传

（2）报告是否已交付给用户，或用户已经签收。

（3）对阳性结果进行进一步的操作，系统记录相关的信息，比如“复查召回，确诊召回，保险信息”。

（二）实施效果

华大基因的MyBGI平台信息化建设新模式，解放了前端销售人员、物料管理人员及生产部门的生产力，提高了整体运作效率，有效控制质量风险。MyBGI实施效果如下表所示。

MyBGI实施效果

项目	实施前	实施后
耗材消耗	医院消耗无记录	实时了解各医院的耗材消耗情况
物流环节	医院采样到华大基因接收的物流状态空白	可监控运输状态
样本信息	需要到达生产中心	离开医院时信息完成同步
生产环节	按照经验进行排产	样本到达前即可排产
报告环节	发放纸质报告，医院未存储	可实时在线查询，并查询记录

附录一　我国医药流通领域主要政策汇总

2016—2017 年分级诊疗相关政策汇总

时间	制定部门	政策名称	政策要点
2009 年 3 月	中共中央、国务院	《关于深化医药卫生体制改革的意见》	第一次提出“分级诊疗”，逐步建立完善制度
2011 年 7 月	国务院	《国务院关于建立全科医生制度的指导意见》	全科医生的培养制度、激励机制等
2015 年 5 月	国务院办公厅	《关于城市公立医院综合改革试点的指导意见》	2015 年进一步扩大城市公立医院综合改革试点。到 2017 年，城市公立医院综合改革试点全面推开
2015 年 9 月	国务院办公厅	《关于推进分级诊疗制度建设的指导意见》	到 2017 年，分级诊疗政策体系逐步完善，医疗卫生机构分工协作机制基本形成。到 2020 年，分级诊疗服务能力全面提升
2016 年 4 月	国家卫生和计划生育委员会、财政部	《关于做好 2016 年新型农村合作医疗工作的通知》	支持参合（保）居民与基层医疗机构家庭医生团队开展签约服务，推进分级诊疗制度建设
2016 年 5 月	国务院深化医药卫生体制改革领导小组办公室等	《关于印发推进家庭医生签约服务指导意见的通知》	2016 年，在 200 个公立医院综合改革试点城市开展家庭医生签约服务。到 2017 年，家庭医生签约服务覆盖率达到 30% 以上，重点人群签约服务覆盖率达到 60% 以上。到 2020 年，力争将签约服务扩大到全人群
2016 年 6 月	国务院办公厅	《关于促进和规范医疗健康大数据应用发展的指导意见》	推进大医院与基层医疗卫生机构、全科医生与专科医生的数据资源共享和业务协同，健全基于互联网、大数据技术的分级诊疗信息系统，延伸放大医疗卫生机构服务能力，有针对性地促进“重心下移、资源下沉”

续 表

时间	制定部门	政策名称	政策要点
2016 年 11 月	国务院深化医药卫生体制改革领导小组办公室	《关于进一步推广深化医药卫生体制改革经验的若干意见》	推进家庭医生签约服务
2016 年 12 月	国务院	《国务院关于印发“十三五”深化医药卫生体制改革规划的通知》	推进分级诊疗、现代医院管理、全民医保、药品供应保障、综合监管 5 项制度建设
2017 年 4 月	国务院办公厅	《关于做好 2017 年新型农村合作医疗工作的通知》	助力分级诊疗制度建设，将符合规定的家庭医生签约服务费纳入医保支付范围
2017 年 4 月	国务院办公厅	《关于推进医疗联合体建设和发展的指导意见》	各地根据分级诊疗制度建设实际情况，组建多种形式的医联体，推动优质医疗资源向基层和边远贫困地区流动
2017 年 4 月	国务院办公厅	《深化医药卫生体制改革 2017 年重点工作任务》	重点建立以分级诊疗、现代医院管理、全民医保、药品供应保障、综合监管五项基本医疗卫生制度为主要内容的新框架
2017 年 5 月	国家卫生和计划生育委员会	《关于做实做好 2017 年家庭医生签约服务工作的通知》	2017 年，以省（市、区）为单位要在 85% 以上的地市开展家庭医生签约服务工作，签约服务人群覆盖率达到 30% 以上，老年人、孕产妇、儿童、残疾人以及高血压、糖尿病、结核病等慢性疾病和严重精神障碍患者等重点人群签约服务覆盖率达到 60% 以上
2018 年 1 月		《中华人民共和国基本医疗卫生与健康促进法（草案）》	第 50 条拟明确提出国家对基本医疗服务实行分级诊疗制度

资料来源：根据公开资料整理。

2017 年各省（市、区）分诊医疗建设目标

区域	时间节点	基层医疗卫生机构建设达标率	基层医疗卫生机构诊疗量占总诊疗量比例	医院数量	每万名居民全科医生数量	城市全科医生签约服务覆盖率
国家	到 2017 年	≥95%	≥65%	试点地区 30 万以上人口的县至少拥有一所二级甲等综合医院和一所二级甲等中医医院，县域内就诊率提高到 90% 左右，基本实现大病不出县	城市居民≥2	≥30%

续 表

区域	时间节点	基层医疗卫生机构建设达标率	基层医疗卫生机构诊疗量占总诊疗量比例	医院数量	每万名居民全科医生数量	城市全科医生签约服务覆盖率
北京	到2017年	≥95%	≥65%	国家版	城市居民≥2	≥30%
河北	到2017年	≥95%	≥65%	国家版	城市居民≥2	≥30%
内蒙古	到2017年	≥95%	≥65%	国家版	城市居民≥2	≥30%
黑龙江	到2017年	≥95%	≥65%	国家版	城市居民≥2	≥30%
上海	到2020年	100%（区域影像、临床检验、心电诊断中心建设达标率等）	≥65%	—	常住人口≥4	—
江西	到2017年	—	≥65%	—	城市居民≥2	—
河南	到2017年	≥95%	≥65%	国家版	城市居民≥2	≥30%
湖南	到2017年	≥95%	≥65%	国家版	城市居民≥2	≥30%
广东	到2017年	—	—	县域内就诊率提高到90%左右	—	≥30%
广西	到2017年	≥95%	≥65%	国家版	城市居民≥2	≥30%
海南	到2017年	≥95%	≥65%	国家版	城市居民≥2	≥30%
重庆	到2017年	≥95%	≥65%	国家版	城镇居民≥2	≥30%
四川	到2017年	≥95%	≥65%	国家版	城市居民≥2	≥30%
贵州	到2017年	100%	≥65%	每县（市）至少拥有一所二级甲等综合医院、一所二级中医类医院（难以达到的其综合医院设中医科或中医部），县域内就诊率达到90%左右，基本实现大病不出县。鼓励医疗资源富余的县级医院向康复、护理为主体的机构转型	城市居民≥2	≥30%
云南	到2017年	≥95%	—	国家版	—	≥30%
陕西	到2017年	≥95%	≥65%	国家版	城市居民≥2	≥30%
甘肃	到2017年	—	≥65%	—	—	—

续　表

区域	居民2周患病首选基层医疗卫生机构的比例	远程医疗服务覆盖	分级诊疗信息管理功能	城市高血压、糖尿病规范化诊疗和管理率	提供中医药服务的社区卫生服务中心占同类机构之比分别	提供中医药服务的乡镇卫生院占同类机构之比分别	提供中医药服务的社区卫生服务站占同类机构之比分别	提供中医药服务的村卫生室占同类机构之比分别	基层医疗卫生机构中医诊疗量占同类机构诊疗总量比例
国家	≥70%	覆盖试点地区50%以上的县（市、区）	基本覆盖全部二级、三级医院和80%以上的乡镇卫生院和社区卫生服务中心	≥40%	100%	100%	85%	70%	≥30%
北京	≥70%	国家版	国家版	试点地区≥40%以上	100%	100%	85%	70%	≥30%
河北	≥70%	50%以上的县（市、区）	国家版	≥40%	100%	100%	85%	70%	≥30%
内蒙古	≥70%	国家版	国家版	≥40%	100%	100%	85%	70%	≥30%
黑龙江	≥70%	国家版	国家版	≥40%	100%	100%	85%	70%	≥30%
上海	—	—	—	重点慢性病（高血压、糖尿病）知晓率≥60%，高血压患者血压控制率≥30%，糖尿病患者血糖控制率≥30%	—	—	—	—	≥65%
江西	—	—	—	—	—	—	—	—	—
河南	≥70%	国家版	国家版	≥40%	100%	100%	85%	70%	≥30%
湖南	≥70%	国家版	国家版	≥40%	100%	100%	85%	70%	≥30%

续 表

区域	居民2周患病首选基层医疗卫生机构的比例	远程医疗服务覆盖	分级诊疗信息管理功能	城市高血压、糖尿病规范化诊疗和管理率	提供中医药服务的社区卫生服务中心占同类机构之比分别	提供中医药服务的乡镇卫生院占同类机构之比分别	提供中医药服务的社区卫生服务站占同类机构之比分别	提供中医药服务的村卫生室占同类机构之比分别	基层医疗卫生机构中医诊疗量占同类机构诊疗总量比例
广东	—	—	—	—	—	—	—	—	≥65%
广西	≥70%	国家版	国家版	≥40%	100%	100%	85%	70%	≥30%
海南	≥70%	100%	国家版	≥40%	100%	90%	85%	70%	≥30%
重庆	—	—	国家版	≥40%	100%	100%	85%	70%	≥30%
四川	≥80%	100%	国家版	≥70%	100%	100%	85%	70%	≥30%
贵州	≥70%	100%	—	≥40%	100%	100%	85%	70%	≥30%
云南	≥70%	国家版	—	—	100%	100%	85%	70%	≥30%
陕西	≥70%	国家版	国家版	≥40%	—	—	—	—	—
甘肃	—	—	—	—	85%	—	—	—	—

资料来源：根据公开资料整理。

近年来中国医疗器械政策汇总

时间	颁发部门	政策名称	政策要点
2014年	CFDA	《医疗器械经营监督管理办法》	强调医疗器械流通企业必须按照医疗器械经营质量管理规范要求，建立覆盖质量管理全过程的经营管理制度，保证经营条件和经营行为持续符合要求
2015年1月	CFDA	《医疗器械经营质量管理规范》	《医疗器械经营质量管理规范》（医疗器械GSP）从即日起开始施行
2015年5月	CFDA	《药品医疗器械飞行检查办法》	2015年9月1日起施行
2016年5月	CFDA	《关于整治医疗器械流通领域经营行为的公告》	对医疗器械流通领域违法经营行为开展史无前例的大整治
2016年7月	国家卫生计生委等9部委	《2016年纠正医药购销和医疗服务中不正之风专项治理工作要点》	在综合医改试点省和城市公立医院综合改革试点地区的耗材采购中实行“两票制”

续　表

时间	颁发部门	政策名称	政策要点
2017年2月	CFDA	《国家食品药品监督管理总局关于调整部分医疗器械行政审批事项审批程序的决定》	—
2017年4月17日	CFDA	《医疗器械标准管理办法》	医疗器械标准按照其效力分为强制性标准和推荐性标准。按照其规范对象分为基础标准、方法标准、管理标准和产品标准
2017年5月	CFDA	《关于鼓励药品医疗器械创新实施药品医疗器械全生命周期管理的相关政策》	一、落实上市许可持有人法律责任 二、完善药品医疗器械不良反应/事件报告制度 三、开展上市注射剂再评价 四、完善医疗器械再评价制度 五、严肃查处临床试验数据造假行为 六、规范学术推广行为 七、加强审评检查能力建设 八、改革药品临床试验样品检验制度 九、落实从研发到使用全过程检查责任 十、建设职业化检查员队伍 十一、加强国际合作
2017年5月12日	CFDA	《关于鼓励药品医疗器械创新改革临床试验管理的相关政策》	一、临床试验机构资格认定改为备案管理 二、支持研究者和临床试验机构开展临床试验 三、完善伦理委员会机制 四、提高伦理审查效率 五、优化临床试验审查程序 六、接受境外临床试验数据 七、支持拓展性临床试验
2017年12月	CFDA	《医疗器械网络销售监督管理办法》	该法规与2018年3月1日起施行

资料来源：根据公开资料整理。

各省份医疗器械“两票制”进展（截至2017年6月底）

地区	“两票制”	飞行检查	GSP
福建	2017年1月1日，实行耗材“两票制”，目前基础输液采购要求“一票制”	2017年3月9日，福建省食药监局印发《2017年全省医疗器械监管工作要点》，开展“双随机一公开”抽查和飞行检查	2017年3月9日，福建省食药监局印发《2017年全省医疗器械监管工作要点》，大力推进医疗器械的“两G”规范实施
江苏	2016年4月1日，发布了“两票制”征求意见稿，鼓励有条件的地区在医用耗材和检验检测试剂集中采购中推行“两票制”	2017年3月16日，江苏省食品药品监管局发布《关于印发江苏省医疗器械生产经营企业飞行检查后处置程序的通知》	江苏省食品药品监管局医疗器械监管处2015年1月6日发布关于征求《江苏省医疗器械经营质量管理规范现场检查实施细则（征求意见稿）》
青海	2017年3月8日，青海省药品集中采购工作领导小组办公室印发《关于印发〈2016年度青海省公立医疗机构一般医用耗材挂网采购工作方案〉的通知》，通知要求全省公立医疗卫生机构从2017年4月1日起，执行2016年度青海省公立医疗机构一般医用耗材挂网采购结。通知明确了此次挂网采购要实行“两票制”	待明确	待明确
陕西	2016年10月17日，正式公布《关于深化药品耗材供应保障体系改革的通知》，推行城市公立医疗机构药品耗材采购“两票制”，2017年1月1日起全省施行，2017年6月30日前过渡期	2017年3月3日，陕西省食品药品监督管理局办公室发布《2017年全省医疗器械监管工作要点》，开展“双随机一公开”抽查和飞行检查	待明确
上海	待明确	2017年2月28日，上海市食品药品监管局发布《2017年医疗器械监管工作计划》，开展跨区飞行检查	上海市食品药品监督管理局2015年12月14日发布关于印发《上海市医疗器械经营质量管理规范实施细则》的通知

续　表

地区	“两票制”	飞行检查	GSP
浙江	待明确	2016 年 5 月 9 日，浙江省食品药品监督管理局关于印发《医疗器械经营企业飞行检查工作程序》的通知	浙江省食品药品监督管理局 2015 年 12 月 30 日发布关于实施《医疗器械经营质量管理规范》有关事项的通知，医疗器械 GSP 已于 2014 年 12 月 12 日公布施行。全省新开办的医疗器械经营企业应当符合医疗器械 GSP 要求
四川	待明确	2017 年 3 月 6 日，四川省食药监局发布《2017 年全省医疗器械监管工作要点》，开展“双随机一公开”抽查和飞行检查	四川省食品药品监督管理局办公室 2015 年 10 月 30 日转发食品药品监管总局关于印发医疗器械经营质量管理规范现场检查指导原则的通知
重庆	待明确	待明确	重庆市南岸区食品药品安全信息网 2016 年 3 月 16 日发布《医疗器械经营质量管理规范》，本规范自发布之日起施行
湖南	待明确	2016 年 6 月 29 日，湖南省食品药品监督管理局办公室关于印发《湖南省医疗器械流通领域经营行为整治工作方案》的通知，进行省局抽查至 8 月 31 日	待明确
宁夏	2016 年 8 月 17 日，发布《宁夏回族自治区综合医改试点工作实施方案》，推行医用耗材流通配送“两票制”管理	待明确	待明确
河南	待明确	2017 年，河南省食药监局发布《医疗器械监督管理工作方案》开展专项检查	河南省食品药品监督管理局办公室 2015 年 4 月 7 日印发关于贯彻落实《医疗器械经营质量管理规范》的通知
新疆	待明确	待明确	新疆维吾尔自治区局 2015 年 1 月 27 日将根据《医疗器械监督管理办法》和《医疗器械经营质量管理规范》制定现场检查标准

续 表

地区	“两票制”	飞行检查	GSP
辽宁	2017 年 2 月 20 日，辽宁省药品和医用耗材集中采购网挂出《辽宁省医疗机构医用耗材和检验检测试剂阳光采购实施方案》，推行医用耗材和检验检测试剂配送“两票制”，并自公布之日起就执行	待明确	辽宁省食品药品监督管理局 2015 年 11 月 13 日转发食品药品监督管理总局关于印发《医疗器械经营质量管理规范现场检查指导原则》的通知
西藏	待明确	西藏自治区人民政府 2017 年 2 月 18 日发布《西藏自治区部署医疗器械监督大检查》	西藏自治区食品药品监督管理局 2016 年 12 月 12 日印发《西藏自治区医疗器械经营质量管理规范现场检查实施细则》（试行）的通知
山西	山西省卫生和计划生育委员会 2017 年 2 月 28 日发布《2017 年全省卫生计生工作要点》，其中要求扩大高值耗材和体外诊断试剂限价采购范围，实行药品、耗材采购“两票制”，自发布起执行	山西省食品药品监督管理局 2016 年 3 月 2 日印发《山西省医疗器械生产经营企业飞行检查工作制度》的通知，自发布之日起施行	待明确
河北	待明确	待明确	待明确
吉林	待明确	吉林省食品药品监督管理局 2017 年 3 月 30 日发布《吉林省食品药品监督管理局关于印发 2017 年全省医疗器械监管工作要点的通知》，开展“双随机一公开”抽查和飞行检查	吉林省食品药品监督管理局 2015 年 11 月 30 日发布关于贯彻落实医疗器械经营质量管理规范现场检查指导原则的通知
广东	2016 年 9 月 14 日，广东省人民政府办公厅发布《广东省促进医药产业健康发展实施方案》提到自 2017 年起，稳步推行生产企业到流通企业、流通企业到医疗机构“两票制”和药品耗材采购院长负责制	广东省食品药品监督管理局于 2016 年 1 月 20 日发布了《广东省医疗器械经营飞行检查工作制度》，自发布起开始执行	待明确

续 表

地区	“两票制”	飞行检查	GSP
海南	海南省卫计委2017年1月11日发布《海南省公立医疗机构药品、高值医用耗材采购“两票制”实施细则（试行）》，2017年3月15日施行	待明确	海南药监局2016年7月13日印发《关于海南省医疗器械经营企业（批发零售）〈医疗器械经营质量管理规范〉现场检查实施细则（试行）的起草说明》
北京	待明确	待明确	北京市食品药品监督管理局2015年7月21日发布关于《北京市〈医疗器械经营质量管理规范〉现场检查评定细则（试行）》公开征求意见的通知
广西	待明确	待明确	2015年2月13日，广西壮族自治区局将根据《医疗器械监督管理办法》和《医疗器械经营质量管理规范》制定现场检查标准和实施细则
安徽	2017年6月13日，安徽省六安市召开深化医改工作会议明确提出要实行耗材“两票制”，2017年内落地	安徽省食品药品监督管理局2017年4月27日发布《2017年度安徽省医疗器械飞行检查信息通告（第1期）》，已开展	安徽省食品药品监督管理局2015年11月12日转发《食品药品监管总局关于印发医疗器械经营质量管理规范现场检查指导原则的通知》
山东	2017年3月21日山东省卫生计生委关于印发《2017年全省卫生计生工作要点》的通知，规范高值医用耗材网上采购，协调推进“两票制”落实	待明确	山东省食品药品监督管理局2011年4月6日发布《山东省医疗器械经营企业许可证管理办法实施细则》
黑龙江	黑龙江省卫生和计划生育委员会发布2016年12月13日《关于全面巩固扩大县级公立医院综合改革工作的通知》，要求高值医用耗材按照省里要求统一集中采购，2017年5月1日施行	待明确	黑龙江省食品药品监督管理局2015年2月4日发布《医疗器械经营监督管理办法》，要求监督实施国家食品药品监督管理总局制定医疗器械经营质量管理规范
天津	天津市制定了《天津市公立医疗机构药品和医用耗材采购推行“两票制”实施方案（征求意见稿）》，正在征求意见之中，由此显示出天津市拟对药品和耗材均推行“两票制”	待明确	天津市2011年4月6日发布《医疗器械经营企业许可证管理办法》实施细则

续 表

地区	“两票制”	飞行检查	GSP
内蒙古	待明确	待明确	待明确
甘肃	待明确	待明确	待明确
湖北	湖北省武汉市人民政府印发《全面推进全市公立医院综合改革实施方案》，决定在2017年、在试点工作的基础上全面推进该市公立医院综合改革	湖北省食品药品监督管理局2017年6月27日发布《2017年食品药品监督管理工作要点》，开展专项检查	湖北省食品药品监督管理局2015年10月27日印发《医疗器械经营质量管理规范现场检查指导原则》的通知
贵州	2017年3月16日，贵州省卫计委官网转发了国家版“两票制”内容，并进行意见征求，要求在3月21日前反馈意见	2016年9月至10月，对全省范围内生产、经营、使用环节医疗器械均进行了飞检	待明确
云南	待明确	待明确	云南省食品药品监督管理局2015年1月27日发布关于实施《医疗器械经营质量管理规范》有关事宜的通知
江西	待明确	2017年4月10日，江西省食药监局发布《2017年全省医疗器械监管工作要点》，开展“双随机一公开”抽查和飞行检查	江西省食品药品监督管理局2014年12月12日印发《国家食品药品监督管理总局发布关于施行医疗器械经营质量管理规范的公告》，自公布之日起施行

资料来源：根据公开资料整理。

附录二　2016年各省市医药销售总额及细分销售额情况

排名	地区	医药销售总额（万元）	西药类销售总额（万元）	中成药类销售总额（万元）	中药材类销售总额（万元）	医疗器材类销售总额（万元）	其他（万元）
全国总计	全国合计	183925777	136864799	27541945	5531828	6110913	7876292
1	广东省	16030340	11691135	2580320	697694	564496	496695
2	北京市	15301890	10663685	2632239	569808	465666	970492
3	上海市	15261429	12074393	1621184	565697	341943	658212
4	浙江省	13462718	10062214	1984686	568645	441179	405994
5	江苏省	13288028	10499815	1731317	239437	376795	440664
6	安徽省	10730241	7967291	1369822	68097	322350	1002681
7	山东省	10059096	7673271	1583993	119112	550397	132323
8	河南省	9651387	7844304	1040114	200972	378205	187792
9	四川省	7298898	6006721	674737	225834	230764	160842
10	云南省	6984116	5757246	781586	79282	94359	271643
11	重庆市	6827769	3744668	1404957	928552	365812	383780
12	湖北省	6729333	5274913	897096	54817	341882	160625
13	湖南省	6354617	4427479	1077491	333152	227417	289078
14	天津市	5445730	2325795	1632728	46595	175793	1264819
15	河北省	4659986	3543026	641231	128764	137057	209908
16	辽宁省	4227092	3308396	730061	67089	75441	46105
17	陕西省	3886625	2616121	1010938	110466	70207	78893

续 表

排名	地区	医药销售总额（万元）	西药类销售总额（万元）	中成药类销售总额（万元）	中药材类销售总额（万元）	医疗器材类销售总额（万元）	其他（万元）
18	福建省	3455667	2983963	255855	65747	95187	54915
19	山西省	3438692	2612086	559719	30361	152296	84230
20	广西壮族自治区	2875961	2131502	513286	81158	80075	69940
21	黑龙江省	2806428	1954413	599192	39955	170750	42118
22	江西省	2599904	1814218	562598	41844	57590	123654
23	吉林省	2328155	1996629	227400	30079	56252	17795
24	贵州省	2203205	1421936	448714	45813	80156	206586
25	海南省	2015515	1769629	142627	6561	67127	29571
26	新疆维吾尔自治区	1534859	1171865	306972	2302	53720	0
27	甘肃省	1375835	919023	243918	125556	41575	45763
28	宁夏回族自治区	1336064	1067009	157023	41286	56639	14107
29	内蒙古自治区	860944	730762	70778	9332	28132	21940
30	西藏自治区	548986	548986	0	0	0	0
31	青海省	346267	262305	59363	7821	11651	5127

资料来源：商务部。

附录三　2014—2016年医药批发、零售百强企业经营情况

2014—2016年中国医药批发企业百强营业收入汇总　　单位：万元

2016年排名	公司名称	2014年	2015年	2016年
1	中国医药集团总公司	22336047	27764535	29880975
2	华润医药商业集团有限公司	8844615	9881430	11459337
3	上海医药集团股份有限公司	8537600	9851200	11377099
4	九州通医药集团股份有限公司	4099875	4958925	6155684
5	广州医药有限公司	2874929	3232696	3628497
6	南京医药股份有限公司	2201828	2472294	2662436
7	中国医药健康产业股份有限公司	1785737	2057023	2573999
8	康德乐股份（香港）有限公司	212662	229812	2540286
9	华东医药股份有限公司	1894738	2172738	2537967
10	安徽华源医药股份有限公司	1473307	1767893	2096004
11	重庆医药（集团）股份有限公司	2320205	2429910	2041624
12	浙江英特集团股份有限公司	1404596	1543072	1722086
13	四川科伦医药贸易有限公司	1545769	1554893	1581791
14	山东瑞康医药股份有限公司	781676	974553	1562994
15	云南省医药有限公司	1120000	1226000	1349000
16	天津天士力医药营销集团股份有限公司	1255825	1324800	1348934
17	山东海王银河医药有限公司	729594	959645	1128205
18	嘉事堂药业股份有限公司	553416	823724	1090401

续 表

2016年排名	公司名称	2014年	2015年	2016年
19	民生药业集团有限公司	—	—	1080362
20	中国北京同仁堂（集团）有限责任公司	786792	904356	989934
21	石药集团河北中诚医药有限公司	600975	824115	964509
22	哈药集团医药有限公司	727163	830323	896433
23	广西柳州医药股份有限公司	565235	650106	755073
24	鹭燕医药股份有限公司	631071	658564	700097
25	天津中新药业集团股份有限公司医药公司	620021	665606	691893
26	同济堂医药有限公司	381513	552007	621248
27	江西南华医药有限公司	381298	462311	612942
28	陕西医药控股集团派昂医药有限责任公司	387685	440416	556721
29	浙江省医药工业有限公司	404189	455882	520342
30	江西汇仁集团医药科研营销有限公司	380605	435453	514643
31	江苏省医药有限公司	409681	461026	499073
32	天津医药集团太平医药有限公司	600202	507614	498939
33	重庆桐君阁股份有限公司	474878	495353	486231
34	重庆长圣医药有限公司	364430	371301	461233
35	修正药业集团营销有限公司	289088	368517	401112
36	湖北人福医药集团有限公司	—	—	370502
37	创美药业股份有限公司	—	338881	369549
38	广州采芝林药业有限公司	288559	309247	343273
39	云南东骏药业有限公司	350212	351121	341697
40	辽宁省医药对外贸易有限公司	258244	285125	335530
41	江苏先声药业有限公司	182802	239936	322546
42	葵花药业集团医药有限公司	—	—	315078
43	重庆恒韵医药有限公司	—	267231	314540
44	湖南博瑞新特药有限公司	279515	282775	305113
45	罗欣医药集团有限公司	247970	274378	293731
46	安徽乐嘉医药科技有限公司	—	—	275849
47	青岛百洋医药科技有限公司	200254	231756	272739
48	江苏康缘医药商业有限公司	209575	246622	272225

续　表

2016 年排名	公司名称	2014 年	2015 年	2016 年
49	安徽省医药（集团）股份有限公司	250670	255018	264672
50	江苏省润天生化医药有限公司	175688	197186	257628
51	浙江震元股份有限公司	206611	242100	242738
52	海南鲁海医药有限公司	—	160408	240287
53	回音必集团有限公司	231798	241391	239719
54	上海外高桥医药分销中心有限公司	117836	182887	235955
55	昆药集团医药商业有限公司	—	—	232225
56	福建省医药集团有限责任公司	209766	251460	228979
57	海尔施生物医药股份有限公司	188313	207710	228481
58	河南省康信医药有限公司	196524	205445	228169
59	山东康惠医药有限公司	212634	170736	226661
60	海南康宁药业有限公司	163008	150533	220641
61	河北金仑医药有限公司	140834	151026	219095
62	礼来贸易有限公司	222771	204429	215954
63	吉林省天和医药科技有限公司	162913	167950	207159
64	南京华东医药有限责任公司	164882	177729	203470
65	浙江来益医药有限公司	184572	188298	198618
66	上海康健进出口有限公司	167655	188985	195843
67	浙江珍诚医药在线股份有限公司	203294	229984	194927
68	浙江恩泽医药有限公司	153864	172322	194822
69	浙江嘉信医药股份有限公司	177266	180475	189624
70	徐州医药股份有限公司	144569	163093	187558
71	贵州康心药业有限公司	—	128101	187000
72	西安藻露堂药业集团有限责任公司	174842	184307	183587
73	湖南达嘉维康医药有限公司	152714	141583	179376
74	浙江瑞海医药有限公司	335663	147851	178344
75	山东康诺盛世医药有限公司	154535	173078	173425
76	陕西华远医药集团有限公司	284579	229004	169450
77	山西康美徕医药有限公司	122571	146809	167976
78	西藏神威药业有限公司	128383	165337	161658

续 表

2016 年排名	公司名称	2014 年	2015 年	2016 年
79	兰州强生医药有限责任公司	128540	129567	161328
80	泰州医药集团有限公司	—	145057	161022
81	江苏恩华和润医药有限公司	144608	151839	159589
82	河南省国药医药集团有限公司	—	—	159371
83	云南同丰医药有限公司	150018	151720	155067
84	浙江华通医药股份有限公司	137886	147318	151993
85	辽宁汇明医药有限公司	—	—	147990
86	河南东森医药有限公司	—	—	144717
87	兰州西城药业有限责任公司	144284	117994	138865
88	山东新华医药贸易有限公司	118698	132287	138768
89	重庆市万州区医药（集团）有限责任公司	—	—	138372
90	河北东盛英华医药有限公司	—	130882	137251
91	上海市医药保健品进出口公司	120024	134664	137133
92	东北制药集团供销有限公司	144952	143296	136880
93	海南天祥药业有限公司	143946	176264	135979
94	宁波市鄞州医药药材有限公司	120524	123788	133077
95	四川本草堂药业有限公司	122949	124930	131510
96	成都市蓉锦医药贸易有限公司	121509	123847	130831
97	厦门片仔癀宏仁医药有限公司	—	—	126235
98	贵州科开医药有限公司	120510	126783	125394
99	江苏柯菲平医药股份有限公司	155234	130190	124673
100	云南东昌医药股份有限公司	—	—	123571

注：空白数据原因：①该企业 2014 和 2015 年不在统计范围或者未纳入百强统计；②该企业名称变化较大，不能确定是否为同一家企业。

资料来源：根据商务部数据资料整理。

2014—2016 年中国医药零售企业百强营业收入汇总　　单位：万元

2016 年排名	公司名称	2014 年	2015 年	2016 年
1	国药控股国大药房有限公司	735207	911115	1030946
2	中国北京同仁堂（集团）有限责任公司	553017	605795	791253
3	重庆桐君阁大药房连锁有限责任公司	562144	605700	705000
4	大参林医药集团股份有限公司	519479	608280	703695
5	老百姓大药房连锁股份有限公司	445000	485167	688281
6	云南鸿翔一心堂药业（集团）股份有限公司	490310	585863	687335
7	益丰大药房连锁股份有限公司	250764	332925	436833
8	深圳市海王星辰医药有限公司	339639	373500	411400
9	辽宁成大方圆医药连锁有限公司	319534	345041	375136
10	上海华氏大药房有限公司	288107	334195	359540
11	云南健之佳健康连锁店股份有限公司	182843	220000	226329
12	漱玉平民大药房连锁股份有限公司	134218	185179	194129
13	成都百信药业连锁有限责任公司	159870	142533	159066
14	甘肃德生堂大药房连锁经营有限公司	96208	130608	144690
15	河南张仲景大药房股份有限公司	88800	120036	143756
16	哈尔滨人民同泰医药连锁店	113162	116736	135935
17	南京医药国药有限公司	—	129805	135517
18	重庆和平药房连锁有限责任公司	—	157507	130387
19	吉林大药房药业股份有限公司	88691	106569	127254
20	湖北同济堂药房有限公司	189604	186348	108983
21	河北华佗药房医药连锁有限公司	63000	76000	105000
22	深圳中联大药房控股有限公司	90976	98254	101845
23	江西黄庆仁栈华氏大药房有限公司	64800	73500	83600
24	好药师大药房连锁有限公司	—	71000	81500
25	石家庄新兴药房连锁股份有限公司	56095	69479	80789
26	贵州一树连锁药业有限公司	65630	72876	80464
27	上海第一医药股份有限公司	75517	77926	78120
28	重庆鑫斛药房连锁有限公司	52183	64748	77129
29	重庆市万和药房连锁有限公司	33485	55779	75670
30	襄阳天济大药房连锁有限责任公司	39199	72933	71928

续 表

2016 年排名	公司名称	2014 年	2015 年	2016 年
31	杭州九洲大药房连锁有限公司	65432	68972	69413
32	柳州桂中大药房连锁有限责任公司	44036	53777	68394
33	山东燕喜堂医药连锁有限公司	53497	66052	67744
34	湖南千金大药房连锁有限公司	55000	53389	62139
35	吉林省益和大药房有限公司	36368	45702	61198
36	浙江瑞人堂医药连锁有限公司	26085	37249	60558
37	四川太极大药房连锁有限公司	86476	117372	58545
38	安徽丰原大药房连锁有限公司	39414	47020	54853
39	云南白药大药房有限公司	47879	48968	53236
40	浙江震元医药连锁有限公司	39062	44139	48695
41	苏州礼安医药连锁总店有限公司	46220	41529	47719
42	广州健民医药连锁有限公司	28359	31421	47498
43	赤峰人川大药房连锁有限公司	35748	37984	45325
44	中山市中智大药房连锁有限公司	34858	41514	45085
45	仁和药房网（北京）医药科技有限公司	—	—	42574
46	宁波四明大药房有限责任公司	31752	39224	39737
47	青岛惠友大药房有限责任公司	—	—	39303
48	杭州胡庆余堂国药号有限公司	37213	38012	38221
49	贵州一品药业连锁有限公司	18080	22949	37358
50	廊坊市一笑堂医药零售连锁有限公司	34821	37783	35269
51	陕西众信医药超市有限公司	28567	30380	35010
52	湖南恒康药品零售连锁有限公司	28216	31445	34432
53	山西荣华大药房连锁有限公司	29787	33753	33626
54	江苏大众医药连锁有限公司	35027	37072	32895
55	上海余天成药业连锁有限公司	30465	31318	32842
56	上海养和堂药业连锁经营有限公司	27446	28535	32094
57	北京医保全新大药房有限责任公司	64385	24270	29622
58	怀化怀仁大药房连锁有限公司	24991	29817	29600
59	河北神威大药房连锁有限公司	26406	28785	29128
60	山东立健药店连锁有限公司	46129	48061	28462

续 表

2016年排名	公司名称	2014年	2015年	2016年
61	上海童涵春堂药业连锁经营有限公司	26327	27137	27932
62	杭州全德堂药房有限公司	—	29300	27544
63	连云港康济大药房连锁有限公司	—	22222	27019
64	四川德仁堂药业连锁有限公司	23988	24414	25816
65	贵州芝林大药房零售连锁有限公司	24656	24015	25603
66	浙江天天好大药房连锁有限公司	28218	27874	25361
67	福建惠好四海医药连锁有限责任公司	22685	23829	25333
68	常州人寿天医药连锁有限公司	19735	21945	24952
69	浙江华通医药连锁有限公司	20387	22571	24870
70	杭州华东大药房连锁有限公司	—	17818	24171
71	四川圣杰药业有限公司	19894	22827	23946
72	四川杏林医药连锁有限责任公司	19079	19530	23287
73	深圳市南北药行连锁有限公司	—	—	23125
74	宁波彩虹大药房有限公司	—	22037	23028
75	湖南同健大药房连锁有限公司	17862	18816	22929
76	上海医药嘉定大药房连锁有限公司	22038	22754	22775
77	海宁市老百姓大药房有限责任公司	—	—	22603
78	黑龙江泰华医药连锁销售有限公司	18042	19835	22171
79	广西一心医药集团有限责任公司	37841	19813	21796
80	武汉东明药房连锁有限公司	21554	17793	20802
81	武汉马应龙大药房连锁有限公司	12945	14921	20130
82	江西开心人大药房连锁有限公司	20102	20886	20019
83	康泽药业连锁有限公司	—	15490	19674
84	青岛百洋健康药房连锁有限公司	—	—	19025
85	江西省萍乡市昌盛大药房连锁有限公司	21129	18527	18789
86	上海药房连锁有限公司	18908	17227	18382
87	济宁新华鲁抗大药房有限公司	18376	17523	18070
88	常德市九芝堂医药有限公司	14572	15892	17835
89	上海南汇华泰药店连锁总店	14173	15956	17668
90	苏州雷允上国药连锁总店有限公司	—	16500	17667

续 表

2016 年排名	公司名称	2014 年	2015 年	2016 年
91	绵阳太极大药房连锁有限责任公司	20298	19494	17534
92	山东利民大药店连锁股份有限公司	—	15807	17272
93	浙江华联医药连锁有限公司	15651	16160	16093
94	北京嘉事堂连锁药店有限责任公司	15744	14842	15959
95	嵊州市易心堂大药房有限公司	14456	15503	15708
96	山西仁和大药房连锁有限公司	—	13914	15533
97	西双版纳迪升药业有限责任公司	—	13212	15126
98	上海一德大药房连锁经营有限公司	14766	15395	14911
99	杭州华东武林大药房有限公司	13166	15882	14440
100	赤峰雷蒙大药房连锁有限公司	15722	14609	14206

注：空白数据原因：①该企业 2014 和 2015 年不在统计范围或者未纳入百强统计；②该企业名称变化较大，不能确定是否为同一家企业。

资料来源：根据商务部数据资料整理。

附录四 《药品冷链物流运作规范》国家标准试点企业名单（截至第八批）

1. 希杰荣庆物流供应链有限公司
2. 国药控股浙江有限公司
3. 国药集团西南医药有限公司
4. 浙江英特物流有限公司
5. 苏州点通冷藏物流有限公司
6. 九州通医药集团股份有限公司
7. 国药控股湖北有限公司
8. 国药控股安徽有限公司
9. 厦门万翔物流管理有限公司
10. 国药控股湖南有限公司
11. 国药控股扬州有限公司
12. 国药控股江苏有限公司
13. 国药控股沈阳有限公司
14. 北京盛世华人供应链管理有限公司
15. 国药控股温州有限公司
16. 国药控股河南股份有限公司
17. 北京海航华日飞天物流有限公司
18. 国药控股黑龙江有限公司
19. 天津狮桥国际物流有限公司

20. 国药控股山西有限公司
21. 国药集团医药物流有限公司
22. 华润广东医药有限公司
23. 哈药集团哈尔滨医药商业有限公司
24. 北京科园信海医药经营有限公司
25. 顺丰医药供应链有限公司
26. 上海医药物流中心有限公司
27. 广州医药有限公司
28. 华东医药宁波有限公司
29. 北天津德利得供应链管理股份有限公司
30. 广东大翔药业有限公司
31. 安徽华源物流有限责任公司
32. 湖南融城物通天下物流有限公司
33. 北京新杰物流服务有限公司
34. 江苏省医药公司
35. 永州市邦联医药物流有限责任公司
36. 北京松冷冷链物流有限公司
37. 北京中冷物流有限公司
38. 昆明银翔航空货运服务有限公司
39. 民航快递有限责任公司
40. 上海广德物流有限公司
41. 山东大舜医药物流有限公司
42. 湖南盛世华人物流有限公司
43. 长沙能杰物流代理服务有限公司
44. 北京亚冷仓储有限公司
45. 呼和浩特市盛乐经济园区磐达冷藏运输有限责任公司
46. 上海百奥泉国际物流有限公司
47. 河北快运集团有限公司
48. 北京华欣物流有限公司

49. 南京永和迅物流有限公司
50. 北京映急物流有限公司
51. 四川恒达生物制品有限公司
52. 河北华安生物药业有限公司
53. 通辽东方利群药品有限公司
54. 深圳市小田物流有限公司
55. 郑州华夏易通物流有限公司
56. 沈阳储航物流有限公司
57. 北京威尔新兴物流有限公司
58. 深圳市中柱物流有限公司
59. 青岛永和迅物流储运有限公司
60. 成都市汇翔实业有限公司
61. 上药科园信海医药湖北有限公司
62. 北京格瑞纳健峰生物技术有限公司
63. 上海保事达货运服务有限公司广州分公司
64. 北京嘉和嘉事医药物流有限公司
65. 浙江震元物流有限公司
66. 上海康展物流有限公司
67. 广州鑫赟冷冻运输有限公司
68. 四川纵海物流有限公司
69. 济南大鹏物流有限公司
70. 江苏九洲医药物流有限公司
71. 国药控股陕西有限公司
72. 北京拓扑冷链物流有限公司
73. 中外运空运发展股份有限公司
74. 云南昊邦医药销售有限公司
75. 成都易速物流有限公司
76. 华东医药供应链管理（温州）有限公司
77. 华润河南医药有限公司

78. 苏州恒鼎物流有限公司
79. 上海波隆冷链物流有限公司
80. 陕西速必达冷链物流有限责任公司
81. 华东医药供应链管理（杭州）有限公司
82. 北京美康永正医药有限公司
83. 北京华盛隆昌物流有限公司
84. 上海创达物流有限公司
85. 天津大田集团有限公司
86. 创美药业股份有限公司
87. 国瑞华泰（北京）医药有限公司
88. 青岛瑞凯物流有限公司
89. 广东天图物流股份有限公司
90. 中健之康供应链服务有限责任公司
91. 西藏康健医药销售有限公司
92. 康德乐（中国）医药有限公司
93. 广东捷邦物流有限公司
94. 华润医药商业集团有限公司
95. 佛山创美药业有限公司
96. 吉林星火快递服务有限公司
97. 东港市平安物流有限公司
98. 许昌众荣冷链物流有限公司
99. 上海极冰冷链物流有限公司
100. 陕西医药控股集团派昂医药有限责任公司
101. 广东新邦物流有限公司
102. 山东威高医药有限公司
103. 山东威高医学检验技术有限公司
104. 沈阳市天顺路发冷藏物流有限公司
105. 连云港康缘医药商业有限公司
106. 云南煌家冷链物流有限公司

107. 浙江深海冷链物流有限公司
108. 北京予联达物流有限公司
109. 国药控股鲁南有限公司
110. 上海敬诚物流有限公司
111. 上药科园信海陕西医药有限公司
112. 西安医药股份有限公司
113. 大连大开国际运输有限公司
114. 江苏九州通医药有限公司
115. 南京九州通物流技术开发有限公司
116. 嘿马（厦门）城市配送有限公司
117. 河南九州通医药有限公司
118. 上海坤爱生物科技股份有限公司/亚洲医药物流（香港）有限公司
119. 北京亚冷国际供应链管理有限公司
120. 福建联冠物流有限公司
121. 国药集团山西有限公司
122. 山东海王银河医药有限公司
123. 上海晟通医药供应链管理有限公司
124. 威海中外运物流发展有限公司
125. 福建中邮物流有限责任公司
126. 易特物流有限公司
127. 福州飞速达冷链物流有限公司
128. 苏州中冷医药冷链物流有限公司
129. 嘉里大通物流有限公司
130. 国药控股广东物流有限公司
131. 上海翔鸿冷藏运输有限公司
132. 武汉东之阳生物科技有限公司
133. 武汉盛世康生物医药有限公司
134. 上海领鲜物流有限公司
135. 上海腾翼搏时国际货运代理股份有限公司

136. 陕西华氏医药有限公司
137. 苏州伟业货物运输有限公司
138. 河南东森医药有限公司
139. 北京嘉事京西医药科技有限公司
140. 北京美亚捷捷物流有限公司
141. 山西九州通医药有限公司
142. 北京九州通医药有限公司
143. 华润普仁鸿（北京）医药有限公司
144. 华润西安医药有限公司
145. 广州交通集团物流有限公司
146. 上海交运日红国际物流有限公司
147. 天津品优物流有限公司
148. 武汉美乐维低温物流有限公司
149. 广州金域达物流有限公司
150. 安得物流股份有限公司
151. 中国邮政速递物流股份有限公司
152. 中铁物流集团有限公司
153. 北京中铁迅达运输服务有限公司
154. 烟台交运集团莱阳运输有限公司
155. 江苏快而捷物流股份有限公司
156. 陕西天士力医药物流有限公司
157. 苏州上药供应链有限公司
158. 全可冷链物流（上海）有限公司
159. 上海昕联路德物流有限公司
160. 中国邮政速递物流股份有限公司连云港分公司
161. 山东瑞康医药股份有限公司
162. 重庆医药（集团）股份有限公司
163. 北京雅澳冷链物流有限公司
164. 济南三通达物流有限公司

165. 沈阳鑫运物流有限公司
166. 上海岛昌医学科技股份有限公司
167. 浙江美康达冷链物流有限公司
168. 四川东皓物流有限公司
169. 陕西大黄蜂冷链物流有限公司
170. 天津中邮物流有限责任公司
171. 康美药业股份有限公司
172. 嘉里大通物流有限公司北京分公司
173. 嘉里大通物流有限公司大连分公司
174. 嘉里大通物流有限公司东营分公司
175. 嘉里大通物流有限公司甘肃分公司
176. 嘉里大通物流有限公司杭州分公司
177. 嘉里大通物流有限公司湖北分公司
178. 嘉里大通物流有限公司江苏分公司
179. 嘉里大通物流有限公司青岛分公司
180. 嘉里大通物流有限公司厦门分公司
181. 嘉里大通物流有限公司山东分公司
182. 嘉里大通物流有限公司苏州分公司
183. 嘉里大通物流有限公司天津分公司
184. 嘉里大通物流有限公司徐州分公司
185. 嘉里大通物流有限公司烟台分公司
186. 嘉里大通物流有限公司河南分公司
187. 嘉里大通物流有限公司山西分公司
188. 嘉里大通物流有限公司重庆分公司
189. 嘉里大通物流有限公司云南分公司
190. 嘉里大通物流有限公司湖南分公司
191. 嘉里大通物流有限公司成都分公司
192. 嘉里大通物流有限公司贵州分公司
193. 嘉里大通物流有限公司海南分公司

194. 深圳市盛辉达冷链物流有限公司天津分公司
195. 湖南博瑞新特药有限公司
196. 南京美务物流有限公司
197. 广州市伟添冷链物流有限公司
198. 北京亚鑫世纪冷链运输有限公司
199. 湖南凯风物流有限公司
200. 湖南省融达医药物流有限责任公司
201. 云南盛泽医药物流有限公司
202. 济南长征货物运输有限公司
203. 山东明佳国际物流有限公司
204. 广州市威盛物流服务有限公司
205. 武汉康圣达医学检验所有限公司
206. 广州医路物流有限公司
207. 武汉捷利铁路快运服务有限公司
208. 上海虹能物流有限公司
209. 广州急行者物流有限公司
210. 广东康美物流有限公司
211. 枣庄银海医药有限公司
212. 杭州冷捷运输有限公司
213. 杭州艾迪康医学检验中心有限公司
214. 河北德若谷物流有限公司
215. 深圳市兆航物流有限公司
216. 武汉逸飞物流有限公司
217. 中集冷云（北京）供应链管理有限公司
218. 浙江华药物流有限公司
219. 徐州金开生物制品有限公司
220. 上海生生物流有限公司
221. 上海兰卫医学检验所股份有限公司
222. 河北十方医疗器械物流有限公司

223. 华润湖北医药有限公司
224. 武汉勤远冷藏物流有限公司
225. 奎恩新冷链物流（上海）有限公司
226. 北京华卫骥生物医药有限公司
227. 成都善途快运有限公司
228. 杭州润民冷链物流有限公司
229. 中昊翔保定医疗器械物流有限公司
230. 哈尔滨市鹏瑞货物运输有限公司
231. 青岛益信医学科技有限公司
232. 中国外运天津有限公司物流分公司
233. 成都银象冷藏物流有限公司
234. 成都金蓉物流有限公司
235. 杭州千麦物流有限公司
236. 瑞康医药（山东）有限公司
237. 湖南协众药品器械有限公司
238. 江苏御港物流有限公司
239. 郑州艾迪康医学检验所（普通合伙）
240. 四川瑞德药业有限公司
241. 重庆鲜易鲜供应链管理有限公司
242. 武汉瑞宁生物药业有限公司
243. 陕西新民生医药有限公司
244. 福州艾迪康医学检验所有限公司
245. 成都艾迪康医学检测实验室有限公司
246. 深圳松冷冷链物流有限公司
247. 保定联川医药有限公司
248. 云南艾迪康医学检验所有限公司
249. 宁波英特物流有限公司
250. 合肥安为康医学检验有限公司
251. 甘肃鹏润生物制品有限公司

252. 沈阳艾迪康医学检验所有限公司
253. 广东深华药业有限公司
254. 内蒙古九州通医药有限公司
255. 深圳华大临床检验中心有限公司
256. 广州艾迪康医学检验所有限公司
257. 湖北人福医药集团有限公司
258. 武汉华大医学检验所有限公司
259. 北京艾迪康医学检验实验室有限公司
260. 苏州禾伟物流有限公司
261. 华大生物科技（武汉）有限公司
262. 武汉艾迪康医学检验所有限公司
263. 济南艾迪康医学检验中心有限公司
264. 深圳海元飞来医药供应链有限公司
265. 四川甘霖冷链物流有限公司
266. 山西亚宝医药物流配送有限公司
267. 华润山西医药有限公司
268. 合肥艾迪康临床检验所有限公司
269. 成都西部医药经营有限公司
270. 江苏施坦威医药供应链管理有限公司
271. 江西汇仁集团医药科研营销有限公司
272. 江西康捷物流有限公司
273. 河南省康信医药有限公司
274. 山东先锋物流有限公司
275. 北京人福医疗器械有限公司
276. 河南省医药有限公司
277. 福建栢合冷链仓储管理有限公司
278. 诚域集团陕西雅福康医药有限公司
279. 杭州同益冷链物流有限公司
280. 山东华潍医药有限公司

281. 重庆军卫医药物流有限公司
282. 江西五洲医药营销有限公司
283. 广州医优行冷链物流有限公司
284. 江西天添发物流运输有限公司
285. 山东交运兔兔快运有限公司
286. 杭州云呼冷链物流有限公司
287. 山东康源生物技术有限公司
288. 浙江嘉信元达物流有限公司
289. 陕西华虹医药有限公司
290. 陕西科信医药有限责任公司
291. 合肥千麦医学检验所有限公司
292. 成都千麦医学检验所有限公司
293. 南昌千麦医学检验实验室有限公司
294. 上海千麦博米乐医学检验所有限公司
295. 武汉千麦医学检验所有限公司
296. 天津世纪纵横国际物流有限公司
297. 成都市云集药业有限公司
298. 广西来宾市怡毅运输有限公司
299. 长沙艾迪康医学检验所有限公司
300. 三明艾迪康医学检验所有限公司
301. 西安艾迪康医学检验所有限公司
302. 南昌艾迪康医学检验实验室有限公司
303. 上海艾迪康医学检验所有限公司
304. 吉林艾迪康医学检验所有限公司
305. 天津艾迪康医学检验所有限公司
306. 南京艾迪康医学检验所有限公司

（注：名单也包括已成为达标企业的 82 家企业）

附录五 《药品冷链物流运作规范》国家标准达标企业名单（截至第五批）

1. 山东大舜医药物流有限公司
2. 江苏省医药公司
3. 九州通医药集团物流有限公司
4. 安徽华源物流有限责任公司
5. 浙江英特物流有限公司
6. 北京科园信海医药经营有限公司
7. 顺丰医药供应链有限公司
8. 广东大翔药业有限公司
9. 华润广东医药有限公司
10. 天津德利得供应链管理股份有限公司
11. 民航快递有限责任公司
12. 华东宁波医药有限公司
13. 上海医药物流中心有限公司
14. 海航冷链控股股份有限公司
15. 国药集团医药物流有限公司
16. 北京盛世华人供应链管理有限公司
17. 广州医药有限公司
18. 希杰荣庆物流供应链有限公司
19. 松冷（武汉）科技有限公司

20. 北京嘉和嘉事医药物流有限公司
21. 上海康展物流有限公司
22. 北京华欣物流有限公司
23. 北京映急物流有限公司
24. 苏州点通冷藏物流有限公司
25. 华润河南医药有限公司
26. 华东医药供应链管理（温州）有限公司
27. 陕西医药控股集团派昂医药有限责任公司
28. 云南昊邦医药销售有限公司
29. 江苏九洲医药物流有限公司
30. 国药控股陕西有限公司
31. 华润医药商业集团有限公司
32. 浙江震元物流有限公司
33. 华东医药供应链管理（杭州）有限公司
34. 河北华安生物药业有限公司
35. 国药控股河南股份有限公司
36. 深圳市中柱物流有限公司
37. 西藏康健医药销售有限公司
38. 通辽东方利群药品有限公司
39. 康德乐（中国）医药有限公司
40. 国药集团山西有限公司
41. 武汉盛世康生物医药有限公司
42. 武汉东之阳生物科技有限公司
43. 上药科园信海医药湖北有限公司
44. 广东天图物流股份有限公司
45. 西安医药股份有限公司
46. 创美药业股份有限公司
47. 佛山创美药业有限公司
48. 山东海王银河医药有限公司

49. 连云港康缘医药商业有限公司
50. 国药控股广东物流有限公司
51. 河南东森医药有限公司
52. 康美药业股份有限公司
53. 华润西安医药有限公司
54. 北京嘉事京西医药科技有限公司
55. 华润普仁鸿（北京）医药有限公司
56. 哈药集团哈尔滨医药商业有限公司
57. 陕西华氏医药有限公司
58. 苏州恒鼎物流有限公司
59. 嘿马（厦门）城市配送有限公司
60. 陕西天士力医药物流有限公司
61. 江苏九州通医药有限公司
62. 北京华卫骥生物医药有限公司
63. 上海晟通医药供应链管理有限公司
64. 江西汇仁集团医药科研营销有限公司
65. 河南九州通医药有限公司
66. 浙江迪安深海冷链物流有限公司
67. 武汉瑞宁生物药业有限公司
68. 河南省康信医药有限公司
69. 中国邮政速递物流股份有限公司连云港市分公司
70. 上药科园信海陕西医药有限公司
71. 上海生生物流有限公司
72. 武汉市美乐维低温物流有限公司
73. 湖北人福医药集团有限公司
74. 湖南博瑞药业有限公司
75. 上海创达物流有限公司
76. 广东康美物流有限公司
77. 国药控股湖北有限公司

78. 苏鲁海王医药集团有限公司
79. 上海百奥泉国际冷链物流有限公司
80. 华润湖北医药有限公司
81. 宁波英特物流有限公司
82. 国药控股湖南有限公司

（以上排名不分先后）

附录六　国际医药物流资料汇编

美国州及地方政府在食品及药品法规方面扮演的角色

联邦制是权力在国家（联邦）政府及多个地方政府间被分割的一种政体。联邦制是美国政府的一个基本层面，在这一层面，各个州不仅是联邦政府的地方代表，还被认定为有独立的权力和责任。

美国宪法第十条修正案规定，宪法未授予美国、也未禁止各州行使的权力，由各个州各自保留，或由其人民保留。各个州具备专有权力为从医人员、药师及其他从事医疗保健的人员颁发许可证，并为这些人员的实践制定指南。州有权力为所管辖范围内运作的药房及药物生产机构颁发许可证，并检查这些药房及药物生产机构。某些州按照《联邦食品、药品和化妆品法案》模仿制定的州法律行事；多数州是按照由食品和药品官员协会（AFDO）制定的统一的《食品、药品和化妆品法案》行事。

宪法赋予联邦政府监管州际贸易的权力。美国食品和药品行业在1938年出现腐败，人们意识到必须有防止欺诈、确保安全的监管制度，国会使用其权力监管州际贸易、通过《联邦食品药品和化妆品法案》、监管跨越州际线的食品和药品。

在美国，研究新的、未经批准的药物前，必须获得FDA颁发的IND（指“新药研究豁免”），“豁免”意味着IND使未经批准的新药无须遵守未经批准的药物不得在州际运输的规定，能够合法地将未经批准的新药运过州际线。

美国联邦管辖食品药品法律主要有三方面原因：首先，避免50个州有不同的标准；其次，避免产品安全或功效的标准不同；最后，在50个州间创造了一个“共同市场”，能够获得经济效益。

FDA 监管事务办公室（ORA）是机构所有现场活动的领导办公室。ORA 检查受监管的产品及制造商，对受监管的产品进行样品分析、审查有意愿进入美国的进口产品。ORA 同联邦、州、地方、部落、领土及国外对应的公共卫生监管方合作。

ORA 好比 FDA 的眼和耳，其职责主要包括五方面，分别是：检查生产 FDA 监管产品的公司和工厂；调查消费者投诉、紧急情况及犯罪活动；监督 FDA 规则的执行；样品采集及分析；审查进口产品。

ORA 联合州或地方检查人员的检查须由地区监察人员做出安排。联合检查的进行方式同 FDA 单独进行检查时相同，并且同随行检查人员讨论检查结果。合作检查人员可依照地方或州的相关法律，提出针对商品或公司采取行动。

FDA 的权威在地方事宜上存在限制。《食品药品和化妆品法案》第 301（k）节“禁止在经过州际贸易运输后持有待售（不管是否是首次出售）物品期间，掺假或错误标识此类产品”。由此可见，美国 FDA 的法律权力明确延伸至餐馆、杂货店以及食品自动售货机。由于美国此类营业机构和机器的数量庞大，传统的监管是由地方权威机构进行，因此 FDA 已经放弃了对此类营业机构的监管，让由州及地方政府进行。

FDA 曾草拟模板条例，供地方权威机构自愿采用。例如，1974 年，美国 FDA 就联邦、州和地方规则缺乏统一度表示担忧，通过颁布一份行政规章，提议强制使用餐馆代码。州官员反对这一行为，原因是“该行为剥夺了州同联邦政府之间就食品服务行业所持有的长期理解”，在回应这些评论时，FDA 撤回了这个试行规则，表示“该规则从来不是该机构的意图，以此取代州及地方的食品服务卫生的规则”。

美国宪法第六条规定，美国宪法及依照本宪法所制定的美国法律以及根据美国的权威已经订立或将要订立的所有公约，皆是全国的最高法律；各个州的法官均应受其约束，任何一州的宪法或法律中的任何内容与之抵触时，均不得有违这一规定。

州在食品和药品事宜的规则方面的权力受联邦“优先”的法律原则的约束。在美国，联邦政府行使的法律权力控制州和地方法律，这些州和地方法律可尝试在同一区域行使权力。

依照这个“优先”原则，州和地方权威不得行使美国宪法明确赋予联邦政府的权力。

国会可完全占据法律空间，也可允许州法律。在一些情况下，例如医疗设备，国会优先于所有州的规则。而另一些情况下，例如处方药的标识，国会允许联邦监管机构订立全国最低标准，但不取代州的规则，这些州规则施加比联邦监管机构强加的标准更为严格的标准。当规定或规则没有明确说明优先权是否应适用时，最高法院尝试按照立法者的意向并且倾向于能够避免取代州法律的诠释。

法院裁决确定，联邦法律或规则可以三种不同的方式优先于州法律：明示的优先——国会制定一项明确取代州法律的法律；隐含的优先——当没有明确的取代性语言时，从法律措辞中，推断国会取代州法律的意图；优先冲突——即使当国会尚未取代州法律或规则，法院将废止某一州法律。当法院发现该州法律实际上同联邦法律存在冲突；不可能同时遵照联邦及州法律和规则；州法律是“存在这种不可能”的障碍；或者州法律是“国会的完整宗旨和目标的履行和执行”的障碍时，州法律可被联邦规则及联邦法规取代。

FDA 就处方药标签的优先权发表的声明：“依照现有的优先原则，FDA 依照《FDC 法案》的标签批准，不管其是旧的还是新的格式，均优先于矛盾的或相悖的州法律。”FDA 宣称其近期的声明“代表政府长期以来对优先权的观点”，并且是政府在多个代表 FDA 提交的法庭之友中所持有的立场。“FDA 已经决定，州行使权力同联邦依照《FDC 法案》行使权力存在冲突，依照《FDC 法案》的权力。”

FDA 就处理处方药标签的州法律的立场如下：州法律试图强加额外的警告可导致标识未能准确描述某一产品的风险，从而潜在阻碍安全、有效地使用获批产品，促使不恰当地使用、破坏《FDC 法案》的宗旨；州法律行为可威胁法律规定的 FDA 的作用——负责评估监管药品的专家联邦机构；当州法律支持强制某一公司在标签或广告中包含一条 FDA 已经研究发现没有科学根据的说明，这些州法律是联邦法律的完整宗旨和目的的实现障碍，也同这些宗旨和目的的实现存在冲突。

依照 FDA 的法律，三种情况的法律不会被取代，即同 FDA 要求一致的州法律；州侵权法，当公司向 FDA 隐瞒有价值的信息时；州侵权诉讼，针对 FDA 批准的药物产品导致人身伤害，未能警告提出索赔。

以下列举了主要优先权法律案件。Medtronic 股份有限公司对 Lohr，518 U. S. 470（1996 年）——FDA 医疗设备 510（k）放行通知没有优先性和有效性；Buckman Co. 对原告的法律委员会，531 U. S. 341（2001 年）——FDA 索赔诈骗，被《FDC 法案》取代。原告的州法律诈骗 FDA 索赔同联邦法律存在冲突，因此被联邦法律隐含取代。

这种冲突源自一个事实：联邦法定机制充分允许 FDA 惩罚并遏制针对该机构的诈骗，并且该机构使用这项权力在一定程度上实现了微妙的法定目标的平衡。依照州侵权法允许诈骗 FDA 索赔将打破该机构追求的这种平衡；Horn 对 Thoratec 公司，376 F. 3d 163（3rd Cir. 2004 年）——州普通法索赔被取代，针对 FDA 批准医疗仪器售前许可（PMA）。

各个州必须在其公共卫生部门内设置食品和药品分支。例如，加利福尼亚州食品和药品分支的使命是："不仅确保食品、药品、医疗设备和某些其他消费产品是安全的，没有掺假和错误标识，也没有打虚假广告，还确保药品和医疗设备是有效的，保护并改善加利福尼亚州的所有居民的健康。"在加利福尼亚州，医疗药物和设备制造商必须在州注册并每两年支付一笔名义登记费（约为 2000 美元）。

州可检查食品机构或药品生产机构，确保其遵守联邦和州法律。如果食品或药品导致疾病或外伤，州公共卫生权威机构可配合 FDA 开展调查。马萨诸塞州的食品保护计划是一项公共卫生部门环境卫生局的计划，其目标是确保马萨诸塞州地区安全、有益健康的食品供应。该计划实现这一目标的具体方式为：制定规则、政策和诠释；进行例行检查；对食源性疾病投诉进行调查、回应其他食品突发事件；同其他州、联邦及地方机构参与食品安全检查合作计划；提供教育计划；采取监管执法行动，例如禁运、行政处分、民事或刑事处罚。

所有州和地方官员对位于其州或地方边界内的食品和药品营业机构有一定类别的管辖权，无须考虑州际间移动或相关产品的原产地。一些州在本州内的多家机构间分配对食品、药品等的责任。

在产品样品方面，所有州法律赋予在本州内收集食品、药品和其他产品样品的权力；在产品禁运方面，FDA 没有禁运权力。一些州有禁运、扣留权力（各个州对这些权力有详细说明）。有些州法律允许他们的检查人员对一些产品实施立即禁运，这些产品一般涉嫌被掺假或被错误标识或者违反了他们的法律。作为一种合作措施，多数州机构会在一名 FDA 代表提出要求的情况下，让他们的检查人员实施禁运。

关于 FDA 和州的合作，某些州已经指定选出的 FDA 雇员作为特定州机构的特别代表或代理人。在这些情况下，他们为这些 FDA 的个人提供了州官方认证；被赋予这个权力的 FDA 代表将接受他们所属区提供的指导和培训，以恰当的方式行使赋予他们的权力，并且必须在他们所属区订立的、用于监测这个权力的指南范围内行事。当需要使用州禁运权力时，此项特别重要；有资格的州监管官员可依据《食品、药品和化妆品法案》第702（a）（1）（A）节被委托进行检查和调查，这些检查和调查可依据《食品、药品和化妆品法案》进行检查、收集样品、复制并验证记录、出具行政拘留令（在得到FDA地区主任的批准后）。

联邦或州食品和药品规则中依旧存在未解决的问题、历史性的问题，即在州内使用经州批准但未经FDA批准的药品，例如扁桃苷制剂以及未经批准的抗癌药物，在20世纪80年代获得30多个州的批准；出于医疗目的使用大麻；州许可“配制药物的药房”；州促进经批准药物的未经批准的适应症，例如马萨诸塞州促进未经批准的止痛药物取代鸦片类药物。

（作者：Allan M. Green，MD，PhD，JD，波士顿大学法学院法学客座教授）

（资料来源：根据CFDA耶鲁大学培训材料整理）

DHL生命科学物流总裁艾利森谈“智能医药物流”
——节选自《DHL生命科学物流总裁艾利森谈医药供应链挑战》

事实上，智慧健康的需求正在导致线上服务需求不断扩大。这是艾利森认为在未来几个月和几年内，智慧健康将是对行业产生影响的最重要趋势之一，特别是美国市场。

他说：“一个关键的处方药药剂师在过去两年里一直通过电商平台交付药物。”该公司声称要实行“更智能”的药店，通过与客户的配合，大胆采取行动，以更低的成本提供以患者为中心的医疗服务，使医药达到数千万人。

“生命科学和医疗保健行业的其他人一定会跟随这一趋势，试图接近客户的同时，又降低成本。例如，与国内最大的零售药店合作，德国的患者很快就能够从最大的在线零售商订购药物。”

艾利森认为，虽然市场的监管压力依旧很高，但压力将推动行业进一步靠近用户，向家庭照顾方面靠近，电子商务是解决这一需求的解决方案之一。App程序是其他技术解决方案之一，也将实现此过渡。

第二大趋势是产品类型的分割越来越多，电子商务将成为可行的选择。

他继续说道："目前，许多制药厂商都有高端药物和不受监管的非处方药产品。随着这一范围的终端消费者的扩大，每个组织都会熟练的进行电子商务创新，马上就会得到大范围推广。"

这标志着企业应对供应链问题的方式发生转变，艾利森指出，一年以前公司还在纯粹基于运输和仓储成本来证明现状。今天，这种现象看起来已经有很大的改变。

艾利森继续总结说："生命科学和医疗保健行业的公司正在学会全面考量问题。在减少空运、海运、公路和铁路货运成本以及储存和分配成本的同时，公司现在也在积极思考如何解决库存效率低下、成本过高、销售损失以及客户忠诚度下降的原因。他们需要的答案会随着采用数字化供应链管理技术的越来越快的普及率而浮出水面。"

中物联医药物流分会观点：中国医药电商发展迅速，2017 年市场规模预计突破千亿元。但是对比欧美，硬件方面暂且不说，我们的不足主要在于政策——处方药销售一时半会不会开放，消费者接受程度不高——对网上购药不放心，以及医保系统对接——要不然每个月医保钱白交了。在欧美，这些问题都得到了较为妥善的处理，处方药销售占总销量的一半左右，保险对接也没有问题，民众对于网上买药接受度高(虽然反对声音也一直不少，但至少大多数人是知道网上可以买药的)。这和欧美医药流通公司持续不懈的努力有关，毕竟电商途径能更好控制其成本，这也是未来的趋势。

（作者：Tom Wadlow）

葛兰素史克试水区块链技术，揭开药品追溯新篇章

基于以太坊的区块链平台 Viant 将与制药巨头葛兰素史克（Glaxo Smith Kline）和其他几家公司合作，加速基于区块链的供应链系统的部署。对于生物制药行业而言，区块链可以帮助企业管理复杂的供应链，并提供追溯手段——葛兰素史克计划与 Viant 合作探索的领域。此外，参与 Viant Beta 测试的其他公司包括零碳企业 Imaginea、微软、沃尔德野生动物基金会以及某石油和天然气公司。

制药行业正在尝试区块链，部分原因是为了满足《药物供应链安全法案》（DSC-

SA）的标准。

Viant 的创始人 Tyler Mulvihill 说：“在不久的将来，政府和监管机构将认识到区块链技术的力量，并将其用于制药行业。例如，美国《药物供应链安全法案》规定，到2023 年，需要做到药品的单位级跟踪和可追溯性。用区块链实现这一目标是大势所趋。”

作为一个用来约束物流风险的行业，透明的供应链管理系统可以帮助更好地保证产品的安全。对于药物产品，第三方制造商可能会将来自其他供应商的活性药物成分（API）纳入成品的生产中，然后贴上标签。制药商需要管制这一过程，以保证中间产品正确移交，最终产品正确标记。

药品供应链曾经违反过监管标准，也可能会面临不专业的产品管理问题，药品不是库存过多就是缺货，这对于病人来说是个不小的麻烦。

最近的一项研究显示，药品供应链由于其供应链组织不良，至少花费了 2.3 亿美元用于替代药物（并非原处方开具的药物）。

区块链技术可能是帮助解决这个问题的途径之一。“Viant 公司处于创新的最前沿，通过使用 Viant 平台构建真正的区块链解决方案。” Mulvihill 表示，“区块链将遵循大型组织传统技术的采用过程，我们希望看到我们的一些客户在 2018 年转向试点和生产应用。”虽然区块链技术的行业使用仍处于初级阶段，但 Viant 认为，该技术对许多行业（包括制药公司）具有明显的价值。

Mulvihill 说：“有些客户希望 Viant 公开供应链的透明度，以提高客户的信心，而另一些客户则希望通过多方之间的单一来源获得运营效率的提升。”这就是说，大部分的好处可以分为三类：①提高成本效率；②通过信任和透明度来提高合规性；③通过信任和透明度来提升客户体验。

中物联医药物流分会观点：从 2017 年 12 月以来比特币（Bitcoin）的几倍暴涨，把区块链这个以前鲜为人知的行业带入了公众的视野。比特币、以太坊、莱特币等相关交易软件也纷纷在年底从名不见经传到登顶苹果、安卓各大应用商店榜首。可以说是区块链技术的一场狂欢！但是区块链技术的价值远远不止于各种虚拟加密货币，它更加可能为各行各业带来不同程度的改变。比如说医药物流行业，如何降本增效？如何应对各种政策越来越严格的要求？如何提高客户对品牌和产品的信任？理论上说，区块链这种分布式的技术，正好完美的契合可以满足这几项要求。通过区块链技术，任何一位授权用户均可通过扫码确认运营中以及供应体系中的任何一个节点，而且这个追溯体系还拥有密码技术以及加密机制，能够在透明供应流程的同时，保护各节点的重要信息不被泄露。2018 年，可以说是真正的区块链工业大规模应用元年。它能给物流行业带来什么呢？我们拭目以待。

（作者：Jennifer McKevitt）

配药机器人现身迪拜智能药房，再也不怕吃错药

迪拜卫生管理局（DHA）2017 年 7 月在迪拜医院开设了一家智能药房，配有机器人用于配药和开药。

这是中东首屈一指的智能药房，是迪拜卫生管理局第二个智能药房，当局于 2016 年在拉什德医院设立了第一个智能药房。

机器人可以存储多达 35000 种药物，并在不到一分钟内分配约 12 种处方药。机器人分配过程中实现了全面无纸化，因为医生开具好电子药方，只要轻点鼠标，机器人就会存储这个处方，以此来最小化人为错误。

迪拜卫生管理局总干事 Humaid Al Qatami 宣布，该机构将在其所有的医院采用机器人来配药。他补充说，机器人是政府采用的最新智能技术之一，旨在实现“幸福健康社会 2016—2021”战略。

迪拜医院医药物流服务部主任阿里·赛义德博士，迪拜医院首席执行官 Abdul Rahman Al Jasmi 博士和迪拜医院财务与行政事务代理主任 Khaldoon Walid Nabhan 博士都出席了智能药房的开业典礼。

阿里·赛义德博士补充说，用机器人分配药物，药剂师就能更加专注于给予病人关于如何服用药物的正确说明。

Humaid Al Qatami 表示，迪拜卫生管理局正在为其医药服务采用完全集成的智能系统，其中包括在迪拜卫生管理局的医院和保健中心的所有药品交易中的条码系统。

迪拜卫生管理局是 2016 年 4 月在阿联酋实施条码智能系统的先锋，目的是通过给予每种药物条码来确保病人的安全，从而减少药物分配时出现的任何错误的可能性。

当局正在与国际医药分销巨头们协调实施新制度，并采用最新的管理技术。

Humaid Al Qatami 还表示，该机构采用了智能系统来监控药品的冷链，以保持药物的质量和安全。

冷链的监测特别是在药物治疗方面被认为是最重要的全球性问题之一，也是国际卫生组织直接影响药物质量，安全性和有效性所面临的最大挑战之一。

国际标准的智能系统，通过安装可以电子控制和跟踪的智能设备和平板电脑来监控和跟踪药物的温度。这些系统旨在保证冷链不断链，保持药物的质量和安全。

中物联医药物流分会观点：北京大学第三医院 2013 年就开始使用自动配药机了。所以这并不算是太新鲜的事物。在几个“重点医院”配几台这样的机器容易，但是下一步：推广起来，以及和医院其他系统整合，进一步减少误操作（国内有新闻报道因为配药机不能拆开包装导致开药过量），则可能面临一系列困难。

另外，由于配药机按照现行规定不属于“医疗器械”范畴，也不受相关法规监管，所以在后期仍然需要有统一的相关标准规范来进行管理。

（资料来源：迪拜政府新闻办公室）

做不到啊：医药公司呼吁巴基斯坦药物管理局修改条码监管期限

巴基斯坦药品制造商协会（PPMA）已经敦促巴基斯坦药物管理局（DRAP）重新考虑其为药品制造商下达的“六个月内实现序列化和条码”的指令，声称时间实在太紧了。

巴基斯坦药物管理局对制药行业具有很强的约束力，在半年内采用序列化系统（包括药品条码），是为了确保市场上销售的产品的质量和真实性。

巴基斯坦药品制造商协会前董事长哈罗·卡西姆（Haroon Qassim）说：“巴基斯坦药物管理局计划采用序列化很有想法，但是也比较激进，这个过程比美国和欧洲快得多。”

巴基斯坦医药行业的高管 2017 年 7 月聚集在第三届巴基斯坦制药峰会上讨论这个政策带来的挑战。

卡西姆认为，必须先建立起整个有机的医药供应链生态系统，然后才能面对这个复杂的挑战，因为过于激进有时候会带来不良后果。

“巴基斯坦药物管理局的角色应该是行业的合作伙伴，而不是为难行业，不顾实际情况发布法定监管令（SRO）。”他补充说。

2020—2021年，预计世界医药供应链中的75%将受到各种法规的约束。

遵守这些规定将要求公司投资新技术，进行重大的流程变更，并可能重组其供应链。“这是一条要求很高的命令，我们准备好了吗?”他问。

行业和监管机构应共同努力，确保最大限度地惠及患者，同时尽量减少风险。他补充说，监管机构和行业之间也需要客观对话，以解决所有新出现的挑战。

另一位前巴基斯坦药品制造商协会主席Jawed Akhai表示，巴基斯坦药物管理局规定的实现序列化和条码系统留下的6个月时间不够，只有多年来一直致力于应用这些技术的公司有可能在规定期限内满足要求。

他指出，几十年来，巴基斯坦制药公司一直在向政府维持的中央研究基金上缴其毛利润的1%。这些资金应该被用于帮助行业采用序列化和条码等现代系统。

巴基斯坦药物管理局首席执行官穆罕默德·阿斯兰博士则呼吁制药行业制定新的战略计划，采取技术进步并遵守监管要求，以达到其他国家保持的最高质量标准。

中物联医药物流分会观点：巴基斯坦虽然是我国睦邻，但相比其对头，南边的仿制药大国印度，其医药界似乎离我们比较远。然而通过我国“一带一路”倡议，巴基斯坦作为排头兵，连同其相关市场又重新回到我们的眼界当中。俗话说：链条的坚固程度取决于它最薄弱的环节。任何国家的医药供应链得到更加全面有效的监管，都是对整个国际供应链的加强。然而这次似乎巴基斯坦的步子是迈得大了一些，美国的《药物供应链安全法案》的强制实现序列化的日期都延后一年了，巴基斯坦要从无到有，还只有6个月，实在是“臣妾做不到啊”。

但是从另一方面讲，要快速提高竞争力，为病人提供安全及时的药品配送，则摒弃过时的实践，一步到位学习最先进的监管方针，技术则是最为合适的。虽然会带来阵痛，但是之后肯定会取得不错的成果。更何况巴基斯坦急需的变革，也许在国际上先进的设备企业眼中看来是新的机会呢。

（资料来源：巴基斯坦论坛快报）

英国脱欧，英国药品是否也要跟着栽沟

来自代表整个欧盟和英国制药行业协会的领导人联合致函欧盟和英国首席谈判代表，警告“混乱的”脱欧会对药物供应链产生潜在负面影响。

药品行业领袖们警告说，英国脱欧的管理混乱可能导致药物滞留在边界，或者只能存在仓库中，而不是被用来治疗患者。

该信由英国制药工业协会（ABPI）首席执行官麦克·汤普森（Mike Thompson）签署，并呼吁代表欧盟的谈判代表米歇尔·巴尼尔（William Barnier）和英国脱欧部长大卫·戴维斯（David Davis）继续保持药物供应合作关系。

欧洲制药工业协会联合会（EFPIA）总干事 Nathalie Moll 也签署了这封信，声明英国和欧盟都应该把药物供应这件事当作优先事项处理。

该信的其他签署人则是欧洲自我药疗行业协会（AESGP）、欧洲生物制药（EuropaBio）、欧洲药品（Medicines for Europe）、英国仿制药协会（BGMA）、生物制药工业协会（BIA）和大不列颠专有药协会（PAGB）等。

上周在《金融时报》上刊登了卫生大臣耶利米·亨特（Jeremy Hunt）和商业大臣格雷格·克拉克（Greg Clark）关于英国政府对脱欧后药物的管理计划一文。而这封信是针对此事的回应。

该信警告说：“确保英国和欧盟药物持续合作的协议是确保欧洲和英国患者能够继续获得安全有效的药物并确保对公众健康没有不良反应的最佳方式。如果脱欧手续不当，则所有在英国和欧盟之间迁移的货物都可能在边境检查，在仓库或工厂滞留，和/或遭到冗长的重新检查的风险。事实上，这将导致大多数公司供应链遭到的严重破坏，将会导致潜在的拯救生命的药物供应中断。”

（作者：Richard Staines）

中物联医药物流分会观点：脱欧是个很复杂的事情，因为英国和欧盟之前的关系千丝万缕，你中有我、我中有你，整个进程要到2019年3月底才结束。那么药品作为其中很重要的一个议题，自然也是牵动着很多医药生产企业和流通企业的心。医药物流的业内人士明白国际医药供应链有很多环节，比如清关时间、清关手续、口岸是否有冷链设施、检验项目、追溯数据如何整合等方面，需要面面俱到，而负责谈判的欧盟和英国代表则主要是政客，若没有行业的发声，他们大概无法理解为什么这个仓库和货车运几片药的事情要这么复杂。

文中提出警告的机构基本都是行业协会。这也是行业协会的一个重要性，政府层面难以专业处理好的事情，由协会来倡议则可以做好润滑的工作。中物联医药物流分会也会加快自身与政府和行业的深度合作，及时上传下达，促进行业健康可持续发展。

全球生物制药收入 50 强情况

单位：百万美元

排名	公司	2016 年处方药销售额	2016 年研发投资额
1	Pfizer	45906	7841.0
2	Novartis	41554	7916.0
3	Roche	39552	8717.1
4	Merck&Co	35563	9760.0
5	Sanofi	34174	5722.0
6	Johnson&Johnson	31671	6967.0
7	Gilead Sciences	29992	3925.0
8	GlaxoSmithKline	27775	4696.6
9	AbbVie	25299	4152.0
10	Amgen	21892	3755.0
11	AstraZeneca	20967	5631.0
12	Allergan	18597	2845.1
13	Teva Pharmaceutical Industries	18462	2111.0
14	Bristol - Myers Squibb	18163	4405.0
15	Eli Lilly	17173	4928.1
16	Bayer	16886	3083.4
17	Novo Nordisk	16610	2164.1

续 表

排名	公司	2016 年处方药销售额	2016 年研发投资额
18	Boehringer Ingelheim	13316	3175. 2
19	Takeda	12773	2923. 9
20	Celgene	11114	2761. 6
21	Astellas Pharma	11109	1985. 1
22	Shire	10886	1286. 8
23	Mylan	10839	705. 5
24	Biogen	9818	1973. 3
25	Daiichi Sankyo	7535	1857. 5
26	CSL	6674	628. 3
27	Merck KGaA	6633	1655. 1
28	Valeant Pharmaceuticals Inteernational	6183	421. 0
29	Otsuka Holdings	5389	1469. 6
30	Sun Pharmaceutical Industries	4804	401. 5
31	Eisai	4301	1077. 5
32	Les Laboratoires Servier	4167	1004. 1
33	Endo International	4010	175. 0
34	UCB	4005	1128. 5
35	Abbott Laboratories	3859	137. 0
36	Fresenius	3753	403. 0
37	Chugai Pharmaceutical	3699	761. 4
38	Grifols	3572	218. 6
39	Regeneron Pharmaceuticals	3338	2052. 3
40	Sumitomo Dainippon Pharma	3197	748. 6
41	Alexion Pharmaceuticals	3082	747. 0
42	Mallinckrodt	2918	262. 2
43	Menarini	2916	N/A
44	Mitsubishi Tanabe Pharma	2696	613. 7
45	Lupin	2490	327. 3
46	Actelion	2448	537. 5

续　表

排名	公司	2016 年处方药销售额	2016 年研发投资额
47	Aspen Pharmacare	2403	N/A
48	Kyowa Hakko Kirin	2228	495. 8
49	Ono Pharmaceutical	2153	518. 7
50	Ferring Pharmaceuticals	2134	309. 4

资料来源：《制药高管》(*Pharmaceutical Executive*)。

附录七　2017 年批准发布医药物流标准资料①

医药产品冷链物流温控设施设备验证
性能确认技术规范

（国家标准正文）

1　范围

本标准规定了医药产品冷链物流涉及的温控仓库、温控车辆、冷藏箱、保温箱及温度监测系统验证性能确认的内容、要求和操作要点。

本标准适用于医药产品储存运输过程中涉及的温控仓库、温控车辆、冷藏箱、保温箱及温度监测系统的性能确认等活动。

2　术语和定义

下列术语和定义适用于本文件。

性能确认　performance qualification

为确认已安装连接的设施、系统和设备能够根据批准的生产方法和产品的技术要求有效稳定（重现性好）运行所作的试车、查证及文件记录。

3　温控仓库的性能确认

3.1　内容

3.1.1　库房存储空间温度的偏差、均匀度和波动度确认（温度分布测试）。

3.1.2　温度自动监测系统测点终端的准确度测试。

3.1.3　冬季、夏季极端环境温度条件下的温度保障能力确认。

① 为便于出版，对标准资料进行少量修改，未涉及实质内容。

3.1.4　温控设施设备运行参数及使用状况测试。

3.1.5　温度监测系统配置的测点终端安装位置确认。

3.1.6　开门作业对库房温度分布的影响。

3.1.7　确定设备故障或外部供电中断的状况下库房保温性能及变化趋势。

3.2　要求

3.2.1　库房空调或制冷系统在既定运行条件下，空载和满载温度分布测试结果应证明温度控制在规定范围内。

3.2.2　应确定冷点和热点并在冷、热点设置温度自动监测系统测点终端。

3.2.3　应对温度记录仪定期进行校准或者检定。测量范围在 0℃ ~40℃，温度的最大允许误差为 ±0.5℃；测量范围在 -25℃ ~0℃，温度的最大允许误差为 ±1.0℃。

3.2.4　温度自动监测系统测点终端与验证用温度记录仪的差值应在 ±1℃以内（冷冻库差值应在 ±2℃以内）。

3.2.5　应证明导致任一测点超温的最短开门时间值大于规定值。

3.2.6　应证明设备故障或外部供电中断情况下的保温时限值大于规定值。

3.2.7　温度偏差、均匀度、波动度应不高于 ±3℃（计算方法参见附录 A）。

3.2.8　冬季和夏季仓储设施的温度控制应符合 3.2.1 ~3.2.7 要求。

3.3　操作要点

3.3.1　温度分布测试的布点原则：

a）在仓库内一次性同步布点，确保各测点采集数据的同步、有效。

b）每个库房中均匀性布点数量不应少于 9 个，仓间各角及中心位置均应布置测点，每两个测点的水平间距不应大于 5m，垂直间距不应超过 2m。

c）库房每个作业出入口及风机出风口区域至少布置 5 个测点，库房中每组货架或建筑结构的风向死角位置至少应布置 3 个测点。

d）特殊区域应布设温度监测点，包括空调或制冷设备回风位置、温度自动监测系统测点终端安装位置、门、窗、灯等位置。

e）温度监测点均应布设在货位上或货物可能存放的位置。

3.3.2　应绘制测点分布示意图，标明各测点序号，并注明各序号对应的测试用温度记录仪编号。

3.3.3　放置于温度自动监测系统测点终端位置的验证用温度记录仪应尽可能靠近传感

器以获得客观的数据。

3.3.4 开门测试应确保库门全开，如有多个库门应逐一测试（即库内温度恢复正常稳定后再进行下一库门的测试）；判断超温时限以验证用温度记录仪的读数和温度监测系统的超温报警提示为依据（以先到达者为准）。

3.3.5 对于设备故障或断电保温测试，由于超温风险较高，可考察设备停运后，变化最快测点的温度接近温控限度的时长（如由5℃升高至7℃的时长），据此推断超温时限，作为性能确认结果。

3.3.6 设置多个测点的位置（如出风口、死角等）应覆盖相应的区域边界和中点（如送风夹角的两边和中线）。

3.3.7 满载测试使用模拟物的装载情况应尽量接近库房使用时货物的存储状态，以获得具可比性的库内气流分布状态。

3.3.8 当出现以下情况时，应进行空载及满载性能确认：

——库房初次使用前；

——库房改造后再次使用前；

——库房停用超过确定的最大时限再启用前。

3.3.9 定期验证时应进行满载性能确认，满载条件为库容率高于70%。

3.3.10 在库房空调或制冷系统温度控制参数符合设定要求、库房温度符合设定范围后，数据有效持续采集时间不应少于48h。

3.3.11 性能确认数据采集的间隔时间不应大于5min。

4 温控车辆的性能确认

4.1 内容

4.1.1 车厢存储空间温度的偏差、均匀度和波动度确认（温度分布测试）。

4.1.2 温度自动监测系统测点终端的准确度确认。

4.1.3 测试系统在冬季、夏季极端温度条件下的运行情况。

4.1.4 温控设施运行参数及使用状况测试。

4.1.5 温度监测系统配置的温度监测点位置确认。

4.1.6 开门作业对车厢内温度分布的影响。

4.1.7 确定设备故障或外部供电中断的状况下车厢保温性能及变化趋势。

4.2 要求

4.2.1 车辆空调或制冷系统在既定运行条件下，空载和满载温度分布测试结果应证明温度控制在规定范围内。

4.2.2 确定冷点和热点并在冷、热点设置温度自动监测系统测点终端。

4.2.3 应对温度记录仪定期进行校准或者检定。测量范围在0℃～40℃，温度的最大允许误差为±0.5℃；测量范围在－25℃～0℃，温度的最大允许误差为±1.0℃。

4.2.4 温度自动监测系统测点终端与验证用温度记录仪的差值应在±1℃以内（冷冻运输差值应在±2℃以内）。

4.2.5 应证明导致任一测点超温的最短开门时间值大于规定值。

4.2.6 应证明空调或制冷设备故障情况下的保温时限值大于规定值。

4.2.7 温度偏差、均匀度、波动度应不高于±3℃（计算方法参见附录A）。

4.2.8 冬季和夏季车辆的温度控制应符合4.2.1～4.2.7要求。

4.3 操作要点

4.3.1 温度分布测试的布点原则：

a）在车厢内一次性同步布点，确保各测点采集数据的同步、有效。

b）每个冷藏车厢体内测点数量不应少于9个，每增加20m³增加9个测点，不足20m³的按20m³计算；均匀分布，通常根据车辆的长度和有效容积分2或3层布置。

c）特殊区域应布设温度监测点，包括空调或制冷设备送风、回风位置、温度自动监测系统测点终端安装位置、门及可能的送风死角等位置。

d）温度监测点均应布设在货物可能存放的位置。

4.3.2 应绘制测点分布示意图，标明各测点序号，并注明各序号对应的测试用温度记录仪编号。

4.3.3 放置于温度自动监测系统测点终端位置的验证用温度记录仪应尽可能靠近传感器以获得客观的数据。

4.3.4 开门测试应确保车门全开，安装有风幕机的车辆应同时开启；判断超温时限以验证用温度记录仪的读数和温度监测系统的超温报警提示为依据（以先到达者为准）。

4.3.5 以停机后车厢内最先达到温控限度的测点所经历的时长作为空调或制冷设备故障情况下的保温时限。

4.3.6 应设置多个测点的位置（如出风口、死角等）测点设置范围应覆盖相应的区域边界和中点（如送风夹角的两边和中线）。

4.3.7 满载测试使用模拟物的装载情况，应尽量接近车辆使用时货物的存储状态，以获得具可比性的车厢内气流分布状态。

4.3.8 当出现以下情况时，应进行空载及满载性能确认：

——冷藏车初次使用前；

——冷藏车改造后再次使用前；

——冷藏车停用超过确定的最大时限再启用前。

4.3.9 定期验证时应进行满载性能确认，满载条件为装载率高于70%。

4.3.10 在冷藏车达到规定的温度并运行稳定后，数据有效持续采集时间应根据车辆最长运输时间确定，应不少于5h。

4.3.11 验证数据采集的间隔时间不应大于5min。

5 冷藏箱或保温箱的性能确认

5.1 内容

5.1.1 箱内温度分布特性的测试与分析，分析箱体内温度变化及趋势。

5.1.2 蓄冷剂配备使用的条件测试。

5.1.3 温度自动监测系统测点终端或温度记录仪放置位置确认。

5.1.4 开箱作业对箱内温度分布及变化的影响。

5.1.5 高温或低温等极端外部环境条件下的保温效果评估。

5.1.6 运输最长时限验证。

5.2 要求

5.2.1 测试条件下的冷藏箱或保温箱内部各监测点温度均控制在规定的范围内。

5.2.2 蓄冷剂配备使用条件符合相应操作规程的要求。

5.2.3 温度自动监测系统测点终端或温度记录仪放置位置应确保设备采集温度符合医药产品存放处的实际温度。

5.2.4 应证明开箱作业导致箱内温度超标的最短时间值大于规定值。

5.2.5 应证明保温时限满足最长运输时间需求。

5.2.6 高温或低温等极端外部环境条件下均能满足5.2.1~5.2.5要求。

5.3　操作要点

5.3.1　静态模拟性能确认

5.3.1.1　根据冷藏箱或保温箱的适用范围、实际运输线路不同季节的温度特性，以及极端条件出现的概率，设定静态模拟运输温度验证条件，包括药品运输经历阶段、各阶段温度及持续时间等。

5.3.1.2　每一种冷藏箱或保温箱包装方式均应按照其对应的使用温度条件进行静态模拟性能确认。

5.3.1.3　冷藏箱或保温箱内蓄冷剂配备方式，应按照设备的操作规程进行预处理和配置，并详细记录操作过程和温度测量结果。

5.3.1.4　冷藏箱或保温箱内应放置模拟物品，其热容特性应与该包装箱运输药品总量的热容特性基本一致。

5.3.1.5　冷藏箱或保温箱内至少放置 5 个温度记录仪，分别位于模拟药品的上、下、相邻两侧、几何中心等位置（除几何中心外，温度记录仪应放置于各面中心位置）。实际应用时放置温度记录仪的位置应放置测试记录仪。验证数据采集的间隔时间不应大于 5min。

5.3.1.6　静态模拟性能确认时限不应少于该包装箱实际应用的最长时间。

5.3.1.7　在测试时间的中段开箱取出模拟物上部的保温材料和蓄冷剂，记录各测点的温度变化情况。

5.3.2　动态实际线路性能确认

5.3.2.1　根据冷藏箱或保温箱的适用范围、实际运输线路不同季节的温度特性，以及极端条件出现的概率，选择动态验证线路。该线路至少涵盖最长运输时间或最苛刻温度条件。

5.3.2.2　冷藏箱或保温箱内蓄冷剂配备方式，应按照设备的操作规程进行预处理和配置，并详细记录操作过程和温度测量结果。

5.3.2.3　至少进行冬、夏和春秋三种季节类型的实际线路性能确认。

5.3.2.4　冷藏箱或保温箱内应放置模拟物品，其热容特性应与该包装箱运输药品总量的热容特性基本一致。

5.3.2.5　冷藏箱或保温箱内至少放置 5 个温度记录仪，分别位于模拟药品的上、下、相邻两侧、几何中心等位置（除几何中心外，温度记录仪应放置于各面中心位置）。实际应用时放置温度记录仪的位置应放置测试记录仪。验证数据采集的间隔时间不应大于5min。

6 温度监测系统的性能确认

6.1 内容

6.1.1 温度数据的采集、传送、存储以及报警功能符合要求。

6.1.2 监测设备的测量范围和准确度符合要求。

6.1.3 测点终端安装数量及位置符合要求。

6.1.4 系统与温度调控设施无联动状态的确认。

6.1.5 系统在断电、计算机关机状态下可保证实时数据监测、记录、报警、传送功能正常，符合要求。

6.1.6 应可防止用户修改、删除、反向导入数据。

6.2 要求

6.2.1 系统应至少每隔1min更新一次测点温度数据；数据传送及时、完整；记录内容包括温度值、日期、时间、测点位置、库区或运输工具类别等；在药品储存过程中至少每隔30min自动记录一次实时温度数据，在运输过程中至少每隔5min自动记录一次实时温度数据。

6.2.2 当监测的温度值超出规定范围时，系统应当至少每隔2min记录一次实时温度数据；当监测的温度值达到设定的临界值或者超出规定范围，系统应当能够实现就地和在指定地点进行声光报警，同时采用短信通信的方式，向至少3名指定人员发出报警信息。

6.2.3 当发生供电中断的情况时，系统应当采用短信通信的方式，向至少3名指定人员发出报警信息。

6.2.4 测点终端采集的数据通过网络自动传送到管理主机，进行处理和记录，并采用可靠的方式进行数据保存，确保不丢失和不被改动。

6.2.5 测量范围在0℃～40℃，温度的最大允许误差为±0.5℃；测量范围在－25℃～0℃，温度的最大允许误差为±1.0℃。

6.2.6 测点终端的布置与数量

a）每一独立的药品库房或仓间至少安装2个测点终端，并均匀分布。

b）平面仓库面积在100m^2以下的，至少安装2个测点终端；100m^2以上的，每增加 100m^2 至少增加 1 个测点终端，不足 100m^2 的按 100m^2 计算。

c）高架仓库或全自动立体仓库的货架层高在 4.5 ~ 8m 的，每 100m^2 面积至少安装 4 个测点终端，每增加 100m^2 至少增加 2 个测点终端，并均匀分布在货架上、下位置；货架层高在 8m 以上的，每 100m^2 面积至少安装 6 个测点终端，每增加 100m^2 至少增加 3 个测点终端，并均匀分布在货架的上、中、下位置；不足 100m^2 的按 100m^2 计算。

d）高架仓库或全自动立体仓库上层测点终端安装的位置，不应低于最上层货架存放药品的最高位置。

e）每台独立的冷藏、冷冻药品运输车辆或车厢，安装的测点终端数量不应少于 2 个。

f）车厢容积超过 20m^3 的，每增加 20m^3 至少增加 1 个测点终端，不足 20m^3 的按 20m^3 计算。

g）每台冷藏箱或保温箱应当至少配置一个测点终端。测点终端应当牢固安装在经过确认的合理位置，避免储运作业及人员活动对监测设备造成影响或损坏，其安装位置不应随意变动。

6.2.7　控制系统与监测系统分别使用独立的传感器、控制主机、报警器和运行软件。

6.2.8　系统在断电、计算机关机状态下可不间断地采集、记录温度数据并可实现声光报警和短信报警功能。

6.2.9　系统操作员与管理员应凭不同密码登录系统；无法修改、删除及反向导入数据。

6.2.10　应自行对湿度进行确认。

6.3　操作要点

6.3.1　应至少导出三个不同时间段的温度数据进行核查确认。

6.3.2　应利用人体或其他热源改变测点终端的温度触发报警确认报警功能是否符合要求。

6.3.3　应人为制造系统故障以判断故障报警功能是否正常。

6.3.4　应核查生产厂家提供的测点终端合格证明资料或定期校验资料以确认其准确度。在进行相应库房或车辆的性能确认时应同时进行测点终端的准确度确认。

6.3.5　应核查是否在另一台独立的计算机或存储设备按日备份数据。

6.3.6　应核查不间断电源容量，确认其可为整个监测系统供电。断电情况下可实现数据采集、存储、报警等全部功能。

附录 A

（资料性附录）

温度偏差、均匀度、波动度的计算方法

A.1 温度偏差：

$$\Delta t_d = t_d - t_o$$

式中：

Δt_d——温度偏差，单位为摄氏度（℃）。

t_d——温度设定值，单位为摄氏度（℃）。

t_o——中心点 n 次测量平均值，单位为摄氏度（℃）。

A.2 温度均匀度：

$$\Delta t_u = \sum (t_{imax} - t_{imin})/n$$

式中：

Δt_u——温度均匀度，单位为摄氏度（℃）。

t_{imax}——各测点在第 i 次测得的最高温度，单位为摄氏度（℃）。

t_{imin}——各测点在第 i 次测得的最低温度，单位为摄氏度（℃）。

n——测量次数。

A.3 温度波动度：

$$\Delta t_f = \pm (t_{omax} - t_{omin})/2$$

式中：

Δt_f——温度波动度，单位为摄氏度（℃）。

t_{omax}——中心点 n 次测量中的最高温度，单位为摄氏度（℃）。

t_{omin}——中心点 n 次测量中的最低温度，单位为摄氏度（℃）。

参考文献

[1]《药品生产验证指南》(2003) 化学工业出版社.

[2]《药品经营质量管理规范》2015 (国家食品药品监督管理总局令第 13 号) 及附录.

药品阴凉箱的技术要求和试验方法
（行业标准正文）

1 范围

本标准规定了药品阴凉箱（以下简称阴凉箱）的术语和定义、技术要求和试验方法。

本标准适用于箱内温度范围为8℃～20℃、相对湿度范围为35%～75%的电机驱动压缩式全封闭型制冷系统的立式药品阴凉箱。

2 规范性引用文件

下列文件对于本文件的应用是必不可少的。凡是注日期的引用文件，仅所注日期的版本适用于本文件。凡是不注日期的引用文件，其最新版本（包括所有的修改单）适用于本文件。

GB 4793.1 测量、控制和试验室用电气设备的安全要求 第1部分：通用要求

GB/T 8059.1—1995 家用制冷器具 冷藏箱（ISO 7371：1995，MOD）

YY 0076 金属制件的镀层分类 技术条件

3 术语和定义

GB/T 8059.1—1995界定的以及下列术语和定义适用于本文件。

3.1 药品阴凉箱 pharmaceutical cool refrigerator

能使内部温度、湿度保持在一定范围内，用于保存有阴凉要求的药品所使用的箱体。

3.2 立式药品阴凉箱 upright pharmaceutical cool refrigerator

通过侧面或前面的箱门取放药品的阴凉箱。

3.3 稳定运行状态 stable operating conditions

制冷系统在周期运行状态下，相邻控制周期内各相应测点的温度在±0.5K的波动范围时，在约24h周期内平均温度差值不大于±1K的运行状态。

4 技术要求

4.1 阴凉箱正常工作条件

4.1.1 环境温度

10℃～30℃。

4.1.2 环境湿度

相对湿度 35% ~75%。

4.1.3 电源

电压 187 ~242V，电源频率 50Hz ±1Hz。

4.2 结构与外观

4.2.1 阴凉箱宜配有门锁结构，以保证安全。箱门与箱体应端正、牢固，开闭应灵活，拉手装备应端正。

4.2.2 箱内应装有照明灯，并由外置开关控制。

4.2.3 阴凉箱的电镀件应符合 YY 0076。

4.2.4 阴凉箱外应设有能正确反映箱内温度和相对湿度数值的装置。

4.2.5 箱门与箱体应严密，试验用纸片不应自由滑动。

4.2.6 制冷系统应密封，任何部位制冷剂年泄漏量应不大于 0.5g。

4.2.7 阴凉箱箱体外观应平整，光洁，不应有明显磕碰、划痕、污垢等缺陷。

4.3 有效容积

阴凉箱有效容积以 L 表示。测算值应不小于额定有效容积的 97%。

4.4 性能要求

4.4.1 降温速度

箱内温度降至 15℃时，应不超过 60min。

4.4.2 储藏温度和湿度要求

4.4.2.1 阴凉箱在稳定运行状态下，箱内储藏温度范围应在 8℃ ~20℃内，箱内相对湿度范围应在 35% ~75%内。

4.4.2.2 阴凉箱在稳定运行状态下，发生开门动作时，阴凉箱箱内温度均应不超过 22℃，关门后箱内温度恢复到 20℃以下、相对湿度恢复到 75%以下的时间应不超过 10min。

4.4.3 耗电量

阴凉箱在稳定运行状态下，耗电量实测值应不超过额定值的 115%。

4.4.4 断电保温

阴凉箱箱内任一点达到 20℃的时间应不少于 60min。

4.4.5 波动值

阴凉箱在稳定运行状态下，箱内几何中心测点最高温度与最低温度的差值应不大于 5℃。

4.4.6　均匀性

阴凉箱在稳定运行状态下，箱内各测量点的平均温度其最大值与最小值差值应不大于5℃。

4.4.7　显示温度与记录

阴凉箱在稳定运行状态下，同一个开停周期内箱内几何中心测点最高温度和最低温度分别与显示温度的最高温度和最低温度的差值应不大于2℃。

4.4.8　启动性能

阴凉箱在稳定运行状态下，电源电压分别降至187V和升至242V，阴凉箱均应能正常启动。

4.4.9　绝热性能

阴凉箱外表面（门玻璃除外）不应出现凝露现象。玻璃门表面不应出现流水状的凝露，流水状的凝露情况应符合GB/T 8059.1—1995中6.3.1中R级要求。

4.4.10　噪声

阴凉箱容积小于600L其噪声声功率级应不大于55dB（A），阴凉箱容积大于等于600L其噪声声功率级应不大于62dB（A）。

4.4.11　振动

振动速度的有效值应不大于0.71mm/s。

4.4.12　报警

4.4.12.1　超温度报警值

显示温度高于20℃或低于8℃时应发出报警。

4.4.12.2　超湿度报警值

显示相对湿度高于75%或低于35%时应发出报警。

4.4.12.3　报警方式

报警方式应采用声音报警和光报警，声音报警用户应能够开启关闭。

4.5　电气安全

电气安全性能试验应符合GB 4793.1的要求。

5　试验方法

5.1　试验条件

5.1.1　试验室

试验室符合GB/T 8059.1—1995中6.1.1的要求。

5.1.2　环境温度

试验环境温度应符合以下要求。

a）储藏温度和湿度要求：30℃ ±1℃，10℃ ±1℃；

b）耗电量、断电保温、波动值、均匀性、显示温度与记录、报警：25℃ ±1℃；

c）降温速度、绝热性能：30℃ ±1℃；

d）启动性能：30℃ ±1℃；

e）其他：按其试验要求进行。

5.1.3　环境湿度

试验环境湿度应符合以下要求。

a）储藏温度和湿度要求：相对湿度35%和75%；

b）降温速度、耗电量、断电保温、波动值、均匀性、显示温度与记录、启动性能、报警：相对湿度35%～75%；

c）绝热性能：相对湿度75%；

d）其他：按其试验要求进行。

5.1.4　测量仪器

5.1.4.1　温度测量仪器

温度测量仪器应符合GB/T 8059.1—1995中6.1.4.1的要求。

5.1.4.2　湿度测量仪器

相对湿度的测量仪器采用精确到±1K湿度传感器。

5.1.4.3　电气测量仪器

电气测量仪器应符合GB/T 8059.1—1995中6.1.4.3的要求。

5.1.4.4　其他测量仪器

其他测量仪器符合GB/T 8059.1—1995中6.1.4.4的要求。

5.1.5　阴凉箱试验前准备

5.1.5.1　阴凉箱温度、湿度测量布点要求

温度湿度测量点如图1、图2、图3所示。

5.1.5.2　阴凉箱负载状态

阴凉箱处于无负载状态下进行试验。

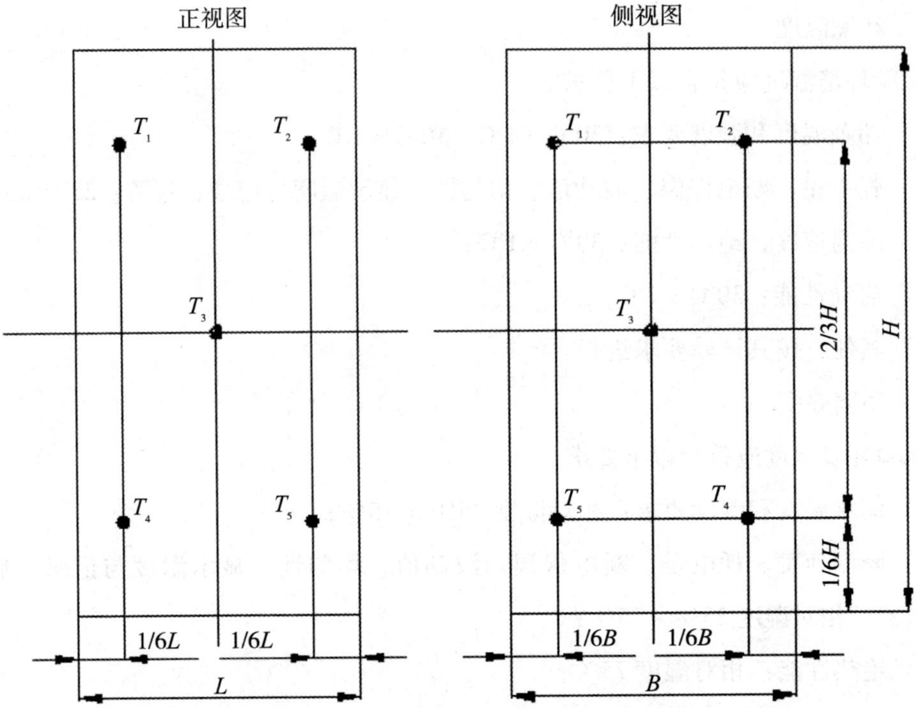

图 1　一门立式阴凉箱温度湿度测量点

注：①$T_1 \sim T_5$ 是箱内的测试点，L 是单个门体时箱内的宽度，H 是箱内的高度，B 是箱内的深度。

②图中 T_3 同时为箱内相对湿度测试点位置。

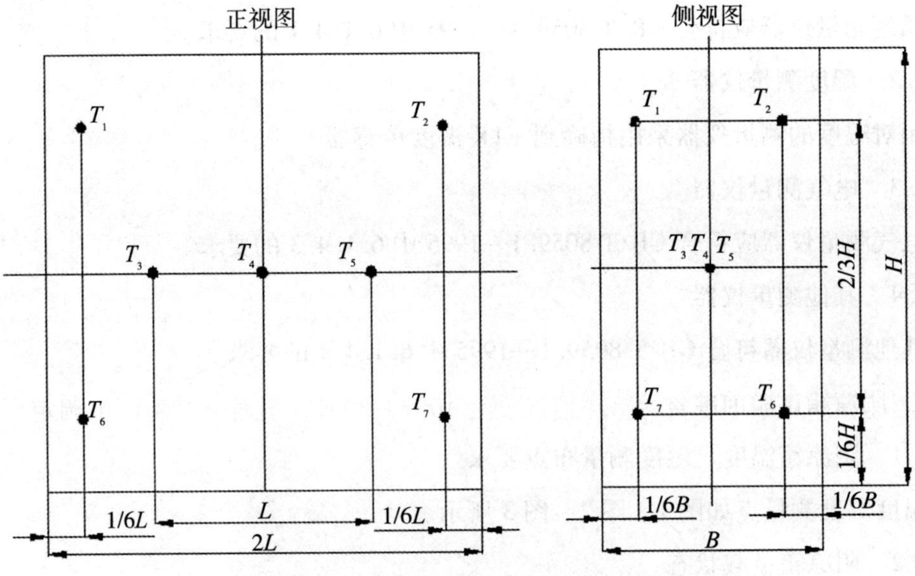

图 2　双门立式阴凉箱温度湿度测量点

注：①$T_1 \sim T_7$ 是箱内的测试点，L 是单个门体时箱内的宽度，H 是箱内的高度，B 是箱内的深度。

②图中 T_4 同时为箱内相对湿度测试点位置。

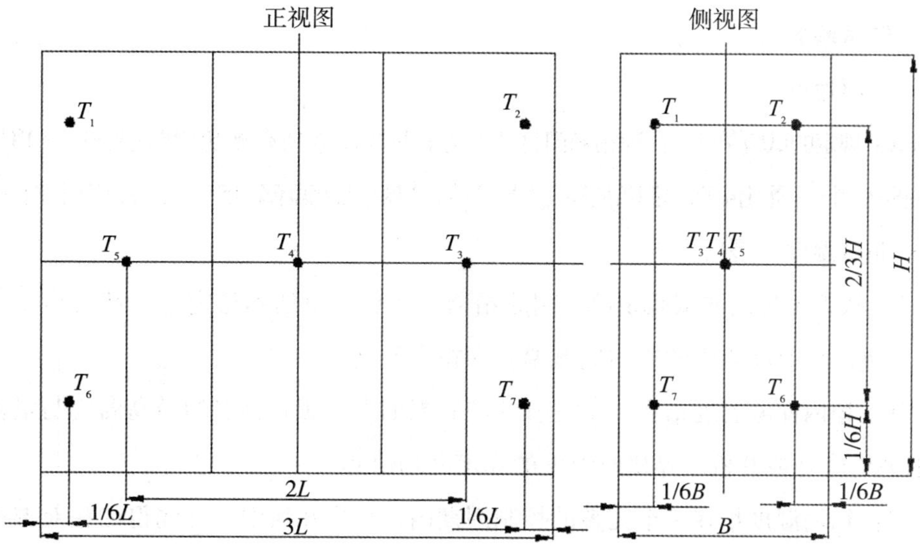

图 3　三门立式阴凉箱温度湿度测量点

注：①$T_1 \sim T_7$ 是箱内的测试点，L 是单个门体时箱内的宽度，H 是箱内的高度，B 是箱内的深度。
②图中 T_4 同时为箱内相对湿度测试点位置。

5.1.5.3　阴凉箱温度设定

阴凉箱温度设定为 15℃，如试验有特殊要求按其要求进行设定。

5.2　结构与外观

5.2.1　密封性能试验

试验前将阴凉箱箱门打开，在 10℃ ~30℃ 下放置 2h，不通电，将一厚 0.08mm，宽 50mm，长 200mm 纸片放在门密封条的任意一处，再将箱门正常关闭，检查纸片是否自由滑动。

5.2.2　金属镀层

按 YY 0076 的要求进行测试。

5.2.3　制冷系统密封性

阴凉箱放置在正压室内，环境温度为 10℃ ~30℃，不通电，检漏仪调定到年漏量 0.5g，对制冷系统任何部位进行检漏。

5.2.4　外观

以目测观察。

5.3　有效容积测定

按附录 A 规定的方法测算出阴凉箱各间室内部空间的总和。

5.4 性能试验方法

5.4.1 降温速度

按5.1规定的试验条件，阴凉箱箱门打开平衡至少24h，当所有测点温度达到30℃ ±1℃，关闭箱门并通电运行，通过温控设定箱内温度为最低值，当箱内温度降至15℃时，测出运行时间。

5.4.2 储藏温度和湿度要求

5.4.2.1 按5.1规定的试验条件，阴凉箱通电运行，待达到稳定运行状态后，分别运行24h，测出该时间段内的箱内储藏温度和箱内湿度。

注1：箱内储藏温度指在一个完整的控制周期内，所有测点的最高温度与最低温度的算术平均值（或开机、停机时温度的算术平均值）。

注2：箱内湿度指在一个完整的控制周期内，箱内几何中心处测得的相对湿度最大值和最小值范围。

5.4.2.2 按5.1规定的试验条件设定环境温度25℃ ±1℃，分别将环境湿度调整到35%RH和75%RH，阴凉箱通电运行，待达到稳定运行状态后，在压缩机开机的同时，打开其中一个门，门的开启角度达到最大，开门规则按如下要求进行。

a）阴凉箱为上下门结构，打开下侧门或者最大的门；

b）阴凉箱为左右双门结构，打开右侧门或者最大的门；

c）阴凉箱为左右三门结构，打开右侧门或者最大的门；

d）阴凉箱为其他形式多门结构，打开最不利的门。

开门时间持续1min，然后关闭箱门，测量箱内各测量点温度和湿度的变化情况，记录箱内温度达到20℃和相对湿度达到75%的时间。

5.4.3 耗电量

按5.1规定的试验条件，阴凉箱通电运行，待达到稳定运行状态后，再运行不少于24h，取其中所有整数制冷周期，测出这段时间内的耗电量值，并换算成24h的耗电量值。

5.4.4 断电保温

按5.1规定的试验条件，阴凉箱通电运行，待达到稳定运行状态后，在压缩机停机的同时断开电源，测量箱内各测量点温度和湿度的变化情况，记录箱内任一测点达到20℃的时间。

5.4.5 波动值

按5.1规定的试验条件，阴凉箱通电运行，待达到稳定运行状态后，测出箱内几何中心点（即与湿度测点同一位置）最高温度与最低温度的差值。

5.4.6　均匀性

按 5.1 规定的试验条件，阴凉箱通电运行，待达到稳定运行状态后，测出箱内各测量点的平均温度最高值与最低值的差值。

5.4.7　显示温度与记录

按 5.1 规定的试验条件，阴凉箱通电运行，待达到稳定运行状态后，观察并记录在一个控制周期中的最高温度与最低温度的数值，在查找同一个控制周期内箱内几何中心测点的最高温度和最低温度的数值，分别计算两者之差。

5.4.8　启动性能

按 5.1 规定的试验条件，阴凉箱通电运行，待达到稳定运行状态后，将电源电压升至 242V，观察阴凉箱连续开停 3 个周期，了解启动情况和运行情况；然后将电源电压降至 187V，观察阴凉箱连续开停 3 个周期，了解启动情况和运行情况。

5.4.9　绝热性能

按 5.1 规定的试验条件，阴凉箱通电运行，用干净布将阴凉箱外表面擦干，试验继续进行 24h，试验期间，观察阴凉箱外表面和玻璃门凝露情况。

5.4.10　噪声

按 GB/T 8059.1—1995 中 6.3.7.1 规定进行。

5.4.11　振动

按 GB/T 8059.1—1995 中 6.3.7.2 规定进行。

5.4.12　报警

5.4.12.1　超温报警

按 5.1 规定的试验条件，阴凉箱通电运行，通过调节温控器或其他措施，使阴凉箱的显示温度高于 20℃时或低于 8℃时，检查阴凉箱是否报警。

5.4.12.2　超湿报警

按 5.1 规定的试验条件，阴凉箱通电运行，通过人工措施，使阴凉箱的显示湿度高于 75% 时或低于 35% 时，检查阴凉箱是否报警。

5.5　电气安全

电气安全性能试验应按照 GB 4793.1 的试验方法进行。

附录 A
（规范性附录）
阴凉箱有效容积的测定

A.1　毛容积的测定

A.1.1　毛容积是指阴凉箱门关闭后内壁所包围的容积。

A.1.2　毛容积的测算方法

——为便于测量，可将毛容积分为若干个易于测量的简单几何形状来计算。

——箱内附件（如搁架、容器、温控器、照明灯罩等）不予考虑，但内壳的凸起部分应去掉。

——箱内的蒸发器、风道、风扇及其他附件所占的不能使用的空间容积应去掉（见图 A.1）。

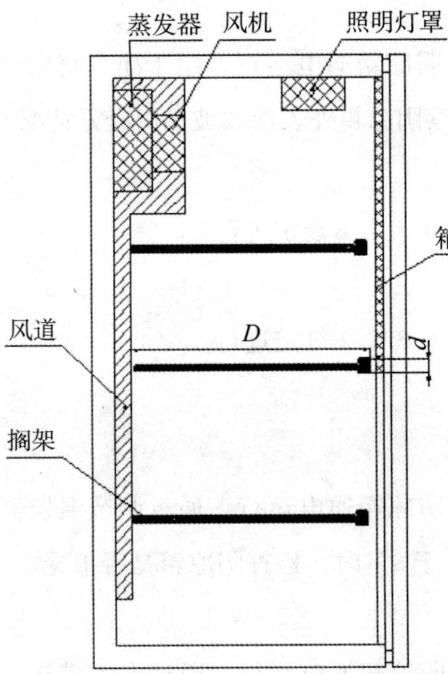

图 A.1　药品阴凉箱箱内容积

注：图中 D 表示搁架的深度尺寸；d 表示搁架的厚度。

A.2　有效容积的测定

阴凉箱的有效容积等于其毛容积减去以下部件占用空间的容积。

箱内照明灯罩，厚度超过 13mm 的搁架及其他各种附件，零部件所占的不能使用的空间容积都应去掉。图 A. 1 网状线部分不计入毛容积和有效容积内，斜线部分计入毛容积内，但不计入有效容积内，$d > 13\text{mm}$ 时，应乘以宽度，算出搁架所占的容积，在计算有效容积时应减去（见图 A. 1）。